穿西裝的蛇

那些寄生在辦公室裡的病態人格者

SNAKES IN SUITS

Understanding and Surviving the Psychopaths in Your Office

保羅・巴比亞克 Paul Babiak
羅伯特・海爾 Robert D. Hare 著
葉中仁 譯

目錄

【導讀】

知己知彼，不求百戰不殆，但求平安而退

文─蘇益賢

讀者好，很榮幸能為羅伯特．海爾在台灣的另一本譯作《穿西裝的蛇》做導讀（按：對精神病態感興趣的讀者，也別錯過作者的另一本經典好書《沒有良知的人：那些讓人不安的精神病態者》，遠流出版）。

曾念過異常心理學、變態心理學的學生，對於羅伯特．海爾一定不陌生。在討論人格疾病、反社會人格違常（人格疾患、人格違常二者通用）的章節，海爾一定是會被提到的專家。他在研究精神病態領域多年後提出的評估工具──海爾精神病態人格檢核表（Hare Psychopathy Checklist-Revised）亦是目前臨床與司法領域中極具重要性的評估工具。

相較憂鬱症、焦慮症或思覺失調症等精神疾病，大眾對「人格疾患」的認識相較是較少的。如果說，憂鬱、焦慮症患者失調的是「情緒」；那麼，人格疾患患者失調的就是「人

格」——一個人在面對自己、他人、外在事物與環境時，呈現出的一套持久、穩定而一致的行為模式與思維方式；這種人格的固著與失調，倘若嚴重到會影響到此人的人際／親密關係、工作、生活等層面，加上當事人如已成年，即可能符合人格疾患的診斷標準。大眾時有耳聞的「反社會人格疾患」（antisocial personality disorder，ASPD），正是人格疾患當中的其中一類。

在討論到反社會人格疾患時，也一定會帶出另一個概念，即本書要聚焦的議題：psychopathy（譯為「精神病態」或「心理病態」）。雖然精神病態本身並非臨床上的正式診斷，但在司法、犯罪心理學領域，卻是時常（甚至更常）被使用的概念。

在讀者開始閱讀這本討論精神病態的經典之前，如果能先熟悉下述幾點提醒，相信本書提供的資訊，會對讀者帶來更多幫助：

不急著對他人或自己

貼標籤、做診斷

本書討論的「精神病態」是一種特定人格特質的組合，**人格通常不是「有或沒有」，而是「從輕微到強烈」的光譜**。因此，**其實每個人在這些組合中，或多或少會有些特質類似，**

類似程度也因人而異。但「相似」未必表示此人「生病」或「有問題」，除非這樣的人格特質已經嚴重影響到個人人際、生活或工作層面（如本書裡提到的各種案例），經由精神科醫師、臨床心理師等專業，進行心理衡鑑後，才會謹慎地給出相關診斷。

練習帶著「內在動機」的思考模式來觀察自己與他人

先看看以下幾種形容描述：

- 能解讀人們，迅速做出評估，知道一個人喜歡什麼、討厭什麼，有什麼樣的動機、需求、以及弱點。
- 有自信，有絕佳的口語溝通技巧，深知訊息傳遞的方式遠比內容更重要。
- 像是變色龍，能依據所在情境遮掩自己真實的身分和意圖。

依據這些描述，你有認識類似的人嗎？或者，其實你多少也蠻符合這樣的描述呢？此外，你會希望自己也具備這些特質嗎？

在讀到本書第三章之後，你會發現，這些都是精神病態者與人互動時會展現的樣貌。這也是在探討人格相關議題時最困難的地方。**多數時候，我們看得到一個人的外顯行為，卻未必能知道他內心是怎麼想的。作者提醒，許多人都會展現出上述社交行為，但區辨此人是否為精神病態者的關鍵在於「動機」**——精神病態者會用冷酷而不公的方式占他人的便宜，剛剛提到的行為，都只是一種手段。

不過，「動機」這樣模糊而深藏於個人內心的概念，除非我們去問，不然我們是無法得知的（沒錯，即便是心理師也不會知道，「讀心術」是不存在的）；有時即便我們問了，對方是否會如實回答，又是另一回事。

這種**關於「行為」與「動機」之間的理解，是在閱讀本書時很值得思考的練習題**。即便行為是相同的，但搭配著不同的內在動機，此行為本身的意涵就會截然不同。在本書提到案例人物的故事時，你可以先聚焦在此人展現出的行為。在閱讀作者「分析」案例人物的內在動機之前，不妨先問問自己：

- 如果你在職場或生活中遇到了某人，也展現出了類似行為，依據你對人的理解，你覺得這種行為背後可能的內在想法或動機是什麼？

- 為什麼我們習慣用這樣的內在動機，去解讀此人這樣的行為？與你過去互動過的人有關嗎？與你的成長經驗有關嗎？

在這樣的自問之後，接著再來參考作者以精神病態的人格角度，去解析此行為背後潛在的內在動機，相信更能替你腦中的「識人」資料庫多加一些新的資料。

知己知彼，平安而退

精神病態在一般人口中約占百分之一～百分之二。所以，在生活、職場上，我們確實可能會遇到具有這樣特質的人，不管他是你的同事、主管、老闆，還是你昨晚聯誼剛認識的新朋友。

根據英國心理學家Kevin Dutton的調查數據，在以下職業中，符合精神病態的人比例較高（依序列出）：企業執行長（CEO）、律師、媒體工作者（電視／廣播）、銷售員、外科醫生、記者、警察、牧師、廚師、公務員。

（如果你想知道的話：符合精神病態比例較少的職業，包含：看護人員、護理人員、心理師、技藝人士、美容師／造型師、慈善工作者、老師、藝術家、醫生（非外科）、會計師）。

在心理師與個案進行諮商時，「工作場域的人際關係」時常是被討論的主題。我們時常觀察到，在遭遇人際關係難題時，許多個案習慣性地「反求諸己」（或許也與我們的文化有關），不斷問自己，自己是哪邊做錯、哪邊沒做好、哪邊不符合對方要求，所以對方才會用這種方式對自己……

在一段健康的關係裡，這種自省搭配後續適當的調整，兩人關係通常會有明顯改變。但倘若你所處的關係並不健康——好比，對方具有高度精神病態的人格特質——時，你的努力通常會是白費的。如果是這樣，以下幾個提醒會對你有幫助：

- 精神病態是一種長期發展且穩定的人格特質，很難因為一些外在因素而改變。因此，調整自己的應對方式，並希望對方能跟著改變，通常不太會有效果。
- 具有「一直往自己身上咎責、找問題」特質的人，是精神病態者很喜歡往來的對象，因為你在他們眼中是容易操縱的人。
- 你要做的不是「硬碰硬」，或是想透過自己的力量改變對方，而是熟悉平安共處、安全下莊的應對原則（本書十二、十三章很有幫助）。

提到職場進修，我們想到的都是一些技術或專業，很少想到要針對「識人」這一塊做努力。但勿忘作者在本書裡的提醒：**「精神病態者一旦判定你有利用價值，他的下一步是構想你人格的內在運作。」**我們能做的，便是在這樣的狀況發生之時、發生之前，先培養自己對於精神病態人格有更多的理解，率先一步認識精神病態人格的內在運作。如此一來，未來如果不可避免地遇上「蛇」的時候，才更有機會平安下莊。

【導讀人介紹】

蘇益賢

臨床心理師、職業安全衛生署勞工健康服務相關人員，「心理師想跟你說」共同創辦人；著有數本大眾心理學書籍。

各界推薦

你相信人性本善？還是人性本惡呢？其實，人性裡有善有惡，只是會因為環境與選擇，突顯出不同的行為模式，更會因為內在信念的改變，操縱一個人的所作所為。然而，選擇從善的人，卻不見得會得到所謂因果循環，善惡有報的結果。唯有洞察人性、站穩立場，才能適者生存。**那些看起來西裝筆挺、笑容滿面的人，你能看穿他們的內心，讓自己身處其中，卻不被有心操控嗎？唯有智勇皆備做好自我防衛，才能在毒蛇滿布的職場叢林，全身而退。**

——林靜如（律師娘）

「無論職場、情場，與精神病態（psychopath）交手的機會比你想像得高，值得人手一冊。」

——吳佳璇（資深精神科醫師、《一路向南》作者）

做事辦差時精明幹練、運籌帷幄時工於心計、為達目標時不擇手段、過河拆橋時冷血無情。你的周遭，是不是也有符合如此描述之人？根據統計，每百人中就有大約一至五人擁有這種「精神病態」人格（psychopathy）。**面對這些「穿著西裝的蛇」，究竟該如何應對與自處？你所需要的答案，就在犯罪心理學大師海爾的這本經典著作之中！**

——謝伯讓（認知神經科學／腦科學家）

這本書讓我從第一頁開始就愛不釋手！本書的內容要你去思考故事中的人設所顯現出來的人格特質，再讓你去深入想像這個人的背後目的正在醞釀著哪些心機？其中有個章節剛好講到男主角如何包裝自己通過人資面試並深得主管的心，但實際上這個人卻是一個潛在性的危險人物。我們在職場中最不開心的事情就是遇到錯的人，但偏偏在面試的過程中無法得知未來隊友的真實樣貌。本書在每個故事的結尾都會提出一些反問點？帶你思考這些人的行為背後的主因。**我推薦大家透過這本書來學習觀察身邊的人的特徵，你會磨練出一些細膩的敏銳觀察力，來幫助你在職場打怪或避開那些難以招架的人。**用另一個批判性思考的角度來看，讀者甚至可以去研究書中的個案，如何包裝自己來呈現給面試官的第一印象。

——蘇盈如（Sandy Su 國際獵頭、職涯規畫師）

任何職場總有幾個狡猾、喜操控的人，他們一開始看起來「可能是」誠懇、友善、具備同理心……或是具備不同的魅力，足以吸引你靠近……可時間拉長一點，你會發現他在對你施行盤剝、利用、傷害，且毫無愧疚之心。這時候你大吃一驚，不相信這等事情會發生在自己身上，你感到生氣，又不願意相信……可他們卻總有手段，讓你仍然離不開他們的操弄擺布，甚至主動為他們的行為辯解（以維持你自己的內心自恰！）

我講到你了嗎？！別著急！其實（包括我在內）人的一生中，總會遇到幾次這種人，而總是存在利益糾葛的職場上，更是難以避免。我覺得，首先是你要有能力辨認出來誰是所謂「穿西裝的蛇」，然後，想辦法早點遠離、或化解這種不利於你的人際關係。

但職場上總有「無法馬上離開不利情勢的時刻。」我認為，這時你至少要有一個防衛自己的本事。要嘛，早點讓人覺得你不好惹（這會減少很多麻煩）；要嘛，一旦發現，即適當給予對方還擊（不要讓對方認為你毫無其它選擇）；甚至，必要時迎頭痛擊，也是一個選項。我想，**這本書，就是為了保護善良單純的你而寫**。請記得，一招半式難以闖蕩江湖，如果你一心只想與人為善，則難以避免成為惡人下手剝削、傷害的目標。**職場上要活下來，需要擁有多元的視角，和靈活的身段！而認識這個真實人生的現實，是成長的第一步。**

——邱文仁（職場心理專家、《要敢撕，才能活》作者）

前言

大多數人都是誠實、忠誠、守法的公民，努力謀生、養家、貢獻社會。也有人比較自私，只關心自己，道德感薄弱。這種人對他人漠不關心，將個人權力和名聲的需求凌駕在公平正義之上。[1]遺憾的是，在企業界也有人追逐權力和領導，而無視道德義務。近來，鑒於不受節制的權力和驚人的資源取得容易、加上道德標準與價值觀的敗壞，屢屢傳出大企業和政府部門的濫權事件，或許就不令人意外。

置身於眾多的誘惑，權力又過於容易取得，或許讓企業和政府部門的領導者，分辨是非的道德感日趨低落。有人自認，依據組織的規模領取相對的酬勞理直氣壯。他們主張，會批評他們強取豪奪的，不過是一些無望企及他們成就的人。還有一些人合理化自己的成功，用「貪婪是好事」這種自利的話術，認定不計代價取得成功不只是人人渴望，而且有正當性。

不過還有一種人，他們的行為與態度對公司和員工、對政府和公民，潛藏著更大的破壞

性。本書的主題要談的就是這類人，他們深沉、黑暗的人格，建立在說謊、操弄、欺瞞、自我中心、冷酷無情，以及其他毀滅性的特質。這種人格被稱為「精神病態」或「心理變態」（psychopathy）。

精神病態的獨特之處在於，它的一些主要特質，會導致與一般常規和社會法律相衝突的行為。有些具精神病態人格的人，會因為涉及暴力攻擊人身、破壞財物的犯罪行為坐牢。另外，還有一些是因為「白領犯罪」而入獄。例如：詐欺、貪瀆、或操縱股票。不過，其中也有不少人犯了罪卻絕少面對制裁，即使有的話，通常也是很輕的刑罰，之後又重回他們經濟犯罪的人生。如我們在本書第二章指出，我們會根據一套連續量表，從「無病態特質」到「重度病態特質」，來評估精神病態的程度。具有重度精神病態特質的人，我們稱之為「精神病態者」（psychopath）（參見圖9.1「連續量表示意圖」）。這用法有點像是把血壓高的人，形容為高血壓患者（hypertensive）。

不少具高度精神病態特質的人會經常規避或違反法律，卻能規避其行為的罪責。有些研究者把這類人稱之為「成功的精神病態者」（successful psychopaths）。不過，光是因為避免了坐牢，就把精神病態者稱之為成功，似乎有些不妥。他們當中許多人從事了各種寄生蟲式的、掠奪的，以及社會偏差的行為，像是惡意違反交通法規、不當性行為、對配偶和子女施暴、霸凌、不實的商業作法，以及其他對他人（包括：親人和朋友在內）造成嚴重心理、身體，以及財物損害的行為。**當中許多人將是本書的主題，對他們而言，成功的定義是獲取權力、名聲、錢財，而毫不在意他人的感受或福祉。就這個意義上而言，確實有人得到成功，但有些人的成功只是偶發、短暫，或接近於虛幻。**[2]

對於犯罪的精神病態者已經有廣泛的科學研究。不過，在我們撰寫本書的第一版時，對於各種企業組織中的精神病態的實證研究仍屬少見。多年來有不少專家相信，精神病態者的天性讓他們難以在社會運作，也很難在工商界有長期、成功的職涯發展。至少，在我們進行研究之前，普遍觀念是如此。

在十年前，人們仍鮮少理解精神病態者何以能「不引人注目」，可以在營利事業、非營利機構、公家部門、宗教團體、學術機構、軍隊，以及政府部門等組織運作。本書第一版的問世，是我們理解到大眾需要更多資訊，來認識所謂成功的精神病態者，是如何達成精神病態的操控和欺騙。我們在本書的第一版寫道：「本書預設的前提是，精神病態者確實在現代組織裡工作；就大部分職涯成功的衡量標準來看，他們往往是成功的；許多與他們互動的人，往往看不出他們破壞式的人格特質。他們能夠規避甚或控制公司的接班計畫和績效評量，為本身行為取得正當性。他們善於利用溝通的漏洞、組織的系統和流程、人際衝突，以及每個公司都存在的緊張因素。他們剝削自己的同事，引發衝突、降低士氣，進而傷害到公司。有些甚至涉及竊盜和詐欺。」[3]

有關刑事犯罪的精神病態者的科學文獻眾多且持續累積，不過它們主要都是法醫科學、臨床診療，以及刑事法專業的文獻。透過分享我們的研究，我們希望用非技術性的文字和實際的案例研究，來補足企業界人士對精神病態理解的不足。我們想透過研究時遇到的實際情況，提供企業界的朋友們與精神病態者共事的經驗，和辨識的方法。在許多案例中，我們也納入了研究對象的實際對話。**由於精神病態的同事可能會用可預見和不可預見的方式，破壞你的職涯發展，我們希望這類的知識有助讀者們，防範精神病態者帶來的傷害。**在本書第一版出版後，我們接到了許多讀者感謝的信件和電子郵件，並與我們分享了他們與精神病態的同事、主管，甚至是家族成員相處的經驗。

不同於撰寫第一版時的情況，如今我們有了更多企業精神病態的實證研究，我們會在書中逐一介紹。雖然我們對職場的精神病態所提出的一些看法，後續已經做了實證上的研究並得到印證，不過，企業精神病態的科學研究仍在萌芽階段；許多研究問題仍需要實際的檢測。**舉例來說，精神病態者如何進入一個組織？他對組織及其人事，在運作上和聲譽上有何影響？在這本修訂版的《穿西裝的蛇》，我們的目標是提供讀者關於精神病態的最新知識，分享我們對這個現象持續增加的理解。**

我們的做法，是向讀者說明「精神病態的本質」及「對職場的影響」。在第一章與第二章，我們詳細探索精神病態症候群的諸多特徵。第三章到第十章會著重於精神病態者對其受害者使用的操縱技巧。在本書第三部分的第十一章到第十三章，我們提供一些最佳做法的建議，依據我們過去為企業組織提供指導和諮詢的經驗，為自認工作上必須應付精神病態者的讀者們提供協助。

為了說明概念，我們在書中收錄了許多的案例研究。第一個「戴夫的案例」分成十一個部分，以舞台劇場景的方式寫作，讓讀者認識和感受精神病態者的同時，可以將他們運用的計謀直接連結到書中介紹的相關內容。本書開頭還有另一個完整的「鬥牛犬的案例」，用來說明在現實生活中精神病態操縱（psychopathic manipulation）的完整過程。之後，我們也會陸續用其他較簡短的案例，說明一些要點。（請注意：除了少數的例外，書中案例不使用真名，可供辨識身分的細節也做了更動。）

除此之外，我們把一些最新研究的重點整理為「補充材料」，按照它們所在章節的位置，以小標註明提供參考。舉例來說，第二章第一個補充材料會寫成：〈補2.1：先天？後天？兩者都有！〉，補充材料的內容放在每一章的結尾，提供對精神病態感興趣的學生來研究，而其他人則可以直接跳到下一章。我們也提供了「討論問題」，來激發讀者思考材料的要點；這些問題也適合課堂使用、或讀書會討論。註釋的部分提供正文討論內容的參考資料，按照各章順序安排。關於精神病態的紀錄片數量繁多。我們在「註釋」中，列出一些較好的作品。讀者也可在www.hare.org尋找關於精神病態的書籍、章節、文章的最新清單。其中許多可以在網路上直接連結到文章的摘要。「精神病態科學研究學會」的網頁（SSSP；www.psychopathysociety.org）以及「精神病態倖存者基金會」（www.aftermath-surviving-psychology.org），也各自提供了關於精神病態研究，以及存活技巧的重要資訊。

本書將為你介紹「穿西裝的蛇」操縱他人的方式；它將幫助你看穿他們的把戲，並提供你如何保護自己、你的事業、你的公司的指導方針。

戴夫的案例

蛇會穿這麼好的西裝嗎？

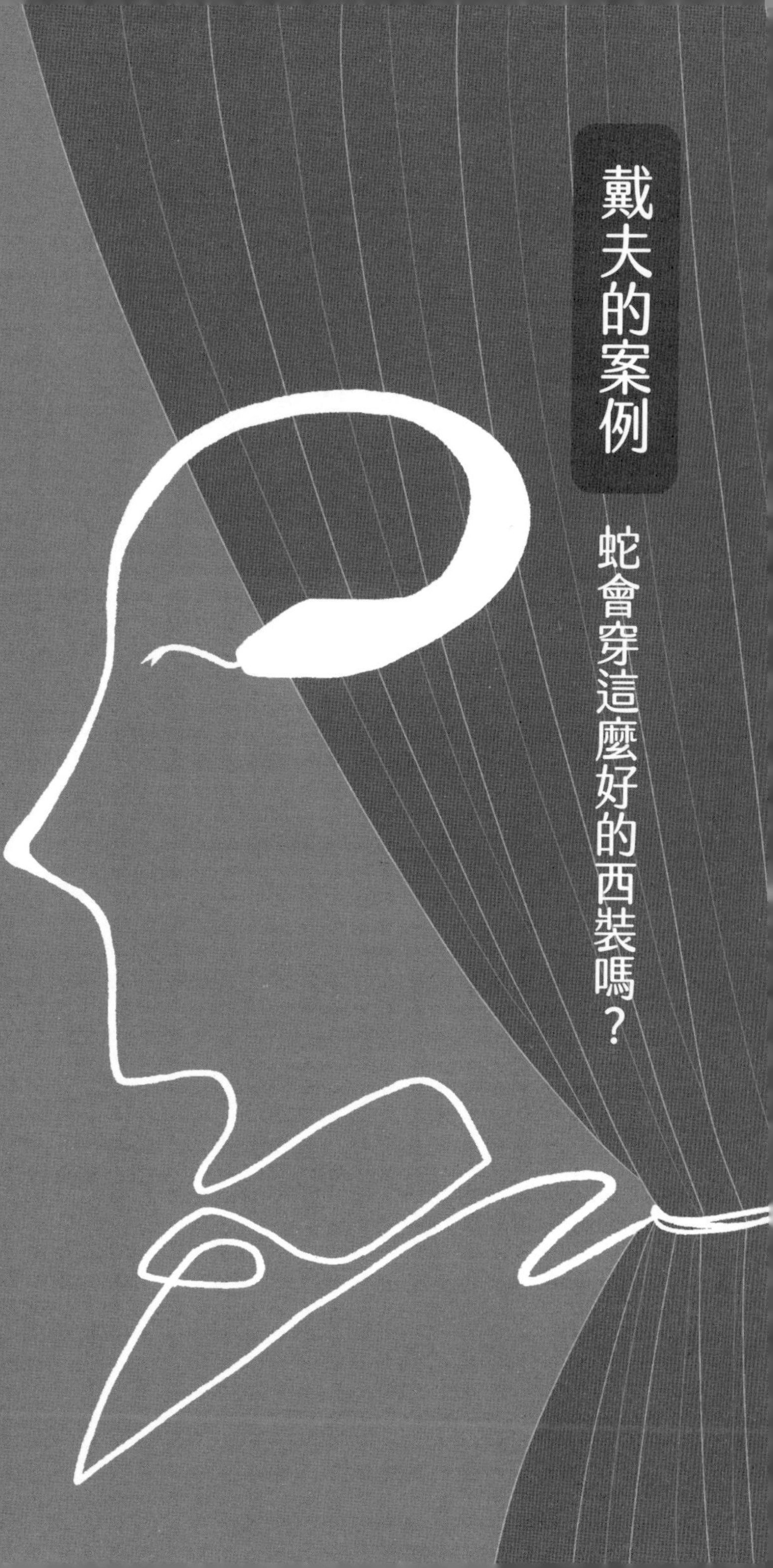

第一幕，第一景

盛大開場

從他光鮮、強勢、充滿自信的進場，很容易讓人以為他是要接受《GQ》雜誌拍照。他的西裝材質良好，笑容開朗，襯衫筆挺，整體來說無懈可擊。

「嗨，我是戴夫。我來見法蘭克。」他告訴櫃臺人員。

「我來通知他。先生請坐。」櫃臺人員答，「很高興再見到你。」戴夫臉上帶著笑容。

「嗨，戴夫，真高興再見到你，」法蘭克的聲音從走廊傳來。「這一路上還順利嗎？」

「很好，很愉快，」戴夫說，用力和他握了握手。

「今天我們要再給為你安排幾個面試。」法蘭克說。「就是幾個人資那邊的人，還要見見我的老闆，也就是我們的副總裁，然後吃個飯、參觀一下環境。」

「太好了，我已經迫不及待。」戴夫熱切地回應。

加里德布科技（Garrideb Technologies）是從美國中西部某個車庫發跡的科技公司，如今的飛速發展遠超過了當初創辦人的想像。隨著公司的驚人成長，改變也成了迫在眉睫的需要，其中包括需要聘僱更多人。對應公司產品和服務需求的不斷成長，管理階層亟須尋求最好的人才。能符合公司特殊學經歷要求的備選者並不多，戴夫是其中之一。

人資部的面試過程比平常順利。比起部門的面試，人資的面試多半會比較深入地考量參加面試的動機，詢問許多關於過去職務和推薦信的細節，不過戴夫有禮貌而且單刀直入。

「你需要的話我都會在這裡，」他笑著說，「所以，有什麼需要都請告訴我，這正是我來這裡的目的。」結束後，人資部的助理把戴夫帶到高層主管的辦公室。

「歡迎你，戴夫，很高興終於見到你了，」約翰說。這位新產品部門副總裁注意到戴夫昂貴的西裝和領帶，「這一趟還順利嗎？」

「太棒了，」戴夫回答。「這裡風景真漂亮。我等不及要去四處看看。你公司的設施真不錯；我沒待過這麼特別的建築。」

「謝了，」約翰說。「我們努力讓員工覺得舒服一些。成績好自然有回報，我們對員工福利不會吝嗇。」

「我從法蘭克那邊聽到了一些你的策略計畫，我也研究了公司的網站，但我還是想從你口中多聽一些細節，你可是公司成功的主要規畫者。這一切你是怎麼辦到的？」戴夫問道。約翰很高興戴夫對公司的未來這麼感興趣，他從書架上的文件夾取出了一些資料，讓戴夫看其中的圖表。約翰開始暢談公司未來的契機。「真是太厲害了！你規畫這一切真的很了不起，」戴夫頻頻驚呼。

約翰很高興能和這樣的人交談，這麼年輕，對打造事業的細節訣竅卻瞭若指掌。他把人資部門幫他準備的建議面試問題先放一邊，要戴夫多告訴他一些關於自己的事。戴夫馬上表達樂於從命，他說明了自己過去的工作史，提到許多例子正好契合約翰對於熱忱、努力、勤奮的重視。戴夫洋洋灑灑的經歷——以他三十五歲的年紀——令人印象深刻，履歷表裡詳列了多數人要花一輩子才能達到的職涯成就。

面試結束後，戴夫伸出了手，眼睛直視約翰面露微笑說，「非常感謝你的寶貴時間。我期待和你密切共事；我知道我能幫助你實現你的策略願景。」

「我也很高興；希望我們很快能再見面。」約翰的祕書帶著戴夫回到大廳裡等候法蘭克。找不到比他更好的人選了，約翰打電話給法蘭克表達他的認可。

法蘭克和約翰講完電話，拿起外套，不過當他走到辦公室門口準備接戴夫時，電話再次響起。「我希望今天稍晚大家可以一起來討論關於戴夫的聘任，」人資部的主管說。

「哦，梅蘭妮，沒這個必要。約翰和我都已經同意，戴夫是這個職位的最佳人選；我正要帶他去吃午餐順便向他提案。」

「可是我們說好，所有面試官要一起來討論每個應徵人選；我們還準備找那個紐約來的湯姆做第二次的面試，」她提醒法蘭克。

「沒這個必要了；顯然沒有比戴夫更好的人選了，」說完，他就掛了電話。法蘭克很開心能找到一個不管是對職位、或是對公司都如此適當的人選，他可不希望這樣的人溜走。

吃午餐的時候，法蘭克開出了條件。戴夫對薪水有點不滿意，實際上它已經比一般行情還要高，法蘭克同意多提供一點簽約獎金，並在六個月後重新評估。

法蘭克很高興戴夫最後接受了這個加碼的待遇。他看出戴夫有擔任主管的潛能，他的風格、才智，以及技術上的專業，在這家蓬勃成長的科技公司裡，將是理想的管理儲備人才。每一位面試過戴夫的人都認為他十分理想；來自實驗室的一位經理，甚至認為他「好到不像是真的」。兩個星期後，戴夫就會開始在法蘭克這邊工作。

＊＊＊

這樣的場景已經越來越常見，一些公司正加速他們的招聘作業，搶在競爭對手之前來爭取、聘僱和任用新的高潛力人才。過往層層把關的篩選過程，早已不復見。競爭者眾，而合格的人選卻很少。大家都知道，如今商業上行動迅速，稍一遲疑就成了輸家。不過，到底戴夫是好的人選嗎？

這本書將陸續追蹤戴夫和其他人，探討他們何以如此具有吸引力，但對組織又潛藏著如此嚴重的危害。我們將說明他們如何進入機構，並晉升到擁有更大權力和影響力的職位，對機構和它的成員所造成重大傷害。之後我們為可能成為受害目標的部屬和同事提出建言，同時也針對高層主管如何避免公司受到這種肆無忌憚的操控，提供建議。

討論

- 你會如何形容戴夫的人格特質？
- 戴夫的表現，是否有任何地方讓你質疑法蘭克任用他的決定？
- 戴夫的說法和行為是否有任何讓你懷疑之處？

第一章 鬥牛犬的案例[1]

那天晚上下班後，佛瑞德帶大家到歐海爾酒館。他掏出了信用卡幫公司的每個人點了一輪酒。隨著進門的人越來越多，同事們為自己的好運歡呼擊掌聲，此起彼落。佛瑞德舉杯致意。這群人稍微安靜下來，和他一起舉杯：「鬥牛犬已死。鬥牛犬萬歲！」他開心對著眾人高喊。

「嘖嘖，沒錯！」他們歡呼大笑，滿場熱烈掌聲。這天晚上，大家的喜悅都寫在臉上；跟過去兩年來歐海爾酒館星期五晚上絕大部分的情況，迥然不同。

在早些時候，公司曾經一帆風順。年年加薪，獎金也發得慷慨，工作氣氛愉快，況且，有機會待在業界歷史最悠久、名聲最響亮的公司工作，對許多人來說已經是收穫滿滿。然而，畢竟好花不常開、好景不常在。兩年前，被朋友們（老實說，大部分員工都是他的朋友）暱稱為「貝里老頭」的執行長，把這家金融服務公司賣給了一家更大的公司。不過，他就和許多創業家一樣，無法讓自己就此閒著沒事幹。他需要找事做，於是安排自己在董事會裡擔任臨時顧問，協助公司業務的交接。

董事會樂於採納他的建議，也歡迎他不時到訪他的前公司總部（如今是集團的分部）。貝里想延續他過去灌輸給公司員工的價值觀，也希望這些價值觀能擴及集團的其他部門，不過情況卻未能如此。新的母企業有眾多的部門和分公司，貝里在公司的地位以及他能發揮的影響力，隨著公司每一次的收購案而逐漸縮小。每個部門都有它各自的價值觀、服務線，以及做事的方式。同時董事會裡的人們對於整體的公司文化，也有他們自己的想法。

啤酒壺和花生在歐海爾後廳包廂的桌上傳遞。來自不同單位的員工混坐在一起，只聽說部分傳言的人忙著詢問更多的資訊；也有人則想再確認自己聽到的八卦。拼湊串連各種終結鬥牛犬的八卦傳言，讓大家不亦樂乎。

雖然貝里強調他已不過問公司的日常運作，但是有件事還是讓他很在意，那就是公司把古斯晉升為部門營運長的決定。在貝里眼中，古斯是個重身段、擅鑽營、不喜正面衝突的人，他無法扛起責任，愛聽別人逢迎奉承。貝里認為古斯花在和高管們打交道的時間太多，而用在做好部門工作的時間又太少。

在古斯晉升後的六個月，情況變得一塌糊塗。在公司漫長的歷史中，貝里的部門第一次沒有達成營運目標，市場分析師開始做不留情面的評論，危及到了整個集團的聲譽。更糟糕的是，公司因不合政府法規，很可能面臨巨大、公開，而且極其羞辱的罰款——這個消息還沒在媒體上傳開，但如果不及時處理，將成為新聞頭條。貝里認為是該讓古斯走人的時候了，他提議由自己負責營運，以等待公司找到更有資格的合適替代人選。不過董事會不同意。他們反倒是為了協助古斯擔任這個新工作，決定設立一個營運總監的新職位向他匯報。

他們注意到這個職務的完美人選是海倫。海倫隨著其他收購案而進入公司，被視為明日之星。她的績效評估裡讚揚她的衝勁、勤奮、專注、活力，和領導才能。她過去有大刀闊斧、整頓革新、準時完成任務的好名聲。貝里並不為所動，指出她過去的做法帶來不少連帶損害，此外她所領導的部門表現不佳，不斷超支預算。然而，把她列入潛在重要主管觀察名單的管理團隊，顯然並不在意。貝里很訝異董事會的高層竟然忽視這些數據，把一個過去經常亂花錢的人，找來負責處理財務上的問題。不過，如今這已非他所能決定。

海倫在遴選委員會的面試上表現得非常好。她充滿活力又投入的態度，以及她自認可解決組織問題的能力，讓她成了當下最熱門的人選。外界的分析師也認為任命一個強勢、精力充沛、而且有鐵腕作風的人，到這個有高知名度的失能部門，代表了公司對解決部門績效問題，做出非常堅定的承諾。她的風格和態度同時符合公司高層和分析師期待的模樣。她的任命似乎同時具備了天時地利人和。除了唯一一張不同意票（貝里投的），董事會全數同意了她的聘任條件。

海倫覺得失望。她以為古斯會走人，由她接任最高職位。人資部門跟她解釋，這個新設的總監職務是受人矚目的發展職位，負責改善部門日常作業的重要任務；所有人都在看她，能否幫助古斯迅速扭轉部門的情況。在新職位的耀眼表現將有助她未來得到迅速、重要的晉升。

海倫說她會考慮一下，條件是她能得到成功所需要的一切支持，從各方面看來，這都像是很合理的要求。集團為了解決問題，已經準備採取任何必要方法，批可任何的要求。於是，與公司其他部門對財務的控管形成了強烈對比，古斯和海倫可以向公司爭取大量資源。等於是送上空白支票的保證下，海倫同意接下這個職務。

在六個月又多一點的時間後，部門原本頭痛的問題似乎已煙消雲散。政府合約的執行成效提升到百分之九十五；導致問題發生的錯誤（人為的、電腦的、還有程序的）已經被找出並快速改正；合約問題也悄悄地解決。海倫獨占了外界讚美挽救這個部門的光環。古斯也支持她，讚揚她合倫理的作為，以及對工作的勤奮不懈。董事會投票，將她列入高階主管接任團隊的名單。

佛瑞德在包廂裡遊走各桌之間，不斷有人和他敬酒。交談的熱烈氣氛瀰漫。收發部門的瑞克跟大家證實，當時州警察的確守在後門防止人們進入。他說，「還有，兩個穿黑西裝的傢伙帶走了電腦、檔案，以及碎紙機裡的東西。」安全部門的席拉則證實，當天確實有電話進來，接著就下令安全人員在前門守衛。「沒錯，有手銬，」她回答行銷部門員工的發問。

古斯被解除原本的職位，應該沒人會感到意外——古斯本人可能是唯一例外，因為海倫在執行委員會指證歷歷，說他要為部門當初的失敗負責。海倫爭強好勝，與人的互動很火爆，而且喜歡讓自己成為鎂光燈焦點。她扭轉了部門的局面，為自己在公司的晉升之路開啟了坦途。自然而然，她取而代之，成了接替古斯的人選，繼任為營運長。

有人從歐海爾酒館的前門輕輕推門而入。這個人身材魁梧，穿著黑色長西裝外套。他看了看手上的錶，朝吧檯走去。歐海爾對這個衣著體面的男子點頭示意。這男子脫下他的黑手套，點了一杯威士忌薑汁汽水，上面要放攪拌棒。歐海爾點頭，開始為他調酒。

海倫底下的員工多半都不信任她。她對基層同事不屑一顧、態度輕蔑，常對他們的工作能力大肆嘲諷。不過，對她事業上有用處的人，她則親切可人，笑語盈盈。她在所謂重要人士面前，有一套展現自己最美好一面的本事，對任何不認同她決策的人，則予以反駁、貶低、忽視，甚至替換。海倫會跟董事們說他們想聽的話，把執委們的會議安排得如同好萊塢的巨星登場。海倫擅長門面功夫，她有效操控長官、威嚇下屬，在對她職涯影響重大的關鍵人物面前裝腔作勢。

這男子拿起了酒杯，環顧酒館四周。這裡一片安靜，只有後面的包廂傳來吵雜聲。

隨著古斯下台，海倫的霸道作風變本加厲。員工內部會議上常見她大呼小叫，與會者常被罵得體無完膚，飽受打擊和羞辱。她會在新的辦公大樓四處走動——這是她租來的，因為她想要有更大的辦公室——目中無人地發號施令，用威嚇的口吻對下屬頤指氣使。

這和過去貝里的管理風格大相逕庭，貝里的辦公室大門始終敞開，鼓勵人們提出新觀點來改進業務。貝里重視員工，新進的員工會驚訝於他能牢記他們配偶的名字，和他們孩子的運動表現。貝里能和大家打成一片，不只腦筋聰明而且懂得做生意。他知道成功——公司的成功——決定於員工的素質，他也會把榮譽和獎勵分享給身邊的人。

接下來幾個月內，海倫僱用了一批人到她的團隊，以取代團隊裡敢言的反對者。她全憑自己的直覺好惡來招募人才，或提供大筆的簽約獎金，來吸引一些有才華的年輕主管跳槽，但在短短幾星期、甚至是幾天之後，要是她認定這些人能力不足、不符需求、或是對她不夠忠誠，就會請他們走路。她毫不在意這種做法，對這些人的職涯和對他們家庭生活造成什麼傷害，也不在乎對公司可能帶來的法律問題。她還僱用了一些自己的親信，而且常跳過與人資部門的協商。

海倫在公司似乎予取予求，包括：購買一些最新的豪華用品。不管是新車、昂貴的辦公室家具、公司提供的住房，或公司供她旅遊租用的噴射機。海倫籌辦了一系列費用高昂的管理會議，地點選在熱帶旅遊勝地，還找來一些最知名的講者。在這些會議裡，她大肆吹噓部門的成就，獨攬所有的功勞。她所聲稱的成就，和部門裡喪失向心力、士氣低迷、關係緊張的實際情況，並不相符——不過，集團的高層顯然還沒注意到這種情況。

對海倫的行為稍有質疑，必會引來強烈的反應。舉例來說，公司找了一位高階主管教練（executive coach）來收斂她的作風，結果卻被她開除。她自己永遠不會錯，而且只聽好消息。她有如女王蜂出巡般四處炫耀自己的地位、權勢、主管特權，招來了員工的不滿。

許多部屬對她退避三舍：在她的背後，他們給她封了「鬥牛犬」的名號。

吧檯的男子看了自己的手錶，眼光開始四處搜尋，彷彿在找人。「他們在那裡面，」歐海爾說，指了指包廂的門。「我猜他們並不知道你會來，不過你直接走進去沒問題。」

真正讓員工最不滿的，是海倫越來越少出現在辦公室。她的第二把手奈德——她個人的密友，出任事業發展的新職位——也常常和她一起搞失蹤，引來一些不大好聽的傳言。還有一些更嚴重的傳言則說奈德還同時經營其他副業，儘管這是公司明令禁止的行為。奈德的存在引來同事的不平，但是海倫對他極力維護，也沒人敢質疑或挑戰她。

會計部門的琳達坐在包廂後面的位子喝酒。同事們的歡樂談話有平撫她內心思緒的效果。琳達擁有財金和會計學位，是剛離開校園的社會新鮮人，能在這家聲譽卓著的公司任職，讓她興奮莫名。讓她更開心的是，審計部門的前輩茱莉，願意讓她運用在學校學到的法務會計技巧，參與公司內部的審計流程。

「琳達，你應該要開心，」茱莉說。「你看到問題，然後把它指出來，結果那個〔髒話消音〕滾蛋了。」琳達舉起杯子，不好意思地笑了一笑。過去幾個星期有如地獄。奈德向鬥牛犬告狀，說琳達正在追查公司的會計資料庫，她對著整個財務部門大發雷霆。她要求開除琳達。她就做到今天為止。

「聽好，阿琳，這個世界什麼樣的人都有，很不幸你的第一份工作就遇到一個混蛋、一個罪犯。不過大部分人都是誠實正直，想把工作做好——你也是其中之一，而且你身邊有很多朋友——你做了對的事；你是我們的英雄。」整桌的人都露出支持的表情，茱莉面帶笑容伸出手臂攬著琳達。

穿黑色外套的男子，手拿著酒杯慢慢推開了包廂的門。「奈德被捕時，正想從自助餐廳溜走！」席拉說得口沫橫飛。「當他們給他上手銬時，他嚇壞了，要求打電話給他的律師！」

「想搭噴射機落跑的鬥牛犬結果怎樣了？」山姆發問，他總是最後一個聽到八卦的人。見到進包廂的人，佛瑞德刻意咳嗽，想叫大家安靜，但是沒人留神。他又用戒指敲了酒杯，才引起了眾人的注意。原本的大聲喧譁變成竊竊私語，隨著越來越多人發現這位紳士的出現，現場變得安靜無聲。

詐騙手法堪稱膽大妄為。沒有人料想得到，部門翻轉與成長的大部分資料都是造假的。公司的人也不知道，奈德和鬥牛犬利用他們權限較高的帳號密碼，駭入了伺服器，對幾個真實客戶的帳號數字，做了小小的更動，偷天換日逐步把資產搬移到海外帳戶。大家都沒想到，這兩個和他們共事的人，竟是作奸犯科的壞蛋。

這位紳士找尋包廂裡的面孔，朝他認識的人們笑了笑。他看到了會計部的雪莉，走向她那一桌。大部分的人都已經站起來，不過背對門口的琳達，仍深陷在自己的思緒裡。他向前移動，人群自動分開。他站在她的身邊問到，「你是琳達？」沉浸在想像裡的琳達嚇了一跳，轉身看到了站在她身邊的人。

少有公司會經歷當天高張力的場景。奈德剛好早一點進公司，他看到了州警和幾部廂型車闖進來，先一步打電話給海倫，接著快速離開他的辦公室往後門走，被警衛逮個正著。海倫比較走運。沒有警車標示的車輛包圍她的住家街口時，她已經從後門逃離了她的豪宅。她偷偷摸摸穿過院子走到隔街，她永遠會在這裡留一輛備用車以應付這樣的情況。雖然他們緊盯了公司名下的噴射機，但是沒人會想到，她在城市另一頭的飛機場，還租了一架私人飛機。

「是的，先生，」琳達回答，口氣很拘謹。

「我想親自向你道謝，感謝你的幫忙。我很欣賞你的勇氣與誠實。」

「貝里先生，」佛瑞德說，一邊走到了他的背後，「真高興見到你。歡迎參加我們的小小慶功宴。」

「我也很高興見到你，佛瑞德。看來我們啤酒快喝完了，」他說。「今天全記我的帳，」貝里老頭在琳達身邊坐了下來。「佛瑞德，可以幫我再去拿一杯嗎？歐海爾知道我要喝什麼。」

討論

- 你會怎麼形容貝里老頭、古斯以及海倫的管理風格？
- 你會如何形容他們的人格特質？
- 他們其中之一（或更多人）可能是精神病態者嗎？
- 性別、年齡是否會影響你的看法？

第二章 他們「到底」是什麼樣的人？

小說和電影用極端、刻板的方式描繪精神病態者。他們是冷血連續殺人狂、跟蹤狂、性侵犯、騙人的老千，或是窮兇極惡、控制慾強烈的大反派。例如：諾博士（Dr. No）或是漢尼拔・萊克特（Hannibal Lecter）。現實給這種觀點提供了一些佐證，不過實際情況比這複雜些。部分的問題在於，一般大眾和許多專業人士都把精神病態、反社會人格障礙（antisocial personality disorder，簡稱ASPD）、社會病態（sociopathy），當成可互換的名詞。它們有一些反社會的共同特徵，但所指的情況並非完全相同。

・**精神病態**是一個多向度的臨床構念（clinical construct），本書主要部分就是在說明這個構念的一些人格特徵和行為（參見表2.1）。[1]精神病態並非單獨由社會和環境力量造成。遺傳因素對形成這種偏差人格的特徵和氣質（temperament），扮演了重要的角色。不過，它長期的表現是生物的／氣質的傾向，與社會力量複雜互動的結果。定義成人精神病態的特徵和行為，在早期的童年時期開始出現。[2]相對而言，精神病態者缺少良知，也缺乏對自己之外的人體驗同理心、罪惡感，或忠誠感的能力。大約有百分之一的人口和百分之十五的獄中受刑人，符合本書描述精神病態者的判別標準。有些理論家和研究者，把精神病態認定為一種疾患（disorder），是腦部失能或損害導致的結果，不過有人則認為精神病態並非疾患，而是演化的適應。本書的第二作者也認為這個說法深具說服力（參見〈補2.1：先天或後天？兩者都是！〉）。本書的附錄整理了一份利用神經成像（neuroimaging）對精神病態的研究。

• **反社會人格障礙**（ASPD）在美國精神病學會第三版的《精神疾病診斷與統計手冊》（*DSM-III*，1980年）列為一種廣泛的診斷類別，在第四版（*DSM-IV*，1994年）也持續未有變動。[3]在它的定義裡，反社會和犯罪行為扮了重要的角色；按照這個定義，反社會人格障礙類似於底下所描述的社會病態。被診斷為反社會人格障礙必須符合下列七項判別標準的其中三項：在守法行為上不符合社會規範、欺騙、衝動或無法事先計畫未來、易怒和具攻擊性、罔顧自身或他人的安全、一貫性的不負責任、缺乏悔意。

精神病態和反社會人格障礙的差別在於，前者包含的一些人格特質，如：缺乏同理心、狂妄自大、情感淡薄（參見表2.1），並不是反社會人格障礙診斷的必要因素。反社會人格障礙不管在社會上或監獄裡，都遠比精神病態更為常見。

不滿於犯罪行為中過度強調反社會人格障礙的因素，美國精神病學會計畫在第五版的《精神疾病診斷與統計手冊》（*DSM-5*，2013年），變更反社會人格障礙的判別標準。在發展第五版的初期階段，第五版《精神疾病診斷與統計手冊》人格障礙工作小組，提議將反社會人格障礙重新命名為：反社會／精神病態類型（Antisocial／Psychopathy Type）。它的用意是把精神病態的廣泛理論和研究，納入到這個人格障礙的診斷判準。他們用「精神病態」一詞，來指稱精神病學家哈維·克萊克里（Hervey Cleckley）多個版本的《常人的面具》（*The Mask of Sanity*）清楚闡述的臨床構念（下文將討論），並透過海爾精神病態檢測表（Hare Psychopathy Checklist）和其衍生問卷來衡量（表2.1）。不過，經過數年的討論和設計不良的田野實驗後，《精神疾病與診斷手冊》第五版仍保留了原本的反社會人格障礙診斷判準，如上面所列。許多知名的臨床診療者和研究者，對於沒能把反社會人格障礙一起納入精神病態這個更實用的構念，提出了評論。[4]

- **社會病態**並非正式的精神病狀態，不過在一九三〇年代，有些臨床精神科醫師用這個詞，來形容因社會不利力量所導致的「精神病態的」（psychopathic）特徵。如今情況仍類似，它指的是一些被社會認定是反社會和犯罪的態度和行為模式，它們在其社會環境或次文化中卻是正常或必要的。好比說，在犯罪的、被邊緣化的，或是貧困的次文化中長大的人們，多半也會接受這個次文化的態度和習慣。心理學家大衛・呂肯（David Lykken）早期的作品，對海爾的研究有強烈的影響。他把社會病態視為反社會人格障礙的一個副群（subgroup），是未社會化或父母能力不足的產物。[5]有些社會病態者對同理心、歉疚感、忠誠度，或許有正常或接近正常的能力，但是他們判斷是非的能力，卻受他們的次文化或群體的常態和期待所左右。有些臨床醫師和研究者把這一類人稱為次級社會病態者（secondary sociopaths），或者說他們有外化的（externalizing，或稱為「發洩式的」）行為。許多罪犯和幫派成員符合這個描述。被描述為社會病態者的比例較為偏高。

傳統臨床構念的精神病態

精神病態是個多向度的臨床構念，由眾多人際的（interpersonal）、情感的（affective）、生活方式（lifestyle），和反社會（antisocial）的特徵與行為所構成。其中，包括：欺騙、操控、不負責任、衝動、尋求刺激、行為控制差、情感淡薄、缺少同理心、愧疚或悔意，以及不必然涉及犯罪的持續不道德和反社會行為。精神病態最嚴重的特徵之一，是冷酷忽視他人的權利，以及有高度可能從事各式掠奪性和侵略性的行為。在《沒有良知的人》一書中[6]，海爾這樣形容精神病態者：

> 精神病態者在社會上巧取豪奪，他們深具魅力，懂得用手段控制他人，為了遂行己欲從不留情面，騙取許多人的芳心或錢財，或使人期待落空。這種人完全沒有良心，對別人毫無感情，因此想怎麼做就怎麼做，想要的東西非到手不可，即使違反社會規範和期待也毫無愧疚或悔意。……我們在媒體上看到的那些人，例如：連續殺人犯、性侵犯、竊賊、騙徒、詐欺犯、家暴者、白領罪犯、拉抬股價從中獲利者、不法經紀商、虐待兒童者、幫派成員、被取消律師資格的律師、毒梟、職業賭徒、犯罪組織的成員、遭吊銷執照的醫師、恐怖分子、邪教教主、唯利是圖的傢伙、以及不擇手段的商人等等，大多數都是精神病態者。

如今我們知道，精神病態者不論男女，涉及犯罪的數量和類型，都比其他罪犯更多更廣。[7]他們的犯罪往往更暴力，而他們整體的行為比其他罪犯更有對抗性、侵略性、威脅性和虐待性。此外，他們的侵略性和暴力多半有掠奪的本質——冷血無情、沒有強烈的情緒起伏，不同於多數人在做出暴力行為時出現的典型反應。它是「工具性」的，只求達成某個目的，其後並不會伴隨對他人造成的痛苦和傷害後正常會出現的顧慮。相對而言，其他多數罪犯的大部分暴力行為，則是「反應性」的（reactive）——認知到威脅和情況做出的回應。這類型的暴力往往被形容為「情感性的暴力」（affective violence），或稱「激情犯罪」，它伴隨強烈的情緒、且事後往往對他人造成的傷害感到悔意和歉疚。精神病態者也可能做出反應性的暴力，不過除了憤怒和挫折之外，不會有其他強烈的情緒。[8]精神病態者在整體人口中相對是少數，不過有這種疾患的個體造成社會、經濟、肢體和心理的傷害，卻遠遠超乎其比例。特別值得警惕的是，從公共安全的觀點來看，精神病態的罪犯和其他罪犯相比，他們再犯比例特別高，而且再犯的時間間隔也更短。[9]（參見〈補2.2：精神病態與致命暴力〉）。

有些精神病態者在社會中，嚴格說來並未違反法律——雖然他們可能瀕臨犯罪邊緣，暗中以經濟、心理和情緒的不當方式製造問題。[10]他們並不是溫暖有愛的父母、子女或家人。他們不是可靠的朋友或同事。他們會利用、甚至往往濫用朋友與家人的信賴和支持。有可能你的上司、同事，甚至是配偶，具有精神病態人格而你渾然不知。他也可能是你的鄰居、朋友或家族成員，他的行為可能令你著迷、困惑或厭惡。由於精神病態者傾向於破壞規則，和挑戰人們可接受行為的極限，他們也可能在職場從事非法行為，公司卻一無所知，或為了保護聲譽而予以遮掩。

至於心理學家或精神病學家，要如何準確判斷某人是否有精神病態人格？早期的精神病態科學研究（到一九七〇年代末為止），並沒有普遍使用的衡量標準。精神病學在診斷使用的標準模糊不清，有時甚至讓人困惑，而且可能因研究者或診療師的個人經驗，而有不同的詮釋。精神病態自我陳述（self-report）的量表，彼此之間並不相關，也和精神病診斷無關。[11]過去五十年來，隨著精神病態發展成臨床／法醫深入研究和透徹理解的可變項（variables），這段陰暗、曖昧的歷史已成了過去。如今精神病態研究許多的臨床框架與重要想法，都源自眾多早期臨床醫師的描述性和理論性說明，特別是哈維．克萊克里。

從臨床到實證

科學要依靠準確、標準化的工具來衡量相關的現象。舉例來說，臨床觀察心血管疾病病患的病徵是，判定病情一個實用的出發點。不過醫生也會使用科學的衡量工具，像是心電圖和血管造影，來提供關於病患心血管系統狀態實證的生物檢定資訊。在精神病態方面，心理學家德魯．韋斯滕（Drew Westen）和喬爾．溫伯格（Joel Weinberger），對於從臨床到實證（from the clinical to the empirical）的研究，有如下描述：「越來越多新的研究顯示，臨床觀察就和非專業觀察（lay observation）一樣，可以運用標準的心理檢測程序來予以量化，令臨床描述成為統計預測。」他進一步說，「如今幾乎所有對精神病態的研究……都是以一位傑出的臨床觀察者（克萊克里，1941）的觀察為前提，他在六十多年前對精神病態者臨床的深入觀察，提供了被視為精神病態研究黃金標準〔精神病態人格檢核表（修訂版）〕的衡量基礎。」[12]

哈維·克萊克里（1903-1984）是影響深遠的美國精神病學家，他對精神病態和其表現形式詳盡而深刻的描述，對如今精神病態的概念化扮演了關鍵的角色。同時，他也影響了如今臨床和法醫對精神病態評估的國際標準，也就是「精神病態人格檢測表」（修訂版）。[13]一開始，他最為人知的著作是與科貝特·蒂格彭（Corbett Thigpen）合著，在一九五七年出版的《三面夏娃》（*The Three Faces of Eve*），他留給我們最重大的遺產，是他早期的著作和對精神病態的前瞻觀點。

在一九三〇年代，一如今天，一些有精神疾病的犯罪者最終會被送到司法精神病院接受治療。克萊克里身為年輕的精神科醫師，有機會仔細研究他的病患，他發現其中許多人並沒有一般精神疾病的病徵，在大半情況下都顯得「正常」。他觀察到他們施展話術、操縱，和利用其他的病患、家人，甚至是醫院的職員。看在克萊克里專業的眼裡，這些人是「精神病態者」——這個詞在過去一個多世紀，一直是模糊而有著爭議歷史的精神病學概念。

克萊克里根據這些經驗，寫下了精神病態的經典臨床教科書：《常人的面具》。這部開創性的作品於一九四一年出版，這是第一次嘗試為精神病態和它的表展現形式，提供清楚而詳細的圖像。第五版的《常人的面具》於一九七六年出版。[14]克萊克里提到這些病患有正常的心智，但往往做出拙劣的人生判斷。他們無法從個人經驗中學習，導致他們不斷重複失能或徒勞的行為。他們缺少理解自我以及本身行為對他人影響的洞察力，但是他們對此似乎毫不在意，因為他們並不理解或是關心他人的感受。他們說話顯然不可靠，甚至連與他們當下情況相關的重要事物，都是如此，而且似乎沒有真正的人生目標或計畫。他們欠缺真誠，雖然他們在與他們很少互動的人們面對時顯得非常誠懇，尤其是對醫院的新進職員和新病患。最明顯的一點是，這些病患是最極致的說謊家。

克萊克里從沒有打算把他的觀察當成正式的診斷檢查量表，而他也從沒有在統計上測試他的模型。他只是以具說服力的方式，報告這些他認為符合這個症候群的特徵。也因此，確認他的觀察以及發展評估的科學方法，也就成了海爾他的學生和同事組成的團隊，在整個一九七〇和八〇年代主要的研究重點。一篇最近的文章形容這段歷史時期，是克萊克里和海爾互相鼓勵，各自對理解精神病態持續努力的階段：「如果不是克萊克里和海爾彼此的互相通信，第五版的《常人的面具》以及海爾的精神病態研究生涯，或許永遠無法修成正果。」[15]

海爾與其他研究者在一九七〇年代面臨的問題，在於缺乏標準、可靠的評估工具，來衡量克萊克里與其他早期臨床研究者描述的內容。在這個時期，他和學生們進行許多精神病態的研究，他們根據克萊克里的研究、對受刑人的詳細訪問，以及對檔案資訊的深入回顧，發展了一套「評分」的系統。[16]這些評等雖然實用，仍然有必要建立一個可靠、有效，在心理學和心理學檢測上穩固的精神病態衡量標準。海爾在同事與學生的協助下，收集大量對精神病態特徵與行為的已知紀錄，並使用統計分析的技巧，設法定義出精神病態最普遍、最明確的特徵和行為。他們的初步成果，是一個包含二十二個項目的量表，根據訪問與檔案相關人士提供的資訊進行評分，它遵循臨床研究傳統，把人格特質與反社會行為相結合。[17]其他研究者提出的建議，加上海爾和同事們超過十年的廣泛經驗，促成了這個量表修訂版的問世，在一九九一年以《海爾精神病態人格檢核表（修訂版）》（*Hare Psychopathy Checklist-Revised*，簡稱「海爾量表」）出版。二〇〇三年再版。[18]

以個人的角度而言，精神病態科學研究學會在二〇〇五年設立了「海爾終身成就獎」，海爾成了這個獎項的第一位得主。這個獎項在二〇〇七年頒給了大衛・呂肯，在二〇一一年頒給了哈維・克萊克里，兩人都是死後追贈。海爾認為能用這種方式與兩位推動他研究生涯開展的學者產生聯繫，是一項特別的殊榮。

精神病態臨床／法醫衡量標準精神病態人格檢核表（修訂版）

雖然說《精神病態人格檢核表（修訂版）》是評估精神病態可靠有效的工具，使用者仍需要適當的經驗和訓練，以及相對應的專業資格，依合乎該學科的倫理和專業標準來運用。[19、20]臨床醫師和研究員運用一套半結構化的訪談，和大量的檔案、相關人士資訊，依據個人與手冊上所列的特定評分標準相符的程度，來給予每個項目評分：0＝不符合該項目；1＝某程度上相符；2＝與該項目相符。《精神病態人格檢核表（修訂版）》的分數，因此介於0到40分之間。總分代表的是，這個個人符合傳統、典型精神病態的程度。基於研究和「診斷」（diagnostic）的目的，《精神病態人格檢核表（修訂版）》得到30分，一般而言即代表這個人有高度的精神病態，或許已達到被稱為「精神病態者」的程度。不過要注意的是，這個分數的門檻可能有些武斷，而且這類工具可能有測量誤差。此外，統計分析說明這些項目所衡量的是一個「多向度的構念」（multi-dimensional construct），而不是一個「具體的類別」

（concrete category）。如表2.1所示，它們區分成四個相關的領域（或者稱為面向或因素）：**人際的**（我們呈現在他人面前的樣子）；**情感的**（我們情緒上的感受）；**生活方式的**（我們在社會中如何生活）；以及**反社會的**（我們反社會行為的傾向）。在《精神病態人格檢核表（修訂版）》和《精神病態人格檢核表（青少年版）》的第十九和第二十項，只有被刑事犯罪定罪的個人，才會予以評分。

精神病態人格檢核表（篩檢版）

就我們所知，只有一個研究使用《精神病態人格檢核表（修訂版）》在大規模的企業犯罪研究（參見第九章）。《精神病態檢測表（篩檢版）》（*The Psychopathy Checklist: Screening Version*，簡稱 PCL:SV）比較適合於評估群體和職場的精神病態。它比《精神病態人格檢核表（修訂版）》更簡單方便，但使用的是相同的評分方式。[21]、[22]它的評分介於零到二十四分，十八分大致相當於 PCL-R 的三十分。普通人的分數介於零到三分之間，而罪犯的平均分數則約在十三分。如表2.1（中間）所示（表附件於封底），它的項目可區分為和《精神病態人格檢核表（修訂版）》相同的四個面向。《精神病態人格檢核表（修訂版）》和《精神病態人格檢核表（篩檢版）》，結構上和心理測量上的性質大抵類似。它們衡量精神病態的標準基本上相當。由於我們在本書稍後會討論青少年和兒童精神病態特徵的研究，我們把項目列在《精神病態人格檢核表（青少年版）》（*Psychopathy Checklist: Youth Version*，簡稱PCL:YV）。它和其他精神病態檢測表的評分結構和性質，大致相同。

問題是在人力資源部門（HR）幾乎沒人有經常運用這些檢測表的經驗和訓練。這是有點可惜的事，因為人資部門依賴的，多半是衡量一般人格特質的各種自我報告工具，它多半和精神病態的關係不大，容易被精神病態者透過造假和正面印象管理（positive impression management）所利用。[23]臨床評分和自我報告，或許可以對同一個構念提供不同的觀點，二者配合使用，也許能幫助我們更加理解精神病態。或者，它們有可能是名稱相同，但是代表了不相同、或相關性不大的構念〔所謂的「叮噹聲謬誤」（jingle fallacy）〕。

不論如何，在書中我們評估企業精神病態時，會依情況對於以自我報告為依據的研究做描述和評論。其中最流行的是由精神病態、馬基維利主義（Machiavellianism）、以及自戀（narcissism）所構成的「黑暗人格三角」（Dark Triad）。參見〈補2.3：黑暗人格三角〉。

我是精神病態者嗎？

看完精神病態特徵的清單，常會引來憂慮或是無厘頭式的靈光乍現。「我的天啊！我老闆衝動、不負責任，在你的面前說謊面不改色，說不定他是個精神病態者！」或者是，「我喜歡冒險，還愛四處拈花惹草。我是不是精神病態者？」也許是吧，不過這要看你同時有沒有更多相關的特徵和性格。

把精神病態想像成一個多面向的連續體，包含了在表2.1所描述人際的、情感的、生活方式，和反社會的特徵。這些特徵的數字和嚴重程度（強度），從最低的零分、到超乎異常得高（在《精神病態人格檢核表（修訂版）》是四十分，在《精神病態人格檢核表（篩檢版）》是二十四分）。大部分的人分數落在這個連續體極低分的這一端，只有極少的精神病態特徵。

我們稱呼在高分這一端的人們是「有精神病態的」；他們有嚴重程度的人際的、情感的、生活方式，以及反社會的精神病態特徵。分數落在中段的人們，也有明顯數量的精神病態特徵，但是在嚴格定義上，他們並不是精神病態者。對他們的診斷要取決於他們關鍵特徵的特定組合。當然，在中段分數的人，有許多並不是模範公民或是善良的好人，不過有些人可能是衝勁十足、喜愛玩樂、自命不凡、野心勃勃、極端現實，或難以相處。有些或許有志成為精神病態者，以真正的精神病態者自居，但多半不足以令人信服。海爾在他的研究生涯中，收到數以百計自稱是精神病態者的來信和電子郵件（有些堅稱自己是「演化的下一個階段」），其中很多人要求將他們當成研究的對象。

有關社區樣本和企業樣本，在《精神病態人格檢核表（篩檢版）》的分數分布圖，參見第九章。

或許，他們會隨年齡改善

研究顯示某些精神病態的犯罪者，他們《精神病態人格檢核表（修訂版）》的分數會隨年輕而降低。不過，降低的情況只出現在因素二的特徵和行為（例如：衝動莽撞、尋求感官刺激、行為控制能力差）。因素一的特徵（例如：自矜自大、變態的說謊、欺騙、詐騙／操控、缺乏同理心和悔恨感）隨年齡增長仍相對穩定。[24]關於年齡對「白領犯罪」的精神病態者的效應，我們所知仍然很少，他們多數都不會展示高度的因素二特徵和行為。不過，在

《沒有良知的人》裡頭，海爾有這樣的一段話：

一九八七年七月，一位名叫布萊恩．羅斯納（Brian Rosner）的地區助理檢察官，讀了《紐約時報》上一篇概述我精神比國內他研究成果的文章，便寫信給我。信上說，他最近參與一場宣判聽證會，當事人的罪名是跨國銀行詐欺，金額達數百萬美元。信上說：「你這篇文章的描述，十分符合這名被告……身為詐欺調查局的成員，我們的工作就是跟你所謂的狡詐律師、醫生、商人打交道。我認為你的工作能夠幫助我們說服法官：受良好教育、穿西裝的人也會犯罪，應該透過判刑加以處置。隨信附上一些資料，你或許會有興趣，要是哪一天覺得你的理論需要事實支持，請參考這些資料。」這袋資料是三十六歲的約翰．格蘭布林（John Grambling Jr.），榨取他人錢財的證據。他靠一個同伴幫忙，蒙騙過非常多家銀行，盜走幾百萬美金，重點是他們完全沒有擔保品。

羅斯納的書《詐騙》（*Swindle*）以及他寄給海爾的資料，描述了一位男子巧取豪奪的驚人細節，他出身顯赫家庭，卻選擇肆無忌憚、冷血掠奪的人生。[25] 如羅斯納所述：「他在全國各地留下了破碎的事業和理想。他造成的金融破壞是可以估算的。但是他對人所造成的傷害和心理的損害，卻難以『估算』。」羅斯納和他的同事們，根據格蘭布林家庭關係的大量報告做出結論，他們從未見過「比這更全面對白領犯罪心態的分析：毫不留情累積財富的慾念、利用人們來達成目的、除了自愛之外，棄絕所有對人的依附情感。」我們鼓勵大家去閱讀羅斯納這部對於精神病態白領犯罪者的精彩描述。

一九八六年格蘭布林是三十六歲，所以現在六十八歲左右。或許他已經倦了，成熟了，或者找到基督耶穌了，就跟許多犯罪者一樣。並非如此！二〇一二年，在肯塔基州的美國地方法院，對格蘭布林和他的同夥做出了六百九十萬美元的判決，罪名是違約，以及為原告募資的承諾中做了「詐欺和疏失的失實陳述」。[26]

最近海爾聯絡羅斯納，談論了格蘭布林近期的活動。羅斯納的回覆是，每隔大概六個月他就會接到某人的電話，內容可能有些變動，大致是說：「你一定不相信，這傢伙想跟我借資金／想買賣我某個東西，他的話一聽就不對勁，我上網一查，不就是這個人？」對於這個討論的話題，羅斯納做了有趣的評論：「很悲哀，因為有些人天生不良的想法就是不會變。我猜，或許這個觀察與你的研究相吻合。」[27]

討論

- 你是否認識任何人展現類似精神病態的特徵？
- 在特定個人身上你觀察到什麼特徵？
- 你是否知道有任何人精神病態的特徵隨著年齡增長而減低？
- 格蘭布林有哪些精神病態的特徵沒有隨著年齡增長而改變或成熟？

補2.1 先天？後天？兩者都有！

精神病態的特徵究竟是先天遺傳，還是後天養成的產物？更好的提問方式是：「先天和後天有多大的程度，影響了界定精神病態的這些特徵和行為的發展？」透過行為遺傳學來研究人格特徵和行為傾向，可讓這個問題的答案變得更加清楚。

行為遺傳學

沃德曼、瑞伊、羅帕若和帕克（Waldman, Rhee, LoPara, and Park）這四位心理學家，回顧雙胞胎與收養的研究，發現具說服力的證據顯示，遺傳因素在發展精神病態特徵中扮演重要的角色。[28]這並不是說成年精神病態的發展路徑是固定不可變動的，但是它確實說明，社會環境要克服先天因素並不是容易的事。先天的遺傳，以及生物學上在發展胚胎和新生兒一些未知的影響，提供了發展精神病態一些必要的元素，像是極度缺乏體驗同理心及完整情感——包括恐懼在內——的能力。導致的結果是，發展內在控制和良知，以及與他人做情感「連結」（connections）的能力降低。

讓先天——後天議題的理解變得更複雜的因素，是行為表徵遺傳學（behavioral epigenetics）。近期研究證據顯示，環境事件可以啟動或關閉基因。「表徵遺傳機制（epigenetic mechanisms）是支配環境調節生物基因組的分子事件（molecular events）。表徵遺傳過程導致個體在外觀、生理、認知，和行為的差異——這群特徵被稱之為表現型（phenotype）。」[29]舉例來說，如果某人具有精神病態特徵的基因，童年早期的經驗或創痛有可能開啟基因。

早期創痛

表徵遺傳學影響到精神病態發展的最合理候選者，或許是早期創痛（early trauma），特別是兒童虐待，包括：肢體和情感的虐待、性虐待以及忽視。不過，兒童虐待的動態影響如此複雜，而且有其特定的家庭背景環境，因此研究者，特別是以童年經驗的自我陳述進行研究的研究員，難以從早期虐待對後期精神疾病和行為做出一般性的結論。

幾個研究指出，根據《精神病態人格檢核表（修訂版）》所做的評量，兒童虐待（肢體虐待、情感虐待、性虐待、忽視）和成年精神病態成因有關。不過這些關聯性往往過於薄弱，而且顯然由虐待的類型，以及在《精神病態人格檢核表（修訂版）》上的因素來決定。

舉例來說，在一個女性犯罪者的研究中，研究人員發現，自我陳述的兒童虐待（肢體與性）和自殺傾向，與反社會和犯罪行為（因素二的特徵）相關，但是與操控、欺騙、自大、冷酷、情感薄弱、缺乏同理心（因素一的特徵）無關。[30]稍後一個關於潛在創痛事件（potentially traumatic events，簡稱PTE）、童年創痛、創後壓力症候群（post-traumatic stress disorder，簡稱PTSD），以及女性精神病態的研究也有類似的結論。[31]

研究者指出在《精神病態人格檢核表（修訂版）》中的人際因素（如：自大、操控、和病態的說謊）與情感因素（如：缺乏同理心、歉疚感、悔恨感，以及情感淡薄）與潛在創痛事件和創後壓力失調無關。生活方式因素（如：衝動莽撞、需要尋求刺激）與反社會因素（如：缺乏行為控制力、早期行為問題、反社會活動），各自與潛在創痛事件相關。反社會因素特別和創後壓力失調的病症有關連。其他研究者發現，被評估需要民事拘禁的性犯罪者中，童年受虐和《精神病態人格檢核表（修訂版）》中的反社會因素有關。[32]

近期一份報告也有類似結論，認為男性犯罪者的早期肢體虐待與精神病態的反社會因素有關，但與人際的或情感的因素不相關。[33]研究報告的作者認為在某些案例中，「父母無法對應孩童潛在的精神病態特質，可能導致相互傷害的互動行為。」也就是說，這顯示童年創痛，比起精神病態的人格特徵，更能預測反社會的和外化的行為（externalizing behavior）

（例如：發洩情緒、具侵略性）。[34]

疾患或適應

演化心理學給許多精神病態者漂泊無定的生活方式提供了好理由：他們追求多重性伴侶、需要新的人和機會供他們利用〔所謂的「水窪」（waterholes）〕，因此在一個社群裡廣為人知，將成為問題。精神病態者隨意的性關係，對性伴侶缺乏真摯、長期的情感或依附。頻繁通姦、以性為武器、對親密伴侶的無情對待，都是精神病態者常見的特徵，不論男性或女性。

演化心理學近期的理論和研究認為，這類的態度和行為有其遺傳學的理由。在這個模式裡，精神病態成了一個可傳承、適應性的生活策略，其目的——反映在早期侵略式的性——是為了提供基因的延續。傳遞一個人的基因庫有幾種方式，其中包括：細心養育小數量的後代。[35]精神病態的模式則大異其趣，但是同樣有效（甚至更有效）：他們生育大量的子女，但鮮少對他們身心福祉投入關懷。有些精神病態的男女或許把子孫視為自身的延伸，但這種延伸是為了自身目的（權力、控制、占有、未來的長期飯票等等），缺乏真實情感或養育的關懷，內容表現在對其肢體、情緒的忽視和遺棄。

在這種模式裡，持續運用的是冷酷無情的欺騙和操控來吸引可能的配偶，隨時準備拋棄對方和他們的子女，同時需要不斷變換尋找配偶的場所。普遍說來，精神病態者或許是演化壓力的產品，在環境和遺傳因素複雜的互動下，導致一些個體尋求操控與掠奪式社會互動的生命史策略。[36、37]

這些互動可能牽涉到「欺騙者策略」（cheater strategy）（例如：操縱、欺騙、自私自利）、「戰鷹策略」（warrior-hawk strategy）（例如：衝動、具攻擊性、冷酷、暴力）、或兩者兼具的「欺騙者戰鷹」。[38]我們或可推斷，精神病態者之間應用操縱式或攻擊式的策略，各有差異（也會隨環境背景和時間改變）。從這一點來看，精神病態者是人際的欺騙者和社會的掠奪者，有辦法以最小的投資取得肢體、心理和生殖的成功。美國公共電視（PBS）一系列精彩報導指出，這些虛假、欺騙、有攻擊性、精神病態的行為，在許多物種中很常見。[39]

一個相關的問題是，精神病態究竟是一種精神疾患，還是經過演化的生命史策略（life-history strategy）。有些研究者認為，如果精神病態是一種精神疾患，它應該會顯現一些發展不穩定、不利於智力、運作或生殖的指標。[40]然而，精神病態卻沒有顯現這些精神疾患的特徵。這些研究者提到，「雖然精神病態者的腦功能和結構異於常人，但差異（difference）並不等同於功能障礙（dysfunction）。」海爾同樣也提到這一點，[41]他說：

> 我認為精神病態的個體對社會規則和傳統定義上的是非，有智識上的理解，也足以知道他們必須為所作所為承擔責任。他們就如莎士比亞的《奧賽羅》裡的伊阿古，他們根據自利原則對環境做盤算，選擇哪些規則要遵守或忽視，對他人的感受和利益毫不關心。他們對自身行為缺乏同理心、歉疚或悔恨，在情感上與他人「脫節」（disconnected）。不過，他們並不是忽視或違反所有的道德和法律規範，也不會將所有遭遇到的人當成侵害的對象。無庸置疑，他們許多精神病態的特徵，在理論上與腦部結構和功能相對應的方式，不同於大部分的正常人……
>
> 這並不必然表示他們有腦神經系統的缺陷或功能障礙。確實，精神病態者有可能宣稱，因為他們不受情感包袱的羈絆，而比大部分人都更加理性。正如一位精神病態的犯罪者在我們研究中所說，「精神科醫師說，我的問題是我思考的時候用腦多於用心。」他並不認為這是個問題，接著他說，他是「活在鼠群裡的一隻貓」。

這個不經意但簡明的比喻，從演化觀點將精神病態視為生命的適應性策略，意味著他只是按照天性做出行為。不管這種特殊的觀點是否有其價值，我們應該思考的事，精神病態者的行為，有可能反映了他們不同於常人在認知、情感以及行為的流程與策略，不過它的成因，並非傳統醫學和精神病學上所認定的精神疾病或缺陷。

我會這麼說是因為，不管專家或一般普通人，都喜歡用「某個東西」無法正常運作，來解釋精神病態者冷酷、操控、毫無悔意的行為。假如我們觀察精神病態者和其他人之間，與情感、社會、執行功能有關的腦部區域和迴路的差異，這類的解釋不難被理解。不令人意外的是，許多人在處理被審判的罪犯，特別是暴力犯罪者，會從功能障礙的角度來檢視臨床的描述和實證上的發現。對於精神病態的創業家、股市掮客、金融顧問、政治人物、臨床醫師、律師，學術人士則較難這樣做。

爭論仍在持續，這也是科學界的常態。雖然有點陳腔濫調，但非常適切的說法是，我們還需要更多的研究。參見本書附錄中對神經成像和精神病態的概述。

補2.2 精神病態與致命暴力

精神病態是各種反社會和刑事犯罪行為的主要成因。[42]事實上，社會學家麥特・德利西（Matt DeLisi）[43]還主張精神病態是「犯罪的統一理論」。不過，殺人犯依照海爾的量表所評估出精神病態的程度，和一般犯罪者的精神病態程度並無不同。[44、45]在一份精心設計的詳細分析裡，福克斯和德利西分析了殺人的數據，發現精神病態與殺人關聯性的強度，與殺人的「類型」和「嚴重程度」有明顯的關係。[46]

「換句話說，當殺人的類型變得更暴力、更極端、或更恐怖（一般犯、性犯罪、虐待／殘殺、連續犯、多重犯罪），精神病態與殺人的副類型的關係就更加強烈。」

因素一（參見表2.1）是構成這個關聯的主因。精神病態者形容殺人往往用「不經意、就事論事、外化罪責（externalizing blame），如外科手術的口吻說出，彷彿殺人的行為是稀鬆平常的差事。」在對十九份研究和五千一百六十一位男性刑事犯罪者所做的統合分析裡[47]，歐康奈爾和馬庫斯（O'Connell and Marcus）指出，《精神病態人格檢核表（修訂版）》的因素一和因素二都和虐待狂（sadism）有關。虐待狂「可能涉及了缺乏對他人的同理心，以及樂於利用他人獲取自身愉悅或利益（因素一），以及衝動性的違法行為模式（因素二）。」

研究者常用「冷血」（cold-blooded）形容精神病態者的暴力。[48、49] 如海爾所整理的，「他們的暴力冷酷、而且是工具性的——用以滿足單純的需要。例如：性，或是取得某個他所要的東西——而且精神病態者對事件的反應往往是漠然無感、大權在握、愉悅，或自鳴得意，多過於對製造破壞的歉疚感。顯然他們不會為此輾轉難眠。

這些發現與本書的主題有關，不單是因為精神病態潛在的暴力性（參見〈補3.2：紅領罪犯〉），也因為精神病態的企業員工更有可能涉入不當的企業不良行為，例如：詐欺和盜用公款，以及對組織裡的其他人造成最大的傷害。

補 2.3　黑暗人格三角

二〇〇二年，保勒斯和威廉斯介紹了「黑暗人格三角」的概念，它包括了三種黑暗的人格特質：自戀、馬基維利主義和精神病態。我們在本書第三章會介紹自戀與馬基維利主義。

保勒斯和威廉斯（Paulhus and Williams）對黑暗人格三角所做的研究中解釋，「雖然它們有著不同的起源，這些人格……有一些共同的特色。在不同程度上，它們都牽涉不良社會性格，行為傾向於自我吹噓、情感冷漠、表裏不一和具侵略性。」[50]不過，兩位作者的結論認為，這些人格並不等同。

與這些黑暗人格共同相關的特徵有哪些呢？證據顯示，海爾《精神病態人格檢核表（修訂版）》因素一當中的自利元素（如：操縱、欺騙、冷酷／缺乏同理心）是黑暗三角人格的核心。[51]從演化的角度來看（參見補2.1），這些元素「標示追求立即報酬和滿足的穩固、適應性策略，而它又與個體的生殖和生存利益有關。」[52]

這裡必須指出，在三者之中，精神病態似乎是最不誠實、最狡詐、最具破壞力。雖然它描述的是整體人口當中的精神病態個體，我們相信職場上同樣適用。

補12.2的補充資料，另外介紹了一些黑暗人格的特質。

補2.4　性別、族裔、文化

精神病態很可能具普遍性，存於所有種族、族裔、文化社會中，也同時存於男性和女性。[53]不過，它一些行為的表現可能源自特定社會對其成員的行為規範和期待的差異。舉例來說，許多社會對於女性和男性該如何行為，有明確或隱含的「期待」。同樣地，一些社會期待與其成員的種族、族裔、宗教、政治、社會經濟地位等有關。如底下所述，這類的因素可能影響到精神病態評斷流程的設計。本書把重點放在《精神病態人格檢核表（修訂版）》和其衍生的衡量方法。包含其他評量工具的詳細討論，可參見其他資料。[54、55]

性別

許多研究指出，女性（成人與青少年）在精神病態評量的分數低於同年齡的男性。[56、57]女性天生或許比起男性較少會有精神病態。不過，這種差異也可能來自性別角色的期待，以及文化因素禁制或修正了某些行為的表現，特別是反社會和攻擊性的行為。整體而言，實證上的證據顯示，精神病態在人際的和情感的（因素一）的特徵（例如：自誇、欺騙、操控、冷酷、缺乏愧疚或悔意）在男性與女性的情況類似。不過，在衝動、反社會的特徵（因素二）則有性別的差異，女性比較少出現早期問題，也比男性較少有攻擊性和暴力，或是表現形式和男性不同。心理學家維若納和維泰爾（Verona and Vitale）對這問題的整體評估中[58]指出，有助於評估女性精神病態的一個方法，是考量「反映女性特有的反社會——外化（因素二）傾向的表現。例如：賣淫、性的冒險、『人際的暴力』、自我攻擊，以及關係上的攻擊行為。如：背叛友誼或在背後搬弄是非。」我們注意到，《精神病態人格檢核表（修訂版）》的淫亂性行為項目，也對賣淫和性冒險進行了評估。

儘管有著上述的差異，一份北美《精神病態人格檢核表（修訂版）》的評分（例如：二十～三十分）反映女性精神病態的程度，和反映男性的程度大致相同。[59]除此之外，從量表的結果顯示，成人與青少年的男性與女性有大致相同的精神病態四因素結構。

族裔／文化

許多關於女性精神病態的問題和族裔／種族和文化的情況相類似。舉例來說，文化因素、經濟條件和機會、高犯罪地區等，可能提高精神病態在反社會特徵的分數。在《精神病態人格檢核表（修訂版）》於一九九一年出版之後，一些臨床醫師和研究者擔心，它對非洲裔美國人和加拿大原住民可能有潛在的偏見。在每個案例裡，他們的《精神病態人格檢核表（修訂版）》因素二和總體分數，都高於白種人。不過，心理測量性質、因素結構，以及對犯罪和暴力的預報能力則大致相同。[60、61]類似的結論也出現在許多不同的國家和文化。[62]確實，《精神病態人格檢核表（修訂版）》和它的衍生工具，在北美、許多歐洲國家、部分中東、南美、亞洲國家，還有墨西哥、澳洲和紐西蘭，都是評估精神病態的研究標準。

最後，我們注意到一份對精神病態特徵和它們相對應關係的調查結果，支持了精神病態構念的普遍適用性。[63]這項研究涉及了十一個地區、五十八個國家，和三萬三千零十六位參與者（女性占百分之五十八）。由於無法使用《精神病態人格檢核表（修訂版）》或《精神病態人格檢核表（篩檢版）》，它的衡量表是翻譯成當地語言的SRP-E，這是自我報告形式的《精神病態人格檢核表（修訂版）》。[64]）在所有的地區，參與者自我陳述為高度精神病態的女性要少於男性。不過，男女的因素結構相同，也與表2.1所描述的因素四架構有一致性。一如預期，高度精神病態的總分和各因素分數，有性別和區域的差異。整體而言，這個模式符合預期，但太過複雜則不在此詳述。很顯然文化影響了精神病態自我陳述的表達。不過在世界各地區，男女因素分數的模式都類似，「暗示了文化如何影響精神病態的表現具某種普遍性。」

戴夫的案例

第一幕，第二景

先聲奪人

戴夫上班的第一天就掀起了騷動，他被帶到部門各處並介紹給了員工。大家對新人議論紛紛，他曾在業界更大的公司任職，公司的新產品推出週期出現了問題，如今這個人可望為公司收復失土。所有人都出來迎接戴夫，而且見到他的人馬上就喜歡上他。他有迷人的個性、英俊外貌、散發堅硬如石的自信，更別提他在公司主要研究領域的強大技術背景。

帶著戴夫四處參觀之後，法蘭克領著他來到了新辦公室。「噢，」戴夫對所見面露失望。「我以為會更稱頭一些，」他頓了一下，「而且更大一點。」

「喔，我們成長太快了，辦公室空間很珍貴，」法蘭克回答，不知道為何突然自己都覺得不好意思，「不過你很快就會換位子，因為我們員工不斷在洗牌。其實，這已經成了這裡開玩笑的話題。」

戴夫不以為然，不過還是轉身向法蘭克擠出了笑容說：「那太好了！那我最好趕快安頓下來，開始為公司做點貢獻！」

法蘭克回到他的辦公室，繼續按他的行程表開會、寫報告和打電話。他會在一點半左右帶戴夫去員工餐廳吃飯——事實上它是免費供餐的高級餐廳。如果可以的話，他還要帶戴夫到主管那一側辦公室，把他介紹給公司的創辦人和執行長傑克．加里德布，就看傑克有沒有空。

法蘭克一投入工作，上午的時間過得飛快。他的祕書瑪姬在一點十五分左右出現在他門口時，他嚇了一跳。她說，「法蘭克，加里德布辦公室的薇琪打電話來；說他要你馬上過去，」在法蘭克來得及提問前又補上一句：「她沒說是什麼事。」法蘭克拿起他的企劃書和行事曆，抓起掛在門後的西裝外套，邊穿上邊朝走廊快走。他經過戴夫的辦公室時，決定進去瞧一瞧，順便告訴他午餐的約會可能要稍往後延。戴夫不在裡面，於是法蘭克繼續走，腦子開始回想自己是哪個計畫還沒搞定，為什麼傑克這時候這麼匆忙要找他。

走到公司大樓另一頭的行政套房，法蘭克朝薇琪的位子走去。「嗨，薇琪，我又有麻煩了嗎？」他開玩笑說。

「你明知道，加里德布先生從不覺得你有麻煩。**你永遠是他的最愛。**」她也開玩笑回應。多年前，薇琪和法蘭克在同一天進了加里德布科技公司，從此成了好友。公司的文化友善、輕鬆，不過行政主管套房仍令人敬畏，因為對訪客或潛在客戶，他們有必要展現大公司的氣派。

傑克．加里德布從敞開的大門看到法蘭克站在薇琪的辦公桌前，揮手要他進去。法蘭克注意到有人坐在傑克的辦公室裡，但是豪華的皮椅遮住了他大部分的身影。傑克說：「嘿，法蘭克，我剛和你的人聊了一下。」戴夫起身然後轉了過來。「**這次又選得好！**」傑克接著說。「有你這位新同事加入，研發部門一定又有新作為！」

法蘭克很意外在執行長的辦公室看到戴夫。「喔，傑克，我們得跟上行銷的腳步，他們一直跟顧客吹噓我們還沒做出來的新產品。」

「戴夫，你走運了；和你共事的是這行裡頭最棒的傢伙，」傑克在兩人告辭時說。

「這老闆很不錯，」戴夫說，兩人在走廊一起朝著餐廳走去。

法蘭克的心思又回到他寫的企劃案，這時薇琪打了電話過來。「他今天在公司算你好運；他總是來來去去。」

討論

- 第一天上班，你會不請自來拜訪公司的執行長嗎？
- 戴夫這般先發制人，法蘭克應該擔心，還是覺得高興？

第三章　所見未必為真

艾琳抱著小女兒出門去工作。公車巴士把她們送到了陽光燦爛的主廣場，中午的民眾和觀光客在這裡逛街談笑。她的生計仰賴這些人，她期待下午一切順利。

有一群人聚在第一街和主街的角落，擋住了她的去路。穿過人群，她看到正在進行的紙牌三公（three-card monte）。觀光客事先會被提醒要謹防這類的詐騙，不過人群裡永遠不乏有人上當。這個遊戲大致玩法如下：發牌的人在小桌子上擺了三張牌面朝上的紙牌；其中一張是花牌，可能是K、Q或J，另外兩張則是有點數的小牌。發牌的男子（有時是女子）把牌面翻面朝下，然後在桌子上快速移動紙牌，最後停下來。發牌的人嘴裡不停唸著有趣的口訣，要現場觀眾猜花牌的位置在哪裡。最後總會有某個對眼力有自信的人下注。不過，最後贏的永遠是發牌的老千。

幾輪遊戲下來，前排的觀眾散去，原本在後面的觀眾擠到了桌前。艾琳來到了最前排。發牌的人露出微笑對著她女兒說話。「你長得真漂亮；而且聰明伶俐，就跟你媽媽一樣！我看你一定會上大學！」他持續跟前排的觀眾說玩笑話，一不小心讓其中一張牌翻了面，短暫露出了紙牌花色。發牌的人試著快速把紙牌換位置，不過艾琳和其他幾個人盯著它每一次的移動。

「我要玩！」艾琳緊張地喊出聲。「這一把我想下注。」

「你要下注多少？」發牌的人試著探問，其他人也湊近看發生了什麼事。艾琳身上正好帶著房租錢，如果能趁機賺一點，可以讓她付清一些帳單。她想了又想。發牌的人大聲對著她喊：「你到底要下注還是不要？」

「要，要，下一百元美金！」站最靠近的人們都摒住了呼吸。艾琳看起來不像身上有一百元美金的人，更不像是有本事在街頭賭這麼多錢的人。發牌的人不大情願——要是她贏了他可得賠兩倍的錢——但是群眾開始說話。「給她玩！」有人大喊。「對啊，接受賭注吧！」更多的人說話了。發牌的人看起來有點緊張。

「好吧，好吧，」他說，「錢拿出來給我看。」艾琳緊張了。「來啊，把你的錢拿出來給他看，」她背後的群眾裡有人說話了。她從衣服前襟拿出了一百美元的鈔票。他說：「挑你要選的牌。」艾琳選了。

現場有如慢動作上演，不過事實上接下來事情發展得飛快。發牌的人翻開了艾琳選的牌，結果是方塊七；他再翻開旁邊那張牌，它是梅花K。艾琳輸了。接著後方群眾裡有人大喊，「有警察！」發牌的人拿走艾琳的百元大鈔，迅速收起他的牌桌，跟他的同夥一起消失在擠滿遊客和觀光客的人群中。艾琳呆站著。她陷入驚慌，淚水在眼眶打轉。她喃喃說著：「我的房租錢！」一群眾中有人搖著頭離去。一個穿藍色舊外套的老婦人想要安慰艾琳，她拍了拍她小女兒的頭，從錢包裡拿出一張十元美金鈔票給艾琳。有些人也跟進，不過這些同情和善意的動作不足以彌補她的房租錢，或是她被這種老掉牙把戲欺騙所蒙受的羞辱。這個老千就和過去無數的老千一樣，熟練利用基本的人性來誆騙沒有防備的對象。

有百分之一到百分之二的人口具有精神病態人格，這意味著（幾乎可以保證）我們每天至少都會遇上一個精神病態者。不過，聰明的精神病態者會隱藏本性，讓我們難以從街頭人群中辨認出他們。雖然我們在美國大城市的街頭實際看過上述的事件發生，我們缺乏必要的資訊，來判定這個人究竟是精神病態者或單純是個騙子。我們只知道，這類的輕微罪行（在我們這座美東城市，紙牌三公遊戲並不合法）專門騙走好奇、容易上當的人的錢。觀光客可能把這大開眼界的見聞，當成回家後與朋友之間的趣談，但事實上這是犯罪行為。

精神病態者比我們更高明嗎？

與精神病態者的互動

我們認為，精神病態者有幾種能力——應該說是技能——讓我們難以認出他們。

第一點，他們有「解讀人們」並迅速做出評估的才能。他們會辨認出一個人喜歡什麼、討厭什麼，有什麼動機、需求以及弱點。他們知道如何利用我們的情緒。精神病態者知道如何啟動我們的「按鈕」，而且比其他大部分的人更樂於隨時找機會運用（在底下一章會有更多的討論）。

第二點，許多精神病態者有絕佳的口語溝通技巧。他們可以隨時進入話題，不像多數人會受到社交禁忌的阻礙。他們清楚知道，訊息傳遞的方式遠比內容更重要。有自信、強勢地傳達方式——搭配專門術語、行話和華麗詞藻——補足了他們與人互動時缺乏真誠，以及實質內容的空洞。這種技能，配合上他們自認可以予取予求的想法，讓精神病態者可以充分利用對某個人的瞭解，而在互動時發動攻勢——他們知道該說什麼，也知道該怎麼說才能發揮效用。

第三點，他們是印象管理（impression management）的高手；他們能洞察別人的內心，再加上膚淺的、但具有說服力的流利口才，讓他們得以配合情況和計畫來熟練變換自己的角色設定。他們可以戴上各種不同的面具，根據他們互動的對象來變換身分，在他們準備下手的受害者面前表現得討喜可親。很少人會意識到自己正和精神病態者打交道，他們正針對你的人格特質和弱點下手。在人生的紙牌遊戲裡，精神病態者知道你手上拿了什麼牌，而且他們會作弊。

與已知的精神病態者定期互動的研究人員，形容他們是社會的變色龍。所謂變色龍，自然能配合環境調整外表的顏色以求生存。當牠們抓住一片樹葉或樹枝，就會變成綠色或棕色，靠著皮膚變色的能力來融入環境。借助自然的保護，牠們得以在敵人面前隱形，悄悄接近不知情的昆蟲，把牠們化為果腹的大餐。變色龍是完美的隱形掠食者。而精神病態者就和變色龍一樣，他們可以長時間在受害對象面前遮掩自己真實的身分和意圖。精神病態者是近乎完美的隱形人類掠食者。

這倒不是說絕大多數人沒辦法有魅力、說話動人、善於溝通，同時當個誠實的人——當然可以。許多人運用印象管理和操控技巧來影響別人，獲取喜愛和信任，或是從他人身上得到需要的東西——很多時候這是潛意識裡辦到的，不過有時也是經過一番訓練、練習、計畫的結果。不管如何，想要人們喜歡和尊重你（並為了達成這目的，做出必要的努力），並不一定就是不誠實或不誠懇——想得到他人認同和肯定是正常的需求。只有當你不在乎他人的感受，或是試圖占他人便宜，社交的操縱才會變得不真誠。精神病態者和非精神病態者的差別，在於他們的**動機**，精神病態者會用冷酷不公的方式占他人便宜。只要能遂行自己的需要，精神病態者根本不在乎他們的所作所為是否會傷害他人，而且他們很善於掩飾。由於他們有強大的操控技巧，因此我們自然很難從他們迷人魅力的外表看出「精神病態人格」。參見〈補3.1：善用己之長〉。

不是所有精神病態者都能言善道。有些並不具備足夠社交或溝通的能力和教育，無法與他人順暢無礙地互動。相反地，他們依賴威脅、脅迫、恐嚇和暴力來遂行目的。本書對這類人的討論較少，主要著重在有能力和意欲運用「致命吸引力」來欺騙操控他人的人。不過，一旦他們的魅力攻勢無法奏效，精神病態者隨即會升高他們公開和暗地裡的威嚇。參見補3.2：紅領罪犯。

精神病態與自戀

我們必須要瞭解，精神病態是一種人格障礙（personality disorder，或稱人格疾患、人格異常），而**人格障礙並不等於精神疾病**。在基本層面上，具有人格障礙的人可以有限度運用一些典型的「解決方案」，來應付生活中遭遇的大部分問題。沒有人格障礙的人們可以依據最符合的情況需要，採取各種不同的行為。有人格障礙的人們生活中有時會遇上問題，是因為他們的觀點有侷限，而採用的方法較缺少彈性。他們在運作方式非其所願的世界裡會遇到困難，而認識他們的人可能認為他們想法封閉、易於預測。而且更遺憾的是，有時令人不悅。

在《精神疾病診斷與統計手冊》（簡稱DSM）裡，總共列舉了十種人格障礙。其中包括：自戀型人格障礙（narcissistic personality disorder）和表演型人格障礙（histrionic personality disorder），它們與精神病態相關，因此需要加以理解。

舉例來說，自戀型人格障礙的特徵，包括：過度需要他人的讚賞、以及優越感。第五版《精神疾病診斷與統計手冊》（DSM-5）[1]描述有自戀型人格障礙的人，展現普遍自矜自大的模式（在幻想、或行為中）、需要被欣賞、有權力欲，以及缺少同理心。

自戀者認為世界繞著他們轉，其他人說或做的所有事「都應該跟他們有關」。當社會的情況並非如此時，他們會採取行動，讓自己成為關注的焦點，像是霸占談話的話題或是讚美自己和貶抑他人。自戀的人們在行為上缺乏其他的選項，例如：關心他人的需求、分享話語權，以及與他人協調關注和回饋。在真正的自戀者看來，自戀並不必然是壞事，因為他們病態的自我欣賞，在他們看來不過是對自身完美成就的自然反應。畢竟，「我有什麼好不喜歡的？」有些自戀者甚至可能抱怨他們的才華和美貌，是他們必須忍受的負擔！

自戀者不容易學會改變行為；不過隨著時間和一些協助，他們可以學習節制行為和對他人造成的負面效果。對他人真正的問題是，當自戀的特徵——特別是權力欲和缺乏同理心——逐漸演變成反社會和具毀滅性的行為。一旦出現這種情況，它可能是侵略性或惡意的自戀模式，和精神病態難以分辨。

表演型人格障礙和精神病態者也有一些共同的特徵和特色，最明顯的兩項是情緒化，和過度需要被他人認可。這類人的表現可能過度戲劇化、情緒化，甚至是裝腔作勢。他們的打扮和舉止有時顯得輕佻，目的是吸引眾人注意。不過，不同於自戀者，他們未必需要優越感——在可能情況下，他們也願意接受從屬的角色，以取得他們所渴望的精神支持。

真正被診斷為自戀型（只占總人口百分之一）或表演型（百分之二到百分之三）人格障

礙者只是少數。事實上，看起來「自戀」或是「愛裝腔作勢」的人，比真正有這類人格障礙的人要多出許多。遺憾的是，某些精神病態者會被認定為自戀型或表演型人格障礙者，這是因為我們看到的是他們公開表現的自我中心或情緒化的特徵，而不是他們隱藏的內在，這部分需要花更多的時間才能辨識出來。也因此，在面對面接觸機會有限的情況下，診斷比較困難，容易被混淆。即使是受過人格障礙訓練的心理學家或精神科醫師，要區分精神病態者和其他有共同特徵的人格障礙者，也不是容易的事。[2]只有透過對其他特徵的大量分析之後，才能從表面上自戀和做作的行為背後，定義出精神病態的症候群。*

行動中的精神病態者

精神病態者是操縱和主宰賽局的高手；他們會用盡各種戲法來達成目標。克萊克里和海爾對他們的特徵和性格的描述非常貼切，特別可用來解釋他們日常情境的表現。理解他們在

＊注：上述只是對人格障礙簡化的解釋。有興趣的讀者請參考第五版《精神疾病診斷與統計手冊》，其中對於人格障礙之間的異同有完整的討論。

公開場合的表現，以及他們如何與他人互動——我們稱之為「行動中的精神病態者」（psychopath in motion）——有助我們初步理解他們在迷人外表背後真實的人，我們也希望有助於讀者對他們巧妙的操縱做出防禦。

首先，我們要看精神病態操縱（psychopathic manipulation）的三階段過程所運用的策略和手段，這種人格的自然展現往往是自動的（automatic），而非經過有意識的計畫。

第一階段：評估

精神病態者喜歡跟人們玩把戲。只要有機可趁他們就會欺騙和操控他人。他們經常在尋找可以詐騙的對象，精神病態操縱的第一階段涉及辨識和評估目標或獵物。**大部分的精神病態者是投機、具侵略性的掠奪者，幾乎每個遇上的人他們都想占便宜，也有些人則是更有計畫性地靜待最完美的受害者出現。不管是哪一種情況，精神病態者會不斷估量他們遭遇到的人的可利用之處，當成他們取得金錢、權力、性或影響力的來源。**有權勢的人、名流、高社會地位的人，特別有吸引力。參見〈補3.1：善用己之長〉。

在商業界，要找出有權勢的人相對容易——大辦公室和響亮的頭銜清楚指引我們辨認出誰是組織裡的大人物。不過，**不要以為你沒有大辦公室或頭銜，精神病態者就無法從你身上**

找出有用的權力或資產。你是否擔任祕書，可以掌握上司的動態和行事曆？你是否是工會代表，可以調解員工的衝突和難處？你是否在公司裡消息靈通，能掌握每個知情人士流通的訊息？或者，你是否在收發室工作，可以確認重要文件是否即時送達目的地？這些都是非正式權力的例子，一個聰明的精神病態者可以藉此接近更大、對自身有利的目標。

精神病態者不只評估他人可能的用處，也評估他們的情感弱點和心理防禦，以制定攻擊策略。不同的精神病態者運用的程度和方式也有所不同，他們本身的個人風格、經驗和偏好，決定了他們所做的評估。有些精神病態者喜歡挑戰，可能專挑自信的超級富豪名流、精明的專業人士，或是有強烈自我意識的主管。有些人喜歡的下手對象是孤單、需要情感支持和陪伴的人士、有固定收入的長輩、涉世未深的年輕人，或是最近剛受騙受害的人。雖然從金錢的角度來看，最後這一類人的用處並不明顯，但他們給人「容易下手」的觀感，在精神病態者眼中，是可以節省許多精力和時間、具有吸引力的目標。

在這個階段，一些精神病態的特徵和特色非常明顯。**表面上，精神病態者通常在公眾面前表現得像是精英分子、成功人士。不過實際上他們過的是「寄生的」（parasitic）生活方式。他們喜歡依靠別人，而不是靠自己的努力來維持生活，因此他們儘管表面光鮮亮麗，他們實際上選擇的是居無定所、任意需索、無所事事的生活方式**。他們開口向別人要錢常常無所顧忌。他們的目標有時是家中成員或朋友，但也可能誘惑或欺騙陌生人，要他們提供食物、住處和收入來源。雖然仰賴他人幫助或公共的援助來度過難關並非罕見、也不一定是錯事，但是精神病態者即使身體健全，有足夠能力自力更生，利用起他人卻毫無愧疚之意。當然，不是所有精神病態者都沒有工作。事實上，我們近年來進行的許多研究，都是在企業和政府部門裡進行的。不過，一如我們所看到的，即使本身有工作的精神病態者，也會用直接或間接的方式向他人索討；他們從同事和僱主身上榨取好處。

精神病態者典型的特色是，他們並不在意自己的寄生行為，會對他人造成經濟和情感的衝擊，部分原因是他們相信，在這個狗咬狗的殘酷世界裡，所有人都跟他們一樣貪婪而無情。他們似乎也無法對他人的情感深度建立準確的想像，錯誤地認定所有人的情感生活都和他們一樣淺薄而貧瘠。在精神病態者的內在世界裡，人只是他們的對象、目標和障礙。這是大部分人對精神病態者最難以理解的一個心理特徵（或者換一個方式來說：最讓人難以接受的）。他們真正缺少的是歉疚、悔恨以及同理的情感。有人可能認為，**精神病態者之所以是如此有效率的掠奪者，是因為他們不會因為良心不安，出現懷疑和擔憂**。

除了寄生的本性和缺乏感情生活之外，有證據顯示精神病態者需要大量新鮮的刺激以免於無聊。近期的研究顯示，這種需求或許和腦部生理學的原因有關，導致他們持續尋求新而刺激的機會，隨性地變換工作和情感關係。大部分的人可以忍受長時間乏味辛苦的工作，以成就生活中的重要大事，像是取得大學文憑、完成見習，或擔任低階的工作以期待未來的晉升。精神病態者為了相同目的，會找尋比較容易的途徑；他們也無法忍受挫折。令人意外的是，其中有高比例的人從大學畢業，或是取得專業的執照（我們研究對象裡有許多人從研究所畢業，具有醫學或法律學位），不過大部分案例中，他們往往不是靠自己的辛勤努力，而是透過作弊、找人協助，以及「利用體制之便」而取得證書。

在工作上很容易看到這種特徵，他們往往避免單調、困難，或是需要長期認真投入才能完成的任務。他們不能想像為何有人為了自己想要的東西，願意努力工作或是苦候時機。他們對刺激的需求明顯表現在偏好高風險、尋求刺激的行為。很多非精神病態者也會尋求類似激發腎上腺素的行為，特別是在運動競賽方面。不過不同於精神病態者，他們事先多半會評估對自己和他人的風險，避免對他人造成傷害。令人遺憾的是，對社會來說，精神病態者對刺激的需求，很容易變成反社會和犯罪的行為。

精神病態者有強烈的優越感和權力欲。自大的個性讓他們相信，其他人的存在只是為了服務他們，把拿取他人財物當成理所當然。由於在精神病態者眼中，大部分人都是軟弱、低劣、容易欺騙，他們往往會告訴你，被他們欺騙的受害者是自己活該。有時他們的優越感如此強烈，他們甚至認為接受受害者的支助，是他們給受害者的禮物。這在許多邪教領袖的案例中非常常見，他們是冒牌貨、是徹頭徹尾的精神病態者，不過，在一些較巧妙的例子裡同樣也可以看到。他們對他人趾高氣揚的態度，在許多人看來是自負和自大，但是，如我們底下要討論的，有的人可能會認為這種行為很迷人、甚至代表了領袖魅力。

第二階段：操縱

在辨認出哪些人可以利用並評估他們的弱點之後，精神病態者開始以魅力和欺騙編造假象，我們將它稱為「精神病態虛構」（psychopathic fiction）。這是操縱階段的開始。

他們第一個目標是取得對象的信任。精神病態者取得人們信任的最有效技能，是透過諂媚奉承討和各種印象管理技巧，來吸引他們。他們非常努力營造給人們良好的第一印象。有了第一印象之後，他們開始精心設計一個巧妙的虛構人格。我們稍後會詳細說明他們的做法，不過大致上，精神病態者可以表現得強悍、天真、有主見、誠實、順從、可靠、世故，或是任何他們認定可以讓操縱對象做出積極回應的個性。有些人會依賴社會的刻板形象來打造有用的假象。比如說，他們在人前的形象可能是苦難的藝術家、被誤解的配偶、成功的企業家、名流、有著受人尊敬的職業，或是和富豪、聲譽卓著或惡名昭彰的人，有密切關係。

當然，有些精神病態者急欲施展魅力，反顯得油嘴滑舌、膚淺、不具說服力。不過真正的高手會把吸引人的能力提升到藝術的境地，甚至沾沾自喜於（並常拿來吹噓）他們愚弄他人的能力，呈現一個令人信服的虛構自我。精神病態者有天生本事可以做到政客、推銷員，以及宣傳人員要很努力才能辦到的事，像是讓人們相信他說的話。在刑事案例中，有時非要等到有關當局揭露令人髮指的罪行或巧妙絕倫的騙局之後，人們才會開始質疑精神病態者偽裝真誠、正直、誠實的迷人面具。即使不是這麼戲劇化的案例裡，也可能需要長期接觸之後，一些善於觀察的人才會逐漸看穿他們的假面，不過，這種情況卻很少發生在被他們鎖定的目標身上，因為隨著持續的互動，這些目標會越來越受到他們精神病態的虛構所擺弄。

精神病態者對受害者建立信任如此成功的重要原因，是他們近乎病態的說謊能力，說謊可以臉不紅氣不喘、毫不猶豫。他們說謊毫無窒礙，沒有社會焦慮，不擔心被揭穿，也沒有同理心、悔意或歉疚——這些都是人類反社會行為的天然煞車機制——因此，他們能把故事說得活靈活現、引人入勝、充滿創意，讓許多聆聽者直覺地信任他們。

或許有人認為長期持續說謊終究會被看穿，精神病態者的面具將被拆下，但這種情況其實很少發生。絕大多數觀察者無法看穿謊言的原因在於，精神病態的謊言常是為了緩和受害者的疑慮和擔心，並強化精神病態的虛構。他們唱作俱佳、但具信服力的故事，強化了信賴和愉悅的氣氛，讓大部分人接受他們表現出來的樣子——並在無意識中為任何他們可能注意到的不一致處，找開脫的藉口。如果有人提出質疑或是拆穿他們，精神病態者也不會尷尬。他們只是簡單地改換話題或進一步補充說詞，把所有不一致的細節兜成一套可信的說法。充分練習過的口語溝通技巧，讓一連串無止盡的假訊息變得可信、且合情合理。有些精神病態者極擅長此道，他們可以在他人的心中營造一個全然可信的神奇世界，一套連他們自己似乎都深信不疑的看法。

令人驚奇的是，精神病態者連對已知真相的人們，也能說出讓他們信服的謊言。受害者常常會開始懷疑起自己對真相的理解，而改變自己的想法，轉而相信精神病態者告訴他們的話。這就是精神病態操縱的強大威力。有些精神病態對自己這身本事感到自豪，嘲笑受害者輕易上當，並常常吹噓又有哪些人被自己愚弄了。在許多案例裡，這種壞蛋的自吹自擂確實有幾分實在。

研究人員並不清楚，精神病態者說謊，究竟是因為這是讓他們獲得想要東西的有效策略，或是因為說謊行為本身帶來的愉悅，或是兩者都有。有可能精神病態者在童年時期未能學習到誠實的重要性，反倒學會了利用說謊從他人身上取得好處。不論如何，正常的兒童隨著年齡增長，說謊和編造故事的情況會減少，而精神病態者卻一直持續到成人時期。他們並不認為說真話比說謊更有價值，除非說真話能幫他們得到想要的東西。這是個商業決定。

精神病態謊言和其他謊言的差異在於，後者通常較少經過算計、也較不具破壞力。它們也不像精神病態謊言那般氾濫（你可能只會偶爾說謊）。舉例來說，男性想說動女性與他約會、青少年想讓父母同意他們參加派對、生意人想要達成交易，或政治人物想要當選，可能會利用各式（善意或非善意的）謊言來達成目標。不過，與精神病態者不同，憤世嫉俗、信口開河的謊言，並不是他們人格中不可或缺、系統性的一部分，也沒有和其他精神病態的特徵並存。

精神病態者的另一個特徵，是在他們出錯時規避責任的能力；他們會把責任推給其他人、環境、性格的衝突、運氣等等。他們用五花八門的藉口，來解釋自己傷害他人的行為，為何不該怪罪他們。

有意思的是，指責他人，也有利於他們的操縱策略，如果操縱的計謀執行良好，不只可以抬高自身的形象，還可以散播對手和批評者的不利言論。他們惡人先告狀，透過怪罪他人來表現自己對聆聽者的忠誠。也就是說，精神病態者把過錯推給第三方，彷彿他是在幫助或保護對方不受傷害。在許多組織裡，經常會出現同事對公司不信任、或是對公司發生的事感到不滿。精神病態者在出錯時，會一起加入指責的行列，怪罪於制度、公司或甚至整個社會，可以藉此讓自己的議題爭取到支持。

不令人意外地，即使是承認參與了犯罪的精神病態者，也會儘可能淡化自己對受害者造成的負面衝擊，甚至把其不幸歸罪於受害人自身，以有說服力的理由來告訴他們，為何是自己活該！

操縱階段是精神病態者的計謀最主要的部分，因此我們在底下幾章會花相當多的時間來深入研究他們運用的策略。

第三階段：拋棄

一旦精神病態者榨取了受害者所有價值之後，他們會拋棄受害者並轉往下一個目標。拋棄通常來得突然——精神病態者突然一夕之間消失——原本的受害者甚至不知道精神病態者已經在找尋可以利用的新目標。

在身分竊用、信用卡詐欺以及房地產詐騙的犯罪行為裡，精神病態者通常會以新的身分，在不同的地點找新的受害者下手。網路的問世讓精神病態犯罪變得更加容易，因為逃亡和藏匿只要幾個按鍵轉換，而且下手的目標眾多、容易取得、又無須具名。

能以如此無情而有害的方式拋棄人們，這種人必然是對他人的傷害無感。精神病態者很容易辦到這一點，因為他們拙於發展與他人的情感和社會依附。大部分人對於傷害了某人難免感到一絲愧疚或悔意。精神病態者對這些概念則只有模糊的理解，有時甚至覺得，一般人會心存歉疚或悔意是一種值得玩味的弱點——正好可供他們利用。這種心態也讓精神病態者更容易把他人當成隨意擺布的棋子。精神病態者對他人心智和認知的理解能力，甚至超過對自身情感世界的理解。也因此，他人的存在全視乎他們能提供的價值。一旦利用完了，就把他們拋棄。

他們人生過程中，「評估—操縱—拋棄」的過程導致可預測的結果。首先，精神病態者在他們人生中有許多為期短暫的關係。他們或許對許多的人提出所謂的「承諾」，但在他們用處沒了之後就離去。這衍生了一連串傳統的、一般法律上的婚姻關係以及短期的同居關係。他們往往留下一連串被拋棄的情人，可能還有受虐的前任配偶和得不到照顧的子女。有時這種行為模式會留給他們「浪子」的名聲，而一些精神病態者甚至可能自我宣傳這種名聲，來營造自身地位與神祕感。遺憾的是，對精神病態者的伴侶而言，這種關係一廂情願，且往往充斥著威脅、虐待和暴力。可悲的是，長期虐待配偶的人當中，每五個人就有一人具有精神病態的人格。當中許多人參加了法院強制要求、但實際上對其配偶毫無幫助的治療計畫，因而躲過牢獄之災。還有一些人則有效操控了律師、法官、治療師、法院指派的監護

討論

- 在你私人生活或工作上，是否曾遇過有人遵照這個「評估—操控—拋棄」的模式？
- 你是否有朋友，曾被他們以為彼此關係穩固的人操控之後拋棄？
  你可否分享其中的詳情？
- 你認識的人之中，是否有人似乎缺乏人性的情感？
  你會形容他們內心「冷酷而空洞」嗎？
- 你是否會在情況需要時表現出「虛情假意」？
  哪些情況？結果成功嗎？

補3.1 善用己所長

如果精神病態者剛好「聰明」、「教養良好」，而且「外表迷人」，他們對遭遇到的人就可能造成嚴重的危害。

舉例來說，卡洛琳是非常迷人而聰明的五十歲英國女性。他的父親是律師，母親則是成功的舞台劇演員。卡洛琳上過幾間最好的名校，但從沒有在其中一間待的時間太久。她不時遭遇一些小問題——比如說，她在慈善機構擔任志工時弄丟了一筆款項——但總能夠透過父母協助她保釋。她進入了名流圈子，在裡頭有過不少段短暫的戀情。

到了三十歲的時候，卡洛琳成了某個偽宗教團體的成員，由於她「直通聖聽」，她得以操控一些老人家「買天堂的一席之地」。稍後，她遇到一個國際走私犯，因為走私鑽石讓她第一次入獄，服了三年的刑期。她是令人愉悅的健談者，散發魅力讓人流連、願意傾聽。她對自己的現況和過去，種種經歷的描述充滿了浪漫的色彩。卡洛琳喜歡追求刺激的生活。過去二十年來，她結合這些興趣成為鑽石走私客，經常往返於約翰尼斯堡、紐約、台拉維夫和阿姆斯特丹，每趟旅程都帶著價值不菲的鑽石。

卡洛琳不尋常的職業——這只是她眾多有利可圖的詐騙人生的最新一頁——讓她在兩方面受益：它提供了可觀的收入來支持她奢華的生活方式，同時它也持續提供了生活刺激的來源。卡洛琳聲稱帶著價值數萬美元的走私鑽石走過機場，帶給她強烈的刺激快感，「無以倫比的興奮感受」。她第一次被海關人員逮住時，對方是個已婚的幹員，她說服了對方不要舉發她，還跟對方發展了一段短暫戀情。之後她在第二次被捕時供出了對方，做為減刑的部分條件。雖然這個人失去他的家庭、工作和名譽，她卻不為所動：「他也有段美妙時光；現在派對結束了。」

她唯一的遺憾是，如今跑單幫走私的日子可能結束了，因為她已經被國際刑警組織盯上。她有個模糊的計畫，想成為股票經紀人或是房地產仲介。在此同時，她正擬定被遣送回英國的計畫，期待藉此得到減刑。在寫給一名英國官員的信件裡，卡洛琳提到他的妻子或女友，或許會喜歡「手指上閃亮的小東西」，她可以「輕鬆幫他安排」。這個計謀失敗了，她又試圖以賄賂來逃避刑責。如今她人在何處、情況如何，都無從得知。

補3.2 紅領罪犯

二〇〇三年五月，我（海爾）受邀在溫哥華西方心理學會大會發表演講。演講的題目是《穿西裝的蛇：精神病態者上班去》（有先見之明的題目！）。德羅伊・保勒斯（Delroy Paulhus）介紹我時，形容我的研究已經從監獄移到了職場。在我開場之前，兩位警官走向前來詢問我是不是羅伯特・海爾博士。我回答是，他們馬上給我送上一張傳票。我當時沒戴上我的老花眼鏡，但看得出紙上的數字寫著 250,000 美元。當時我跟保勒斯說，也許他對我轉換研究領域的說法，言之過早。這張傳票來自一名入獄的美國律師，他因盜用客戶款項、並為了掩飾詐騙行為，而將客戶殺害。

我在《沒有良知的人》一書中已經介紹過這個案例，而這名律師據此提出控訴，因為這個案子的法官、警官和檢察官，都引用書中的描述，來駁回這位律師移監到最低安全級別獄所的要求。這位律師在二〇〇二年十月寫了傳票，但是一直到二〇〇三年五月才送到我的手上。後來發現，這位律師十二月就已經過世。法院判決本案件無法律依據。

我提到這個案例，是因為這名律師的犯罪行為，符合刑事律師和詐欺犯罪研究者法蘭克・佩里（Frank Perri），近期對所謂「紅領犯罪」所做的研究。[3]這個名詞指的是，白領罪犯對客戶詐欺後，為了避免對方察覺或揭露詐欺罪行，而將對方殺害。佩里提出了許多這類殺人案件的例子，歸結出大部分這類犯罪者都屬於高度精神病態。佩里和他的同事們檢視了這些人的背景，推論這些人的殺人行動與他們的性格，並無相違背。[4]

「事實上正好相反：殺人不帶悔意的能力先天存在於紅領犯罪者體內，它會在適當的時機浮出檯面。」

戴夫的案例

第二幕，第一景

熱情親切的大好人

戴夫開車繞著停車場找位子。他睡過頭來晚了。通常在法蘭克進辦公室前他就已經坐在位子上了，戴夫暗自詛咒著，一邊往訪客停車區駛去，他知道那邊會有空位。在「北大荒」的停車位並不少，「北大荒」指的是離辦公大樓最遠的員工專用停車區，但是他希望能停得近一些，他討厭走遠路。他心想，我該爭取一個保留車位的。他眼睛望著桃樂蒂的Lexus新車，它就停在傑克．加里德布車子旁的「本月最佳員工」車位上。他知道桃樂蒂是炙手可熱的行銷助理。行銷應該由我負責的，戴夫心想。他一邊把車子停進了第一格訪客停車位，拿起公事包，打開了車門。

擔任駐地警衛的陶德進行例行巡邏。他負責的是早班工作，這正合他的意。因為他善交際，喜歡跟上班的員工們打招呼寒暄，而且在加里德布科技這樣的公司工作好處多多——比起這一帶的其他公司，這裡的警衛工作收入要高出許多。他看到了這部紅色跑車開進了訪客停車區，決定來一探究竟。「你是加里德布公司的員工，對吧？」他注意到車窗貼的員工標籤後，把戴夫攔了下來。

「什麼？是的，我參加董事會要遲到了，」戴夫一邊說，一邊自顧自走出車門。「我是研究部門的戴夫；我帶著新生產線的計畫書，」他說，揚了揚手上的手提箱，「如果我開會遲到了，對我或對你恐怕都不妙。」

「先生，員工停車區在B、C、D區。」陶德提醒戴夫。「恐怕我得請你把車開到員工停車區。」

「聽好，陶德，」戴夫看著陶德身上的名牌說，「就跟你說了，我要開會，這個會很重要。」

「先生，你的車不能停這裡，」陶德口氣嚴肅堅定。戴夫瞪了他一眼，關上車門，開始朝大樓門口走去。「我要給你開單子了，先生，」陶德朝著自顧自走去的戴夫背後說。

「隨便你，陶德。我無所謂，我相信一些重要人士聽了我的報告內容後，也不會在乎。」戴夫離開的同時大聲地說。「你可別忘了，陶德，你的薪水是新產品付給你的！」戴夫說完頭也不回地離去。

「嗨，戴夫！」會計部門的黛比輕柔招呼他，她已經習慣每天早上從走廊走到大廳，為的就是剛好能碰到戴夫。今天這條路線她已經走了四趟，開始擔心戴夫會不會現身。

「那個混蛋，」戴夫壓低嗓門嘟囔著，音量剛好足以讓黛比聽到。

「你還好嗎？」她問，身子湊得更近，希望和他聊上幾句。戴夫抬起了頭。

「喔，我還好，我剛搭夜班班機從東岸飛過來，」戴夫說，在走廊與她錯身而過。黛比有點悲傷地想著，這三個月來他幾乎天天見到我，但是除了說「早安」和揮手，他什麼也沒多說。她邊想邊朝著餐廳走去，為自己倒咖啡。

戴夫到了自己的辦公室，把公事包丟在桌上。他拿出了筆電，然後去餐廳倒咖啡。「嗨，瑪姬，」他經過她的位子時露出笑臉。「老大今天在嗎？」他說，往法蘭克的辦公室望去，注意到他的公事包不在位子上。

「去參加外地的董事會；星期三之前他們不會回來。週末過得如何？」她問。

「噢，普普通通，我星期五下午待得比較晚，完成法蘭克的報告；或許就是他在外地正在跟董事們報告的那一份。」他心想，這場會議應該是我出席的。

往餐廳的路上，戴夫一定會在每個人的座位上稍微停留。在進公司後短短三個月，他幾乎已經見過每一個員工並向他們自我介紹。**他有他自己的名單**。當然啦，裡頭有些是「魯蛇」（losers）。他心裡想著忍不住發笑，像我在停車場遇到的又是另一個魯蛇。不過戴夫當然也會注意誰是「溫拿」（winners），誰大有可為——在這家快速成長的公司裡，這種人還不少。

他進入公司餐廳後，看到站在咖啡壺旁邊的桃樂蒂。太好了，他想，臉上露出笑容。

「看來，本月最佳員工跟我們一樣，也喝咖啡？」戴夫說著，走到了她的背後。

「噢，嗨，是啊。我知道，你說那個停車位。」桃樂蒂轉過了身。「其實有點尷尬。我還是習慣只是……」

「我是戴夫，很高興終於見到你。」

「我也是，」她笑著說。

「我可以請你喝咖啡嗎？」他帶著玩笑說。

「當然，隨時都行。」

討論

- 戴夫對陶德說了什麼謊？對黛比呢？
- 從目前為止，戴夫的互動，你注意到可能有哪些是精神病態的特徵？
- 對於陶德、黛比和桃樂蒂，戴夫進入到了哪個（或哪些）操縱階段？

第四章

精神病態操縱：他是怎麼做到的？

草坪上聚集的人們各個滿臉驚愕，看著警察把他們的鄰居泰德上了手銬帶走。泰德的妻子抱著他們的小女兒，哭著翻找手提包裡的汽車鑰匙。她朝著鄰居們望了一眼，他們基於尊重和尷尬避開了眼神。泰德回過身對她大喊：「親愛的，別擔心，他們只是搞錯了。打給我們的律師，他的號碼在我桌上，他會處理。」跟在警察和泰德後面還有幾個人，他們從泰德家裡帶走了幾箱文件、電腦，以及幾個用垃圾袋裝的東西。

「你敢相信嗎？」瑪莎輕聲對著她的鄰居莎拉說。「噢，我不相信，」艾德在一旁附和，他擠到越聚越多人群的最前排想看個清楚。泰德是社區的管委會主席，協助社區防範竊盜和保護孩童不受侵害。只要沒出城，他固定會上教會──他的工作需要經常外出旅行。他的妻子會烘烤蛋糕來籌募建設基金，性格非常討喜。沒有人知道到底出了什麼事。「拉夫過來了，聽聽他有什麼消息。」

拉夫常跟警察局的人們一起打壘球，他從其中一個朋友那邊打探了消息，這個朋友就坐在擋住馬路的巡邏車上，預防泰德落跑。「他從公司偷走了一大筆錢，」他說，「盜用公款，真不得了。他們估算大概已經有兩年了，直到最近才東窗事發。顯然他有辦法隱瞞一切。」

「噢，我的天！」人群裡幾個人發出了驚呼聲。這是個平靜的社區，居民以專業人士居多，很多人家裡有幼小的子女。會發生這樣的事實在讓人想不透。「一定是搞錯了，」莎拉說，「也許……」

「我不這麼認為，」拉夫打斷她。「很顯然，泰德不是他的真名，」他看了一下四周，然後壓低聲量，「而莎拉也不是他唯一的妻子。」

「噢，我的天！」眾人齊聲驚呼。

到處都是精神病態者？

安德魯・庫納南（Andrew Cunanan）是聖地牙哥一家餐廳的員工，他搬到了邁阿密嘗試進入當地的社交圈，據說他在一場派對裡遇到了知名的設計師吉安尼・凡賽斯（Gianni Versace）。有一說法是凡賽斯可能冷落了他，不過從凡賽斯優雅、喜歡社交的個性來看，這似乎不大可能。基於一些未完全解釋清楚的原因，庫納南據信在明尼蘇達殘酷殺害了兩個情人，在芝加哥殺害了一個地產商，在紐澤西殺了一名公墓管理員，儘管有逮捕令、有媒體的報導，還有警方的追緝行動，他還是逃脫了追捕來到邁阿密。他在邁阿密找上了凡賽斯，在他早晨散步返家途中，朝他近距離開了致命的一槍。警方發現庫納南躲藏在距離兇案現場不到三英里的船屋裡。經過五個小時的對峙和好幾輪的催淚瓦斯攻擊後，特勤小組攻堅進入船屋，發現了庫納南的遺體，死因顯然是自殺。這起「連環殺手」釀成的悲劇，始終沒有得到解釋，只有一堆的謎團。庫納南是如何利用欺騙的手段進入凡賽斯的社交圈？庫納南究竟是精神病態者，或是「單純的」情緒不穩定，因而他犯下的罪行雖然應予以譴責，但仍有道理可循？

揭露某人雙重人生的真相是大新聞，隨著刑事鑑定的進步，加上對精神病態操縱有更多的認識，讓執法單位得以揭穿更多的詐欺犯罪。脫口秀主持人歐普拉（Oprah Winfrey）在她的節目裡（二〇〇五年三月三日）討論了一本書：安・博德（Anne Bird）的《血親兄弟：我的弟弟史考特・彼得森有罪的33個理由》（*Blood Brother: 33 Reasons My Brother Scott Peterson is Guilty*）。司法精神醫學專家凱斯・亞布羅（Keith Ablow）指出，史考特・彼得森這個殘酷謀殺自己妻子和未出生孩子的男子，符合社會病態者的描述（參見第二章關於社會病態者和精神病態者之間區別的討論）。表面上，彼得森可以煞有介事地扮演憂心忡忡的丈夫，甚至參與搜索已懷孕的失蹤妻子，同時籌畫他與（毫不知情、也毫無懷疑的）女友的將來。在電視影片中，他看起來是一個正常、熱愛生活的丈夫，不久即將為人父。觀看過他的電視訪問，或是收聽他女友在發現他已婚、妻子神祕失蹤的電話錄音之後，就不難理解真實的史考特・彼得森。在這些錄音和影音內容裡，他對妻子的失蹤沒有表現出明顯關心、同理心、悔恨，甚至悲傷。儘管（或者正因為）警方進行大規模調查，他仍更換新的髮色，帶著大筆的現金試圖離開美國。顯然，當局搜集的證據已足夠將他以謀殺罪名定罪，在二〇〇五年，他被判處了死刑。

在感慨為時已晚之前，我們有沒有可能預先看出潛在的冷血暴力行為？就目前所知，安德魯・庫納南和史考特・彼得森，早期都沒有表現出殺人的傾向。是否有其他的徵兆可循？如果我們能掌握更多關於他們人格特質、過去與他人互動的訊息，或許他們的罪行不至於那麼難以理解。不過即使如此，心理學的「驗屍報告」比較大的用處，還是在創造行為模式的假說，而不是為事件的前因後果提供解釋。此外，即使是家人、密友或同事注意到這些人有些不對勁，他們不必然會理解這些訊息的潛在重要性，也不知道如何採取行動。不過，至少我們可以說，即使我們無法預測某個明確的事件，精神病態者的行為絕不是憑空出現，或是有不符本性之處。問題在於，如果我們沒有和這些人有長期、深刻的互動，我們通常無法確定其性格為何，特別是當他的本性被其迷人外貌和社交魅力所掩蓋時。

光靠一份定義精神病態者特質的清單，也不保證能找出精神病態者。事實上，在這個領域受過良好訓練的研究人員，難免也會受到精神病態者的欺騙和操縱。這是因為精神病態者面對想欺騙和操縱的對象時，非常擅於偽裝真實的自我。

雖然精神病態者耗費心力來辨認和操縱他們的受害者，但他們並不會花太多工夫在對他們無用處的人面前維持假象。如果你看起來對精神病態者不具價值或威脅，你就更有機會看出他們的操縱行為。這讓你站在有利的位置，來觀察精神病態者如何操控他人。在掌握他們的運作方式後，或許你可以瞥見他們面具背後的真面目。

第一次學習研究精神病態的人，有時他們會在認識的人身上找到精神病態的特徵。上司、前配偶、政客、官員、教師、家族成員以及朋友，如果他們展現了海爾精神病態清單上的一些特徵，往往就變成了嫌疑者。這個領域的新進學生，或許也會在自己身上看到精神病態的特徵，這很像受訓中的醫師，有時會認為自己正出現他所研究疾病的症狀。話雖如此，清楚自己傾向於把展現某些特徵的人——包括自己在內——歸因於精神病態，對提升我們找出真正的精神病態者的技能，非常重要。

賽局開始：打造精神病態連結

一旦精神病態者判定你有利用價值，他的下一步是構想你人格的內在運作。隨著評估工作的進展，精神病態者開始用心打造親密、個人式的關係，以利日後的操縱。他們真正的威力在於，「感應出」（psyche out）你人格的能力。

推銷員、人資部門職員，以及其他花很多時間和他人互動的職業，會變得善於判斷人格特徵和個性。受過人格評估訓練的心理學家和精神科醫師，通常能看出更多潛在的人格動態。撲克牌的玩家同樣也會找出其他玩家洩漏的「訊息」。

不過，你不得不讚嘆精神病態者察言觀色的能耐——或許是因為他們非常努力——他們具有神奇的能力，可以根據情況展現最有效的「人格面具」（persona）以得到他們想要的。他們怎麼做到的？對精神病態者而言，你的臉部表情、談話和肢體語言，活脫脫就是一部關於你的自傳。參見〈補11.2：政治和撲克牌：謊言執照〉。

人格：你的三個面貌

要理解精神病態者如何輕易操控他人，我們先探索一下關於人格的基本知識。有眾多的書籍和理論，探討人格、它的發展、它因人而異的發展方式，以及它在人們行為中的顯現。不過，不論人們偏好哪一種人格理論，體驗你的人格有三種常見的方式。它們都與理解精神病態操縱有關，因為精神病態者不只是人性的聰明學生，他們也樂於將所學運用在他們自私的目的。他們或許沒有教科書上關於人格理論的知識，但他們具有善加利用的直覺：他們運用人格的知識先控制你對他們的看法，最終將控制你。聰明的精神病態者有三個攻擊的路線。

私密自我（private self）

首先是內在或私密的人格——我們在內心經驗的「我」。我們的私密或內在人格是複雜的，由我們的思想、態度、感知、判斷、驅力、需求、偏好、價值和情感所組成。我們的私密自我，也包括了：我們的幻想、希望和野心，所有我們相信真正代表我們自己的正面特徵和特色。我們希望他人欣賞這些特徵，若有人暗示它們並不真實，會讓我們很不高興。

我們的私密自我也包括了我們不喜歡的個人特質，通常我們並不想被別人看到。雖然我們可能嘗試改善其中的一些特質，但其他特質我們想乾脆加以忽視。這個不愉快或較黑暗的特徵，包括了：我們對人們造成傷害的事、存在腦中違法或暴力的念頭和幻想、整體的不安全感、貪婪，以及對我們自身在所處地位的虛幻想法。發怒、失控、對他人過度無禮或煩人、對身邊的人行為粗暴、抑鬱或沮喪，這些都是我們可能會做的，反映出我們人格較黑暗面（但屬正常）的事。

平常一整天下來，我們會耗費相當多心理和情緒能量，來打造、並提升我們私密自我的積極面或光明面，並儘量減少或控制黑暗面。事實上，為了維持我們內在情緒平衡和避免過度焦慮，我們必須相信我們正面的自我評估是正確的，我們也會在懷疑出現時，努力與之對抗。

只要我們自我形象基本上是正面的，同時能接受我們較負面的部分是正常的人性，我們就可以推論我們大致是正常人。對自己感覺一切正常，就會顯現為自信心和內在的力量。

公開自我（public self）

第二，投射出來或公開的人格，有時也稱作「人格面具」（persona）——我們希望被他人看到的「我」，我們在公開場合呈現給他人的「自我」。你的公開自我是你希望周遭人看到的「你」。人格面具是存在於私密自我當中的一個子集合——當然，這是一個經過細心修飾的版本，是你的私密人格當中要展露在他人面前的部分，以影響他們對你的看法（並判斷你）。任何人如果想留給他人正面印象——或許是約會、或是在工作面試時——都知道要放大自身人格中的優點、減低人格中的缺點，這是多麼不容易的事。儘管我們盡己所能控制我們顯露在他人面前的樣貌，我們偶爾不經意還是會對別人顯露了私密人格的特徵。不過整體而言，我們的人格面具反映了我們希望他人看到的人格。

名聲（reputation）

這帶引我們來到人格的第三個面向：「他人」是如何看待和描述「我們」。這是他人根據與我們互動而賦予我們的「名聲」。遺憾的是，雖然我們盡最大努力呈現正向的人格面具，人們會用自己的觀點，根據我們的所作所為、我們的外貌、我們的穿著，以及對我們的價值觀和信仰是否認同，而對我們產生一些正確或錯誤的看法。這些看法透過他們本身的偏見、刻板印象、個人喜好，而過濾篩選。

遺憾的是，人們評價我們的篩選方式，可能會扭曲了我們的真實樣貌。問題出在於我們很快就會對他人構成第一印象，它很可能就發生在初次見面的最初幾秒鐘。形成之後，為了固化第一印象，我們會過濾與初期印象相衝突的新資訊，並優先接納支持第一印象的資訊。我們第一眼就喜歡的人會變得更加可親，而我們不喜歡的則不會改變。舉例來說，你可能對於有類似宗教或政治立場的人們有親切感，並將這種親切感延伸到其他方面。對某人產生親切感，會讓我們更接受喜歡他（或她）的部分，並體諒對方讓我們不喜歡的部分。

言行之間的一致性，對於強化名聲也扮演了重要的角色。言行一致會讓我們認定對方是誠實的——即使我們不完全同意他們的看法——而言行不一致的人則可能被我們打上問號。當然，**如果我們在形成第一印象時對一個人的人格面具做出誤判，這些經過篩選的認知也可能出現問題。**

在理想狀態下，人格的三個觀點彼此相互呼應。我們對自己的私密自我感到滿意，樂於透過我們的人格面具來揭露，當與我們互動的人們發現我們的真實樣貌時，也能安心自在。不過，世界並非如此完美，人也並非完美的存有。我們只能期待在大部分的社會場合裡，我們的人格面具反映出我們想分享給他人的樣子，而觀察者有足夠開放的心態，對我們有正確的評斷，而我們的名聲也能夠準確無誤。

馭心術

當精神病態者與你互動時，他會仔細評估你的人格面具，因為它呈現了你對人格特徵的自我評價。對一個精明的觀察者而言，你的人格面具也可能揭露，隱藏在私密自我的不安全感或弱點。精神病態者接著會稍微試探你私密自我的內在強度和需求，最後會（透過言語和行動）運用四個重要訊息，來引誘你進入精神病態的關係或連結（bond）。

訊息一

精神病者發送的第一個訊息，是他們喜歡並且重視你人格面具所表現的優點和天分。換句話說，精神病態者會正面強化你的自我呈現，實際上是跟你說，我喜歡你的樣子。強化人格面具是一個簡單、但效果強大的影響力技巧，特別是當它透過有說服力而且迷人的方式傳遞。可惜，不管在個人生活或工作上，很多人都太過於關注自己和自戀，他們太在意自己的人格面具，而鮮少對我們投以關注。因此，一旦發現某個人認真關注我們，真正欣賞並「看清」我們，會讓我們精神為之一振；我們感覺自己受到肯定，感到自己與眾不同。**精神病態者會快速滿足這種需求，讓我們開始卸下防備。**

訊息二

每次我們與人互動，都會投注相當的心力來表現我們的人格面具。不過，在我們外顯的表現背後或之中，也有一部分的私密自我——不管是正面或負面的——我們希望能私底下保留。我們很少會把某些私密自我，分享給商業夥伴或點頭之交；我們把這部分保留給我們的親密朋友和親密愛人。然而，精神病態者與我們第一次見面時，往往就能推斷出一些我們私密自我所在意的議題。精神病態者利用這些資訊來打造一個虛假的人格面具——名副其實的「面具」（mask）——來對應或補足這些特徵。

為了做到這一點，精神病態者巧妙運用一些玩笑話，分享他們的個人資訊，看似要卸下他（或她）對我們的心防。這些談話會引發我們的共鳴，因為它分享的內容反映了與我們自身類似的價值觀、信仰和關切的議題。精神病態者似乎信賴著你（而你是值得信賴的人，不是嗎？）。這是精神病態者第二個強有力的訊息：**我和你很像。**

訊息三

精神病態者充分利用了一個事實：在真實世界裡，要遇到與我們有共同的價值觀、信仰和生活經驗的人，誠屬不易，所以當它出現時，感覺很美妙。這樣的人讓你很容易敞開心房，我們會馬上分享更多內心的想法和情感。我們非常樂意去相信，這個人比過去遇過的任何人都更深刻理解我們。我們私密自我的一部分被對方所理解和接受，這意味著我們可以放輕鬆、卸除心防、開始去相信這個人與眾不同——他（或她）是真的喜歡我們在人格面具背後真實的樣子。在開心而放鬆的情況下，我們有意或無意地推論出，這個精神病態者不會構成我們的心理威脅；事實上，精神病態者的第三個訊息是：**你的祕密在我這裡很安全。**安全感是我們最基本的心理需求之一；精神病態者很樂於滿足這個需求。

訊息四

當精神病態者讓我們相信他（或她）理解和接受我們的弱點和缺點，我們就會開始相信關係更進一步的可能性。我們相信這個人會是真正的朋友。真正的朋友當然會彼此分享資訊——往往是親密的資訊。隨著人們與夥伴分享越來越多的私人生活，包括：他們內在的欲望、期待與夢想，關係也持續發展和成熟。有些分享的事物是屬於私人的，有些是世俗尋常的，但是它們都和打造一個滿足我們深層心理需求和期待的圖像有關。精神病態者老早準備好、也樂於滿足這些需求。因為精神病態者——一個新認識的「真正」朋友——是絕佳的溝通者，他可以輕易找出我們所重視的議題，並提出同情的觀點，有時還加入熱情和「情緒」（emotions）來強化他們的話語。

精神病態者運用華麗的言詞和社交技巧，在我們心中打造一個穩固的名聲，讓我們相信此人具有我們期盼自己能擁有的優點，以及我們能夠理解的弱點。利用我們的內在人格所建立的深刻心理連結，承諾了彼此關係更加深刻和親密，這個關係特殊、獨一無二、平等——而且直到永遠。這實際執行並不容易，不過精神病態者會很努力向我們傳達，他就是我們在尋找的人。精神病態者的第四個訊息就是：**我就是你在找的完美朋友、情人、伴侶。**

這一點完成之後，精神病態連結（psychopathic bond）已經就位，你的命運也已經底定。隨後的互動都只是在強化這些早期操縱過程中打造的基礎。

這種「精神病態者與受害者關係」，與兩個人相遇、發現彼此有許多共通點的真實聯繫，差別在哪裡？首先，精神病態者的人格面具——我們與他產生連結的「人格」——並不真實存在。它是以謊言打造的假面，精心編織來誘捕我們。它是精神病態者個別量身訂做，以符合我們心理需求和期待的眾多面具之一。它並不反映在它背後真實的人格——也就是精神病態人格。它是一個權宜、但威力強大的虛構之物。

其次，知情選擇（informed choice）並不是這種關係的基礎。精神病態者選定目標就開始行動。朋友們或許看出了不對勁，但我們往往卻不採信他們的觀察，反倒費很大的工夫要朋友們相信，這個人真的很特別不一樣。

此外，由於精神病態連結是虛假的，它不會像真正的關係可以持續。真正的關係雖然會隨著時間而改變——愛可能生恨，婚姻可能以離婚收場——它們的開端源於我們當初的資訊和印象。而且它多半有（雙方的）承諾要努力修復彼此的裂痕——典型的例子是婚姻諮詢。至於精神病態者則不會花太多精神去維持關係，除非我們能提供他非常特別的東西，但這種情況並不常見。因此，一旦關係結束，我們對之前發生的一切，往往只剩滿腹的疑惑。

最後一點，同時也最重要的是，這種關係是單方面的，因為精神病態者別有用心的動機——有人稱之為「邪惡的動機」。這種加害（victimization）的行為，惡劣程度遠超過在商業交易中單純想占人便宜。加害行為具有掠奪的本質，通常會導致個人嚴重的財務、身體或情感的傷害。健全、真實關係的形成，來自於相互的尊重與信任，以及誠實分享想法和情感。誤信精神病態連結會如此有效，正因為我們誤信了它具有這些特徵。這種聯繫可能快速建立，也許就在搭乘一趟跨國班機之間。它對精神病態者有雙重的收穫：他獲得對方的信任，先贏得了一局；至於落入精神病態者掌控的受害者，未來很快將成為精神病態者予取予求的對象。

我們曾經合作的對象裡，包括許多和精神病態者涉入長期關係的人。當中很多人把他們精神病態的夥伴形容為「靈魂伴侶」，對於自己和精神病態者有許多共同之處，也深信不疑。他們與精神病態者互動得越多，就越受到其假象的吸引或催眠。更令人感到不安的是，聽到一些受害者——特別是在「拋棄階段」被擺脫掉的受害者——說他們懷念那段關係，並希望精神病態者回到他們的人生。很多人似乎很難相信，這段關係從不曾真實存在過，他們是陷入單方面、失能的，具破壞性的精神病態連結。

討論

- 想一想：公開自我、私密自我以及你的名聲。你會和親密朋友或伴侶分享哪些部分？
- 你不希望分享的是哪個部分？
- 你是否曾分享某些私人的事，後來懊悔希望自己不曾這麼做過？

第二幕，第二景

摘蘋果

太陽早已西下，清潔人員也都離開了大樓。桃樂蒂樂在工作中，加班工作對她來說不成問題。她坐在自己的筆電前，研究新工作計畫焦點小組的最新報告。她看得津津有味，自己笑了起來。加里德布公司一向支持高階員工的「臭鼬工廠」（skunk works），而桃樂蒂最近的晉升，讓她有了推動計畫的權力。沉浸在自己的思緒中，讓她沒留意到時間飛逝。

「又在加班了，」門邊傳來了聲音。

「噢！」她跳起身，轉了過來。「戴夫，你嚇了我一跳！」

「抱歉，剛好經過，看到你的燈還亮著，」他邊說邊走了進來，「看你這麼專心，一定是好事情。」

「喔，我只是在玩些東西，」她說，緊張地翻動桌上的一些文件。

「私人業務？在公司上班時間？」他開起玩笑。

「說不上，應該說是在個人時間的公司業務，」她也開玩笑回答。

「我還以為我是這裡唯一工作過度的人，」他說，往桌子靠近來看她的電腦螢幕。

「抱歉，不能讓你看，」她說，並壓低螢幕阻擋戴夫的視線。

「請原諒我，」他說，假裝不高興退了一步。「我還以為你信任我！我們已經認識了一個月——我早上都會幫你買咖啡。」

「咖啡是免費的，戴夫。你還得做得更好才行，」她回答。

從戴夫第一次在餐廳找桃樂蒂攀談之後，兩人已經混得很熟。從早上的咖啡，發展到偶爾共進午餐，也曾有一次在公司活動之後一起去小酌了幾杯。他們分享公司裡的故事，也會笑談同事間的花邊趣事，不過並沒有超乎尋常或不合宜的關係。桃樂蒂全心專注在自己的工作和職涯發展，而父親給她公私要分明的建議，她也始終銘記在心。倒不是她覺得戴夫缺乏吸引力——沒有女人會這麼想——但是她對他的私人生活真的沒有太多瞭解，也覺得自己不該逾越那條界限。

「你真的認為他們會支持你的這個計畫？」他試探性地問。

「怎麼說呢，傑瑞說只要我給他數據，我提出的任何東西他都會考慮。」

「是啦，但是這裡並不是傑瑞說了算，」戴夫回應。

「呃，不然是誰，你嗎？」她笑了。

「法蘭克才是你真正要說服的人。你要知道，他是這裡的把關者。他只喜歡自己想到的主意，而且，不管行銷的人說了什麼，只有研發部點頭才會算數。傑瑞不像法蘭克一樣，跟大頭們有那麼好的關係。一到了法蘭克手上就會把它擋下來。」

「我想他會喜歡我的主意，」她說，覺得自己有必要做些辯護，「而且傑瑞會做精彩的簡報。」

「我是覺得，把希望寄託在傑瑞身上之前，各方面還是要打點一下，」戴夫用父執輩的口吻跟她說。

「這麼說來，我猜法蘭克對你的每個想法都不怎麼喜歡，」她針鋒相對地說。「按照加里德布的標準，你來這裡已經夠久了。目前為止你有什麼成績？」

「天啊，有時候你真愛鬥嘴，」戴夫說，化解一下房間裡的緊張氣氛。

「抱歉，因為我進行這個計畫已經超過一個月了，我實在不希望被公司裡的政治阻礙了它的進行。」

「現在這裡是大公司了，桃樂蒂。少不了政治上的合縱連橫。而且，」他在她能回應之前打斷她，「依我看，你一定很不喜歡政治權鬥這類的事。」

「戴夫，並不是每個人都像你是當紅炸子雞。我會靠自己來做完這件事。」

「我只是建議，有時候跟其他人合作是比較聰明的做法。互相幫助，你懂的。」

「拜～託～」她刻意拉長了音調並翻了白眼。「我知道，你準備提出我難以拒絕的提議，對嗎？」她說，視線轉回到她的電腦螢幕。

「呃，或許吧……」

討論

- 你能察覺出桃樂蒂有哪方面的人格（公開的、私密的，還有名聲）嗎？
- 戴夫對桃樂蒂運用了哪些操縱技巧？
- 他傳遞給她什麼「訊息」？

第五章 精神病態者登場，舞台左側

勞倫斯下樓把奉獻盤拿到教會的地下室。他把錢倒在餐桌上，委員會的成員們開始把成堆紙鈔和硬幣分開來計算，並存入保險箱。平常奉獻比較多的話，募款委員會成員數錢時總會變得比較安靜。每個人都完成之後，所有人會往左移兩個位置，重新計算紙鈔和硬幣的數量以求正確。他們統計出了總數，寫在小紙條上，交給了教會的新財務長，由他計入帳簿。

成員們把硬幣用包裝紙捲好，這時財務長宣布了總金額。「這星期的成績不錯；有足夠的錢可以支付房貸和水電，還有餘額可以存入重建基金。」

「阿門，」其他人嘆了口氣。對這個教區來說，這是艱難的一個月。整個事件讓許多人震驚不已，所有人都痛苦地體認到他們被自己人騙了。

探員在教區集會裡跟教徒們解釋，他們是專家口中「熟人詐欺」（affinity fraud）的受害者——有人利用表面上共同的個人信仰和價值觀，來誆騙團體進行假投資。這個人指的是山姆。他在九個月前加入了教會，並成了活躍的教友。他頭腦靈光，而且討人喜歡。最重要的是，他受到大家的信任。幾位教友甚至拿出自己的錢投資他的生意。這些「投資機會」看起來穩當又有利可圖。一開始的分紅很可觀——而且持續了好一陣子，這從山姆穿的高級服飾、開的豪華轎車，以及他在城裡擁有的豪宅可以看出來。

按照警探的說法，山姆的手法始終如出一轍。他搬到一個城市後，會加入教友眾多、透過捐款贊助多項社區計畫的教會或是寺廟，接著就以志工身分活躍。新來的人特別容易引人注意和激發好奇心，而山姆看似有無窮的精力、不容置疑的真誠態度，以及正面的外在形象，讓許多教友們渴望和他結交。他們的談話內容自然轉到他靠什麼謀生，而山姆也樂於分享他的故事。山姆會鉅細靡遺地向他們解釋，他曾經是功成名就的投資銀行家，他的年輕妻子和襁褓中的女兒，在一場可怕的車禍喪生之後，他才領悟了自己所選擇職業的淺薄。他一度陷入憂鬱、酗酒、嗑藥，最後造物主終於讓他瞭解，他的人生還有許多事等待他去做。山姆辭去了工作，搬離他漂亮的閣樓公寓，要實現他新發現的使命。由於他的投資事業發展順利，他並不需要工作，可以把全部心力用來幫助他人，用他已故家人的名字和精神來回饋社區。

於是乎，教區的人們找上了山姆，向他尋求個人的理財建議。有些人投資他主持的計畫，在收到分紅之後，更多的人加入了。他管理金錢的卓越能力，自然成了教會財務長的適當人選。不久之後教會裡投票決定，從建設基金和課後輔導計畫裡，拿錢投入山姆的投資計畫。長期以來，教友的每週捐款流失在無息的存款帳戶跟高利率的貸款，一直讓教會感到無奈，山姆的慷慨大方與樂於助人和銀行業的錙銖必較，正好形成了對比。在財務上，顯然沒有更好的安排了。

接著，有一天，山姆不見了。他沒有出席教會禮拜，一整個星期沒有人聽到他的消息。當抵押貸款公司電話通知，上一張付款的支票跳票了，人們開始有些擔心。銀行帳戶和保險箱存款都被提領一空，他們不得不報警。幾乎沒有人料想得到，他們是過去三年來，他下手的第四個宗教團體。

此刻山姆身在美國的另一個州，正用滑鼠點擊螢幕上關於「假面山姆」掠奪無辜教友的最新消息。山姆透過網路上的媒體消息來追蹤警方調查的進展（或沒有進展）。「我們想感謝慷慨的鄰居們，特別是社區裡不同宗教信仰的人們，在我們最需要的時刻，提供我們精神上與財務上的支持。我們的兒童教育計畫和老人供餐服務，在他們的協助下得以延續，我們的財務重建基金也持續成長。」新任的教會財務長約翰如此說明。

山姆面露微笑，打上他的領帶，拿起公事包，準備出發參加禮拜五的禮拜。

同質群體

同質群體（affinity group）——所有成員有著共同價值觀或信仰的宗教、政治，或社交團體——對精神病態者特別有吸引力，因為這些團體成員彼此間有集體的信賴關係，他們可以憑藉團體成員的共同信仰體系，支持這些信仰而輕鬆得到掩護。大多數人加入同質群體是為了與有著共同價值、信仰和利益的人聯繫。精神病態者加入群體是為了利用他們，藏身在對個人期待有一套明確定義的團體裡，他們可以輕易模仿，而且保證有為數眾多的目標。特別是宗教團體，還有一個額外的好處是，他們強調寬恕過錯，這被精神病態者當成了一旦東窗事發的另類保險。參見〈補5.1：禮拜日，他跪下祈禱……〉。

這類型的詐欺令人不安，原因是社會的掠奪者在這裡欺騙和操控非常容易。同時它也印證了表面工夫往往勝於實質內容。不過，任何一個同質群體裡，並不是每個成員都這麼容易受騙。事實上，非正式的觀察中發現，這類團體存在某種「三一律」。舉例來說，當一個騙子對某個不知情的宗教團體展開行動，可能有三分之一的團體成員會認為他令人信服、而且有群眾魅力；有三分之一的人，則心存懷疑（「他讓我覺得很不舒服」）。另外還有三分之一的人，則持保留的態度。有趣的部分在於，當騙局、詐欺、掠奪的行為被揭穿時，很多人仍沒有改變原來的看法。一開始深信不疑的人，還是會相信自己是對的，中間必然是有些誤解或差錯。一開始就懷疑的人，如今會覺得真相大白（「我就知道他是問題人物」）。至於剩下的三分之一，立場仍游移不定。（「到底發生了什麼事？」）

主要不是基於共同信仰體系成立的團體，因其組成的多元以及內部關係的複雜性，多半給精神病態者帶來更大的挑戰。如果他們想在這類組織裡同時操控好幾個人，很可能有人會懷疑真相並提出質疑，而提高了精神病態者計畫被揭穿的風險。他們需要花費很大的工夫，在同一個團體裡營造多種不同的假面目，而每個假面目都是為個別受害者量身打造，因此許多精神病態者的操縱手段一次只針對一個人，或是一個同質群體（這裡頭的成員相似性多過於差異性）。不過也有一些精神病態者喜歡接受挑戰，在同時間進行好幾個不同的騙局，並確保不同受害者之間不會彼此分享資訊，甚至彼此絕對不會碰面。

法醫場景

監獄和精神科醫院的主管和職員，對於精神病態者在團體中如何運作有切膚之痛的理解。在這類結構性的場景中，精神病態者不消多少時間，就能研判出權力結構中兩個主要的動態——存於囚犯和警衛之間、以及病患與醫師或職員之間。一旦掌握這個知識，他們便有效運用不同身分的角色期待。舉例來說，有些精神病態者可以操縱監獄的官員，讓自己移監到法醫精神科醫院，他們相信——往往是錯的——在那裡他們會享有更大的自由。有些更有創意的人，會假造心理測驗的分數——有些精神病態者的測驗能力，跟心理學家和精神科醫師一般高強——目的是讓人相信他們是真的「發瘋了」，不該待在監獄裡。一到了醫院，他們又會設法操縱和控制法醫精神醫院的員工和其他病人。許多案例中的精神病態者，他們實在太令人棘手，醫院員工想盡方法要讓他們回到監獄，結果發現並不容易。[1]

商業場景

商業場景對精神病態者帶來另一個層級的挑戰。它不管在目的、複雜性，結構都不同於同質群體、法醫精神科醫院或監獄。對於精神病態者而言，想要利用同事、經理、甚至公司，有著諸多的限制，但是它也代表了巨大的機會。

首先，商業機構和其他團體有根本上不同的存在理由。他們結合許多人的勞動力投入銷售的產品和服務，換取財務上的收益。舉例來說，本地的麵包店會僱用烘焙師傅來製作派餅、蛋糕和麵包；經理則負責訂購材料、僱用幫手和處理記帳；銷售人員負責介紹各式糕點麵包、提供試吃產品、為顧客包裝商品，和進行結帳。雖然說精神病態者在社區小麵包店工作並非毫無可能，他們大部分還是會選擇容易利用別人、可以大撈一筆、而且方便躲藏的公司。社區的麵包店通常是由家族經營，只要它能維持小規模且緊密的控制，就不大可能提供他們可趁之機。

不過，要是麵包店成長為全國性的烘焙產品業的大公司呢？經營者一開始可能想先在城裡開第二家分店。他們會需要為這家店聘僱員工，訓練新的幫手。他們可能要僱用維修人員，來維修數量越來越多的烤箱和廚房用具，一個總機人員負責電話訂單，一個資訊人員處理電腦化的訂單和產品庫存系統，還要一個專業烘焙師來開發新的點心，以達到不同於競爭對手的產品差異化。到後來，經營者可能要考慮購買或租用貨車，好運送大量的訂貨給商業客戶，僱用一個全職會計來負責帳務，還有清潔人員，行銷團隊，如此等等。這樣的擴展對管理是一大難題。某種程度上，要讓所有的人、所有的部門功能，以及所有的設備，共同運作並合作達成同樣目標，整個事業才得以順利發展並演進，以符合越來越複雜的商業需求。在理想的狀況下，一切可以順利進行，但實際上這種情況並不常見。沒有強大的領導能力和組織發展，我們假想中的家庭麵包店會逐漸失控，朝預期之外的方向發展。一個組織該如何管理它的成長？規模的擴大和商業複雜度升高，基於需要必然會出現官僚制（bu-reaucracy），它通常牽涉到一大堆規章準則，以制度、流程和控制所建構的商業模式。

酸種麵包（sourdough bread）的配方，原本只存在麵包師傅的腦海裡，如今則放在「烤箱批單」。原本經營者堅持的是「只用最高品質材料」，現在變成了「遵循良好產製作業」。把一切都標準化固然是成功的必要條件，但它確實也給管理層和員工都帶來了一些壓力。

精神病態者大多數都不適合

在高度結構化的傳統官僚制度裡，很難相信精神病態者會待得久或做得成功，這是基於幾個重要的理由。**首先，精神病態者是廣義上的規則破壞者**；規定和規範對他們不具有太多的意義。光是公司運作的諸多政策，以及主管要執行的工作，就已不適宜精神病態者的生存。他們甚至不會考慮在這種地方工作，除非他們認識老闆／經營者，而且可以坐領乾薪不需做任何貢獻。

第二點，我們知道精神病態者無法團隊作戰。他們太過自私而無法與他人為了共同目標而努力。有效操縱依賴的三個重要條件：（一）精神病態者需要與個人進行一對一的接觸，（二）他們衍生的關係是私密的，（三）他們的偏差行為可能不會引起管理階層的注意。在官僚式的組織裡，大部分的工作由團隊進行，在這種嚴格的限制下，要和可利用的個人接觸是不容易的事，祕密的操縱和嚴重破壞生產力的行為，也很難不引起注意。所有的員工都被期待要有生產力，專注於達成工作目標，不剝削虐待同事。有鑑於精神病態人格難以長期、而一致地維持有利社會（prosocial）的行為和態度，他們怎麼可能在裡面存活？

第三點，精神病態者對於組織的短期和長期的任務與目標，幾乎毫無真正的興趣。建議他們考量公司的利益，他們大概會充耳不聞。立即的需求和滿足，比起不確定的未來目標和報酬，更可能激勵和導引他們，特別是當工作需要付出辛苦代價的情況下。

第四點，官僚制的組織讓人難以遁形。妨礙生產力的工作表現若被他人看在眼裡並向長官報告，最後多半透過人資考勤規定處理。內部的主計人員固定會調查可疑的詐欺或竊盜行為。一旦違規的罪證確鑿，組織最終可能對員工採取法律行動。通常的結局是解僱和履歷的負面評鑑。

第五點，精神病態者缺乏一般的工作倫理，不相信做一天事、領一天工資的實在道理，也不重視長期受僱的價值。你很難想像有精神病態者會朝九晚五勤奮工作，期盼在五、六年後升職成經理。這倒不是說精神病態者絕對不做常規的工作，或投入需要訓練和經驗的行業或專業。這類的人為數不少，只不過他們的資格可疑，工作表現是出於自私，行為還可能涉及不法。比如：強迫推銷的業務員、敲竹槓的維修人員、「養套殺」的股市名嘴、網路詐騙者、騙人的諮詢專家，還有各式各樣聲名不佳的專業人士，都是當中的一些例子。

至於，那些所謂「成功的精神病態者」又如何呢？他們在大公司，特別是高度官僚化的大公司裡，是如何生存和發展？事實上，許多的現代企業組織，是帶有創業家傾向、以人格魅力和社交技能愚弄眾生的精神病態者的主要飼育場。和所有掠奪者一樣，精神病態者永遠在找尋機會，這裡指的是能提供機會的職位、工作、專業和組織，好讓他們取得權力、控制、地位和財富，並從事剝削式的人際關係。

在公司裡頭，他們有賺大錢、獲得地位和權力的機會。精神病態者想在受僱的公司裡取得好處，需要施展比他們在公眾場合更巧妙的社交操縱。然而，他們也有挑戰。

要在組織內成功，精神病態者必須隱密行動，明瞭公司的政策、準則、規定和官方的行為守則，同時又能在相當長的時間裡迴避這些規則。他們必須操控許多的同事和管理者來相信他們的謊言，同時消除掉任何發現（並威脅揭發）他們謊言和欺騙的同事，所帶來的負面影響。要持續操縱同事、合規系統和管理階層的監看，必然是非常的困難，或許只有最有能力和毅力的少數人辦得到。幾乎沒有精神病態者有本事這麼做，而那些敢去嘗試的人也會很快就失敗。或者，我們曾是這麼認為。

企業精神病態者

要瞭解「企業精神病態者」（corporate psychopath）的成功，我們必須瞭解，教科書般完美的官僚制度不常有，在現代也很少能存續。相反地，組織的結構、流程，和文化不斷演化並朝某種理想發展，但這個理想樣貌並不清楚而且永遠在變動。這種持續的變動和不確定性，帶給了大部分員工和管理者壓力，但是卻給精神病態者開了一扇門。

巴比亞克曾經說過，精神病態者在職務上影響他人似乎毫無困難，即使在這裡，他們的操控更容易引人注意。這一點我們可以透過一個案例來說明。多年之前，巴比亞克在一個長期的諮詢工作中，曾經在事先不知情的情況下，與一名精神病態者一起工作。

一個專案團隊正面臨整體生產力下滑，和衝突明顯增加的情況，而來尋求我的協助。儘管這個高績效的團隊有著卓越的聲譽，還是有團隊成員要求轉到其他專案。管理階層詢問時，專案主管和一些成員說，他們也不清楚造成困難的問題出在哪裡。我們為團隊成員成立了團隊計畫，試圖找出問題、並幫助團隊重回先前高績效的表現水準。

團隊成員的訪談，其他部門和其他管理階層的觀察，以及相關人力資源資料的評估，提供了現況的初步圖像。多位團隊成員認為，其中一名成員是問題的主要癥結，但是卻不敢出言舉發。他們私下向我報告，這個人規避團隊的工作流程、製造衝突、在會議上表現粗魯無禮，對工作進展的破壞遠大於貢獻。開會時他經常遲到，而且出現時，也沒能完成他被指派的任務，一再把自己的失敗怪罪於他人。有人認為他的欺壓甚至威脅與他不同意見的成員。他動不動就貶損領導者在團隊的角色，而這個領導者正好是他的頂頭上司。

不過，團隊其他成員的感受不一樣。他們告訴我這個人有扎實的工作表現，想法嶄新而有創意。這群支持者說，他是真正的領袖，為團隊的目標做出了貢獻。經營委員會的一些成員甚至說，他們認為這個人未來有晉升管理職的潛力。與不同的人討論的結果，你對於這個人會有不同的認知。不同群體的同事們在討論的彷彿是兩個不同的人，而不是同一個人。這個人的行為和團隊成員對他的不同反應——支持者和反對者的明顯分歧——似乎暗示了，這背後並不是單純的職場派系角力或人際之間的衝突。但是，那到底是什麼？

隨後人事部門對這個人的調查發現，他在個人履歷上的個人重要學經歷的說法不實。安全部門也發現，他不時把公司裡有價值的物品帶回家據為己用；審計部門也發現，他的開支報帳出現可疑的出入。隨著更多的資訊陸續出爐，支持他和反對他的看法出現更明顯的分歧。

當地的管理階層檢視了這些資訊，不過遺憾的是，在他們採取任何行動之前，高層改組了相關的部門，解散了這個團隊。團隊的領導者被調派別處，這場爭議的核心人物則獲得晉升——接替了他長官的位子——成為部門的主管。他受質疑的這些行為全被掩飾。

在結束了業務關係之後，我對這個案例思考了良久，但是對正反兩造的分歧（上面舉的只是一些例子）始終無法提出滿意的解釋。有一天我重讀克萊克里的書，我想到這位有爭議的團隊成員，或許有精神病態人格。我的田野筆記和文獻裡有許多案例行為，和克萊克里過去提到的、以及海爾曾經研究的案例非常類似。或許，我們可以用精神病態來解釋，為何與這個人近距離接觸的人們會做出相互矛盾的觀察。利用手邊可取得的資料，在海爾的協助下，我把它當成一個實驗，完成了這個人的《精神病態人格檢核表（篩檢版）》。結果令人吃驚。

這個人的分數級別非常接近檢核表中精神病態者的評分——分數甚至比一些最嚴重

的刑事犯罪者，還高出許多。《精神病態人格檢核表（篩檢版）》也對精神病態特徵的四個領域——人際的、情感的、生活型態的和反社會的——個別做出評分。已知的精神病態犯罪者往往在四個領域的分數都很高，而一般人則四個領域的分數都偏低。這位團隊裡的爭議人物在前兩項的分數偏高，而後兩項則是中等分數。這個輪廓描繪出他是個浮誇自大、喜歡操控、會欺騙人，對他人缺乏同理心和關懷，但是他並不像大多數的精神病態者那麼衝動莽撞，或是有明顯的反社會傾向。他並未違反法律，或是對他人造成重大的傷害，至少在我們所知當時是如此。

在接下來幾年，一些自認是精神病態受害者的企業員工說法，讓我注意到其他產業的一些個案。有些企業主管和人資部門專業人士，追蹤了精神病態的相關演說和教育課程，他們也跟我分享了一些故事，提到一些人的行為對他們公司帶來的難題。其中一些案例，我有足夠的資訊來進行他們的《精神病態人格檢核表（篩檢版）》。有些人呈現了和上述個人類似的人格樣貌，但有些並沒有——他們只是有問題的員工，他們的負面影響或是偏差行為，是出自於和精神病態人格不相關的一些原因。我不禁想，要判斷兩者之間的差別，究竟有什麼最好的方法。

這些年來，我們得以收集更多這類人的資訊，如今他們在文獻裡，或被稱之為「產業的」（industrial）、企業的（corporate）、成功的（successful）或社會的（social）精神病態者，他們與同事和管理階層有較長時期裡的互動。慢慢地，有個一致的模式浮現了，這個模式與前面提到寄生式的生活型態，有出奇的相似處。根據我們的觀察，很顯然有一小群具有精神病態人格特徵的人們，存在於商業的、宗教的、非營利的、醫療的、司法、刑事犯罪、公部門以及政府的組織裡。有精神病態人格（《精神病態人格檢核表（修訂版版）》或《精神病態人格檢核表（篩檢版）》的評估）、且具有強烈動機的人，他們有能力進入一個組織，並對組織文化（工作流程、溝通網絡、企業政治學）的優點和弱點進行評估，利用或剝削公司同事，「應付」反對勢力，並順利攀升職位。他們是怎麼做的？還有，更重要的是，他們為何能做到？這都需要我們做更多的研究、花更多的時間來完整理解並找出答案。我們研究的對象，是來自於我們擔任諮詢的一些公司。我們對案例進行比對時，有許多相似性逐一浮出，幾乎每個精神病態者都循著相同的職涯途徑進展。這些人有辦法進入公司，適應它的文化，操縱同事和高階主管，這些細節將在底下和下一章詳述。

第一任務：進入公司

任何一個試圖加入公司的精神病態者，他們一開始的挑戰自然是要得到僱用。就如同一些精神病態者很容易進入人們的私人生活，企業精神病態者進入組織也比我們預想得還容易。這原因在於，許多人都瞭解篩選資格不符者的標準程序；但這些程序完全敵不過精神病態者說謊和操縱的技巧。

一個組織的成敗，很大程度取決於它的人力資產：他們把什麼知識、技能和態度帶到他們的工作；他們對公司的瞭解程度有多少；公司對他們有多少瞭解；以及他們彼此之間如何相處。選擇的過程對公司最後能否成功非常重要，但是要找到符合公司需求以及目標的人選，並不容易。同樣地，要找到能隨著時間在公司裡成長並展露頭角的人，也非易事。

典型的選擇過程會觀察應徵者的履歷，評估他是否有做好職務所需要的知識、技能和態度。表面上，這個過程直截了當，卻不能保證它萬無一失。以中階和低階的職務來說，公司的職務要求，多半是依表現出色的現有職員的條件來列舉。但是，如果這個職位是新設的，沒有現任的人員，那麼主管和人資部門會根據其他公司的類似職務，來設定它的職務要求。

在清楚掌握對應徵人員的期待之後，面試者就可透過更詳細的調查和詢問來評估人選。

這個評估流程，在聘用研發部門和財務部門這類技術性職務，以及較低階職務時，特別有效。不過，當職位越高、職務的視野更宏大、而指派任務較不明確，這時徵選的工作就變得比較困難。「策略規劃」、「批判思考」、「自主行動」、「領導統御」，這類的條件也被加入了職務要求的清單裡——這些條件較難以量化。要選出最適任職務的人選變得不容易，「直覺」或「化學效應」便成了做決定時的重要因素。職務的定義越不明確——或者位階越高，公司越需要依賴一些主觀的、非客觀的衡量標準，也造成了誤判人選資格的風險。

負責應徵的高層主管多半都知道，大概有超過百分之十五的履歷表內容，有部分扭曲或撒謊。精神病態者非常擅長憑空捏造書面文件——不管是履歷表、推薦信、表揚令、得獎紀錄。他們可以專為職務需求量身打造一份工作史，再用假造的推薦信、過去作品，跟適當的專業術語來佐證。這在網路時代特別容易，因為基本上，精神病態者在網路上都可以找得到，製作一份成功的應徵資料所需要的資訊，精神病態者的優勢不只在書面上，也在人際的接觸上。這在直接面對面的面試上最明顯，它根本就是精神病態者大顯身手的所在（參見〈補5.2：黑暗三角和面對面談判〉）。他們在面試裡可以說得頭頭是道，表現得圓融、有天分、靈活、敏銳、自信、有主張。他們說故事的能力更強化了他們履歷表中的「數據」，整個呈現顯得說服力十足。令人遺憾的是，如果聘用的決定，是根據易於造假的履歷表、和說服面試官相信他說詞的能力，這個公司就有僱用到騙子的風險。

讓問題更加複雜的一個因素是，招聘程序除了補充新員工或取代離職的員工之外，還有其他更多的目的。特別是在快速成長的公司，很常見的情況是，公司看中的是應徵者的領導潛能，或對公司未來的貢獻度。也就是說，公司僱用某些人，是因為他們或許符合未來接續的職務，而未必是為了最初他們申請的職務。可惜的是，缺乏戒心的面試官很容易因他們具說服力的溝通方式，而相信精神病態的人選，除了履歷表所列出的技術性的知識、技術、能力之外，還具有領導的潛能。狡猾的精神病態者可以呈現一份完美應徵人選的圖像，連經驗老到的面試官，也可能陷入想說服這個人加入公司的興奮情緒中（如〈戴夫的案例〉所示）。

要說服面試官，某人具備新職員最需要的特質，魅力的重要性自然無庸置疑。當我們詢問管理者對高階職員期待的特質時，他們常提到聰明、認真、誠實、有社交能力。遺憾的是，在我們的研究裡，這些特徵也是企業精神病態者常被喜歡和擁護他們的員工，所形容的用詞。有趣的是，這些特徵也是受害者明白自己受騙之前，他們在詐騙者身上看到的特質。

討論

- 你是否曾經和某個能言善道，但很少真正做出成果的人共事過？
- 他們如何擺脫責任順利脫身？
- 你是否認識某人一開始讓你覺得坦率真誠，但日後發現其實正好相反？
- 一開始騙倒你的原因何在？
- 什麼事讓你看穿他們的欺騙？

補5.1 「禮拜日，他跪下祈禱。禮拜一，他以同伴為獵物。」

布萊恩．理查斯（Bryan Richards）靠著能言善道的好口才，讓教友們相信他「是屬於他們的一員」，而讓他進入了這個宗教團體。他跟眾多可鄙的掠奪者一樣，依附於某個宗教、族裔、文化，或特定目的的團體，這類團體的成員有著共同的興趣，而且對自稱與他們有共同信仰的人多半滿懷信任。例如：許多基督教團體隨時準備好對新來者敞開心扉，特別是那些自稱「找到了基督」的人們。不過不幸的是，這些團體往往也等於敞開了他們的錢包，在不知情的情況下成了熟人騙局（affinity fraud）的參與者。

根據道格拉斯．陶德（Douglas Todd）和瑞克．奧斯頓（Rick Ouston）在《溫哥華太陽報》的報導，布萊恩．理查斯的真實姓名為理查．布萊恩．米納德（Richard Bryan Minard），他是會用花言巧語追求女孩子，在網路進行詐騙的福音派教徒。他在加拿大一個小鎮裡，靠著充滿說服力的一句話，「不要絕望，上帝永遠與你同在。」讓被他鎖定卻毫無戒心的團體成員，相信他是和他們一樣的基督徒。

他經營當地低功率調頻電台，形容自己是「為耶穌扭動的搖滾ＤＪ」。他從事多項詐欺，包括：販售實際上非他擁有的度假屋住宿券、度假套餐行程，以及在他的三十分鐘廣播節目《基督力量時刻》裡，使用盜版音樂。他也經營基督徒的約會交友服務，擁有為數眾多的女友下，仍持續「追求未婚女子」。他經常尋求「即時的親密關係」，而且多半會成功，靠的是編造荒誕離奇的故事，讓人聽了心炫神迷。

他的支票跳票了。

他的其中一位受害者說，「我現在覺得，如果這世界沒有了『他』，會比較好。」

他死於二〇一二年（原因不明）。有一名女子留下了花束。

〈基督的騙子〉（Con-man for Christ）：https://vancouversun.com/news/staff-blogs/con-man-for-christ

補5.2 黑暗三角和面對面談判

補2.3的補充資料提到了黑暗三角（精神病態、馬基維利主義、自戀），並說明它們的共同特徵，包括了：冷酷無情的欺騙、操縱以及控制。

幾個研究指出，「黑暗三角」成員的操縱行為有利於他們在職場面對面的情況。舉例來說，一份線上的研究裡，研究者[2]要求多數為學生的參與者完成一份衡量「黑暗三角」的簡單自我報告，並回答一系列關於他們在工作上如何運用面對面操縱的問題。有較高度「精神病態」的人們，多半採取「硬策略」（hard tactics）（也就是威脅和直接明白的操縱）。有高度馬基維利主義的人，同時兼用了硬策略和「軟策略」（soft tactics）（例如：展示魅力、順服、恭維、承諾獎勵），至於高度自戀者，則多半使用軟策略。

心理學家克洛斯利、伍德華斯、布萊克和海爾（Crossley, Woodworth, Black, and Hare）[3]進行一項研究，由兩兩成對的參與者（一個是買方、一個是賣方）就兩張音樂會門票進行談判，有四個事項要考慮：門票售價、樂團商品、座位位置，以及進入後台的管道。他們透過面對面或是電腦連線進行談判（使用Skype的語音功能，彼此沒有視覺上的接觸），在「黑暗三角」較高分數的個人，在面對面時比透過線上溝通有更好的表現。相反地，「黑暗三角」分數較低的人，在線上談判比面對面談判表現得更好。很重要的一點是，我們必須知道黑暗三角的成員，在人際上和情感上有一些共同的特徵，也就是《精神病態人格檢核表（修訂版）》的「因素一」。[4]照推論，這些特徵運用在「面對實際觀眾時最有效」。這篇論文的幾位作者也提到，精神病態者（在此處，根據的是第三版《自我報告精神病態量表》）[5]嫻熟於模仿其他參與者的面部表情，因而在面對面談判時顯得更加真誠而可信。

如第九章提到的，自我報告的衡量結果對黑暗人格在職場的角色，提供了通則性的、但實用的資訊。不過，在解釋這些衡量結果時，必須要注意它們被運用在什麼議題。

戴夫的案例

第三幕，第一景

恐慌時刻

開完會的法蘭克精疲力竭，但是他心裡慶幸著還好今天是週五的晚上七點。大部分時候，他離開辦公室的時間還會更晚些。「又是重要的會議嗎，法蘭克先生？」夜班清潔人員主管瑪莉莎問。

「是啊，總是開不完的會。不過這次很有效率，我們處理了很多事。」瑪莉莎對他笑了笑，法蘭克繼續從走廊朝他的辦公室走去。他開了燈，看到戴夫留在他吸墨紙中間的文件夾。打開文件夾，他看到了戴夫寫的報告、戴夫列印好的投影片內容，還有檔案的隨身碟。太棒了，他心裡想著，一邊把文件夾放進公事包裡，再放進他桌上的幾份檔案資料，闔上公事包。他朝門口走出去，吐了一口氣，心懷感謝準備回家和家人共享豐盛的晚餐。週六他要陪孩子們去動物園，然後準備星期日搭飛機出席他將發表演說的會議。

鬆餅、培根和煎蛋的香味瀰漫廚房，法蘭克為家人準備早餐。法蘭克喜歡和孩子們共度星期日早晨的儀式，也喜歡整天陪著孩子，但是今天他得搭下午的飛機，還需要為他的演說做最後的修飾。他已經完成大部分的內容，現在只需要整合戴夫的數據，之後就可以準備打包了。莎莉把孩子們趕上了車，要帶他們去教堂和祖母共進午餐，然後回家為法蘭克送行。

安靜了，法蘭克心想，他面帶微笑拿著咖啡走進書房。行程安排是由他在星期一早上在執委會的戰略計畫會議上發表演說。他在星期五的會議裡，已經和其他演講人擬定了詳細的內容。他有信心執委會的董事們會支持他的新產品提案——他們過去一向如此。這一次他還有戴夫做的研究，必然可為他的報告加分。

法蘭克打開戴夫的文件夾，從隨身碟下載檔案，開始閱讀他的報告和查看圖表。法蘭克看了又看。他研究圖表。啜了一口咖啡。他打開文件夾檢查是否報告有部分遺漏在裡頭。法蘭克開始擔心起來，他搜尋隨身碟有沒有其他檔案。裡頭沒有別的東西；他把所有資料都放到桌子上。法蘭克緊張了起來，接著是生氣。「真是垃圾！」他大聲對著自己說，然後拿起電話撥打戴夫家裡的電話。電話響了又響。沒有回應。法蘭克翻找他的公事包，他找到了電話冊，然後撥了戴夫的手機號碼。電話直接進入語音信箱。法蘭克努力控制自己，他用堅定清楚的口氣，告訴戴夫他沒交給他完整的報告，並要他儘快回電，回報他需要的數據。

法蘭克重讀了資料，這份資料的內容似曾相識。他的憤怒逐漸轉為恐懼，因為他開始想起是在哪裡看過這個材料。那是幾個星期前，他在業界雜誌裡曾讀過的一篇文章——一篇有關他們主要競爭對手公司的文章。他把公事包裡所有的東西倒在地板上。其中包括了那本雜誌。他快速翻到那篇文章。「哦，我的天啊！」法蘭克驚呼，他看出戴夫是把整段文章重新打進了他的報告裡面。圖表也是一模一樣，只不過把公司產品標籤和公司簡介改成了加里德布科技公司，並且把圖放大了百分之十二。裡頭沒有新的數據，沒有真的預期目標，也沒有新產品的報告！

法蘭克知道他該做什麼。他登入了公司的電腦，開始在資料庫裡搜尋。他知道幾個星期前、他把計畫案交給戴夫之前，他自己主持的外地籌備會議用的掛圖還放在櫃子裡。他狂亂發電子郵件給他的部屬，要他們提供資訊，期待他們也如他所想的一樣有強迫症，此刻仍在家裡工作。最後，他打電話給旅行社的代表，請她幫忙把他的飛機改到晚上稍後的班機。他趕不上雞尾酒會和晚宴了，但是他別無選擇。他必須完成他的報告——他的好名聲和工作前途全靠它了。

法蘭克試著在飛機上小睡片刻，但是慌亂的思緒始終縈繞心頭。當他的計程車到達飯店門口，他快速衝下車走向登記處。準備搭電梯時，法蘭克看到了他的老闆約翰從大廳酒吧走來。在他來得及躲進電梯之前，約翰已朝他揮手示意。「法蘭克，法蘭克，真高興你趕上了。我們在擔心你；家裡的事情怎麼了？」

「噢，約翰，還好。家裡一點小事讓我不得不改班機。莎莉的媽媽打電話來……」

「沒問題，法蘭克。我懂。聽著，我很喜歡你的報告。我認為是成功的出擊。這次你真的是揮出全壘打了，」約翰滿懷熱切地說，並拍拍法蘭克的背，帶著他朝酒吧走去。

「你很喜歡？」法蘭克問，不清楚到底約翰說的是什麼報告。

「是啊，想法很新穎，正是讓我們公司走出低谷，給董事會重建信心所需要的，」約翰說，點了兩杯馬丁尼。「我必須說，法蘭克，你可真狡猾。星期五的時候你什麼都沒跟我說——想在開會前的派對上給我一個驚喜嗎？」

「呃，」法蘭克想著，到底發生了什麼事。「約翰？我寄給你的到底是哪一份報告？」

「噢，我以為那已經是最後定案的版本了，」約翰說，調酒師送上了酒，約翰示意要他記帳。「我是傍晚稍早前，從戴夫那邊拿到的。」

法蘭克拿起酒杯，一口氣喝下半杯馬丁尼，然後問，「戴夫？」

「是，他打電話告訴我，你家裡出了點事，不確定能不能趕上會議。於是他寄來了最新版的報告，知道你有別的事要忙。」約翰頓了一下。「你知道，他的確有兩把刷子，對吧？」

「我……我，」法蘭克舌頭打結。

「還有，你用一整張投影片來感謝戴夫和團隊提供的協助。有點太過頭了，法蘭克——我的意思是，放了那張照片——不過想法倒是不錯。」法蘭克把酒一飲而盡，擠出微弱的笑

第六章 棋子、靠山、冤大頭
精神病態劇場裡的角色

「我們總共有兩位，」榮恩對門口迎接客人的店長說。

「好的，請跟我來，」店長說，她拿起兩份菜單為榮恩帶位。「這邊可以嗎？」她問。

「這裡很好，」榮恩笑著說，他選了面對門口的位子，並把紙袋放在自己腳邊的桌底下。店長把菜單擺在桌上，留下兩份餐具把其他的收走。

「待會兒葛洛莉亞會為您服務，」她說，面露微笑。「需不需要先喝點東西？」

「兩杯馬丁尼，一杯髒馬丁尼，一杯要馬丁尼純香艾酒，」榮恩說，他的眼睛盯著菜單沒有抬頭。榮恩是公司史上最佳推銷員。他最擅長面對面的推銷，還有辦法把競爭公司的長期顧客轉投到自己公司門下。他的生活方式隨性自在，充分享受在公司工作的眾多福利，像是公司租給他使用的豪華轎車（明顯超過他這種層級的行銷業務員配車標準），以及為提供客戶娛樂的特支帳戶。榮恩的報帳文件在處理時，所有人似乎都刻意裝沒看見。偶爾他買酒的費用、去男士會員俱樂部的帳單，以及其他不大尋常的支出會受到詢問，但是因為他的報帳單上有老闆的簽名，會計部門幾乎也無計可施，只能翻白眼開開西岸人是如何做生意的玩笑。有少數幾次，榮恩的頂頭上司，地區銷售經理喬，會退回他申報的項目。這時榮恩會顧左右而言他，跟他保證即將有大生意要上門。榮恩非常有說服力，而且很懂得如何應付喬。

喬有點兒氣喘吁吁的稍後趕到，他看到榮恩正在仔細研究菜單。

「嘿，榮恩，你看起來不錯——抱歉來晚了。又塞車了。」喬說，伸出他的手。

「喬，很高興見到你，」榮恩說，趕緊和喬用力握了握手。「今天有紐約客牛排特餐；希望你的肚子夠餓。」

「餓到不至於，比較想來點喝的，」他說話的同時，服務生正好把飲料端來。榮恩告訴店員哪一杯是喬的，然後揮手示意她離開。

「祝這個月繼續業績長紅，」榮恩舉杯大聲地說。他們各自啜飲了一口，之後開始談正事。榮恩拿出他最新的財務報告，並把它交給喬。雖然這個月缺乏業績，榮恩做了很多「鋪路」的工作，幾乎每天都安排和潛在的重要客戶會面。「還有，這份是我的報帳單，」榮恩說，把報表交給喬，還附上了一枝筆。喬假裝翻看了一下，但實際上只是匆匆一瞥，然後就簽了名。「謝了，喬，」榮恩說，把放在底下的紙袋從地板傳到了喬這一邊。

喬對著服務生揮揮手，示意他們要再來兩杯，接著他們繼續聊起棒球賽的比分、天氣，以及喬的孫兒孫女。喬喝著第二杯馬丁尼，他說，「榮恩，我有消息要告訴你。」

「哦？」榮恩面露疑問，一邊向服務生示意。

「榮恩，我已經決定退休；這個月底我就要離開公司了。」

「喬，太好了。恭喜！為什麼會做這個決定？」榮恩問。

「哦，他們給了我優退方案，我最小的孩子也大學畢業了，所以我老婆和我決定賣掉房子搬到湖邊。你也知道，我的工作一直壓力很大，我想他們也很清楚。」

「那麼，誰來接你的位子呢？」榮恩面帶笑容對他暗示。榮恩知道喬過去一再幫他大力推薦，他熱切等著喬恭喜他升官。

「就只有這樣，榮恩，」喬緩緩地開口。「後續的事他們沒跟我說。我聽到傳言說，他們想把地區主管當成拔擢某人的發展職位。他們可能從其他地方調任別的人過來。」

「什麼！」榮恩大喊，他的臉開始漲紅。「這是什麼意思，調別地方的人來？我是最佳的人選，我瞭解這個地區。我應該得到晉升；你把我當成你的接班人，對吧？難道你的話沒有一點分量？」

「沒錯，我知道。當然我打算由你來接班——每一年他們問起，我們告訴他們你已經準備好了，但是他們——」

「我無法接受！」榮恩怒控。「是誰做這個決定？」

「當然是人事部。」

「你知道，他們對這個工作完全沒有概念。他們以為自己是老幾？山姆怎麼說？」榮恩指的是喬的頂頭上司，銷售部門的副總裁。

「我直接和山姆槓上了，榮恩，我幫你向他爭取這個職位；真的，我是這麼做。但是山姆沒辦法說服選拔委員會。他們心心念念銷售數字以及其他一些小事。」

「聽我說，喬，讓我跟你老婆通個電話。我跟她解釋一下你的工作壓力……」

「榮恩，」喬打斷他。「要退休並不是我老婆的決定；是我自己決定的。」喬低下了頭，然後抬頭看著榮恩說。「好吧，是他們決定要我退休的。這對大家都是最好的決定。」

「我不敢相信，你辛苦這麼多年，他們還強迫你這麼做。」

「時代變了，我想我也變了。他們提出了優退方案，這是協議的一部分，也算是幫我解決問題。」

「你並沒有問題，喬。」榮恩說。

「謝謝你，榮恩。但你我都知道我有問題，」喬說著，並降低了聲調。「我想他們是為了我的最佳利益。很少有人離職得到這樣的幫助。他們真心希望我能振作起來。」

服務生過來幫他們點菜，榮恩選了一支特別的葡萄酒來慶祝喬的退休。

接下來這個下午充滿歡鬧笑聲，就和過去他們兩人每個月的午餐會一樣。表面上，榮恩為喬感到高興，並談到要拜訪他和他老婆湖邊的房子，一起釣魚烤肉。不過，他的心裡則開始計畫他的下一步。

用餐之後，兩人握手並交換了大大的擁抱。「這交給我處理，」喬說，拿起他的報帳單據。

「別忘了袋子，」榮恩提醒他，手指著桌底下的單一麥芽威士忌。

「我不再需要它了；我要開始新生活了。不過，還是多謝了，你懂的。我會懷念和你共事的日子。」

榮恩回到公司為他租的公寓。「可惡！」他坐在起居室的扶椅上咒罵著。他拿起手機開始撥號。今晚有好多電話要打；該是打電話找人幫忙，給他晉升對手潑汙水的時候了。

傑克獲得擢升為地區經理，如今成了榮恩的頂頭上司。傑克是實事求是，專注細節的人，他花了很多時間研究評估每個銷售員的表現成績，之後他打算親自和銷售團隊的每個成員進行面談，來設定工作目標、會議時間表，以及表現的衡量標準。

榮恩已做足了功課：人事部的朋友給了他關於傑克過去績效表現的資料（非常棒），會計部門的朋友透露了傑克的花費報帳（跟他相比簡直相形遜色），甚至傑克過去負責地區的同事，也提供了他個人風格與家庭狀況的情報。傑克到地方逐一面訪業務員之後，榮恩也會馬上向同事打聽傑克到底談了些什麼。當傑克真的要跟榮恩見面時，他已經準備好了。

一些人很樂於配合新的工作程序，另外一些過去就認識傑克的人，則等著看榮恩會如何回應。榮恩在公司裡「光出一張嘴」的名聲，長期是業務管理委員會的頭痛問題。他這一套是從他的老長官喬身上學來的，喬是喜歡稱兄道弟攀關係的老派業務員，運用個人影響力和人格魅力，來爭取客戶和敲定交易，但是隨著網路時代來臨，潛在客戶信息更充分，新一代的競爭對手更加精明而強勢，這套風格已越來越不管用。幾年前，副總裁山姆接下了榮恩和喬的團隊。他知道喬已屆退休年齡，因此容忍他放任的管理方式，但是他可從來沒喜歡過喬對榮恩一味袒護的態度，為他掩飾沒達成的業務目標，和批可超過公司規範原則的報帳。如今，喬要走人了，可以放手檢視榮恩的表現，而傑克就是來處理這個問題。

傑克在榮恩負責地區的午餐會議跟他碰了面。榮恩一開始先發動軟性攻勢，送上一瓶祝賀升職的葡萄酒，聊起傑克孩子們的足球賽、拿出一大疊喬過去工作表現的正面評價，各式各類的圖表，還有一些大客戶（也是長期的老朋友）寫的致謝函，來討好傑克。傑克並不容易被打動。當傑克開始跟他說明他打算如何管理這個地區，並對榮恩提出新的工作要求，榮恩開始推託抗拒，最後他提高了說話的分貝，音量足夠讓這家高級餐廳的其他顧客側目。他爭論說，除了喬過去的規定之外，他不需要其他的約束，並且承諾他一定可以做到傑克想要的業績，讓高層因此眼睛為之一亮。傑克過去已聽說過，有時榮恩會利用大聲爭辯，來達到自己的目的，因此傑克決定讓他把話說完，之後再堅定予以回絕。最後，榮恩的爭論變成了拐彎抹角的威脅，要拉攏其他業務員對抗傑克、要採取法律行動，還有可能因此摧毀了傑克的職業生涯。

這傢伙瘋了，傑克心想著。榮恩則持續和他爭執，幾乎變成發牢騷的咒罵。傑克感覺榮恩可能就要結束會談掉頭走人，於是他說，「聽著，榮恩，我很感謝你做的一切，但是這行業已經變了。我們無法靠我們的產品就穩操勝券，而這個地區——也就是你的區域——正是最脆弱的一部分。」

「那你們——他們——老早就該把喬開除了啊！」榮恩終於說出來了。「從我來這裡的第一天起，我就一直幫他收拾善後。你知道在他底下做事簡直就是……」榮恩頓了一下，接著再繼續說，他的聲音有些沙啞，「他在你需要搞定合約的時候永遠都不在，也從不會給任何有用的建議，永遠都得幫他善後，這你能體會嗎？傑克，我在這裡孤立無援，一個人為公司奮鬥，他們卻給我這樣的回報——更多麻煩的程序、更多的要求、更多的苦差事！」

雖然喬酗酒的問題在這地區是心照不宣的祕密，但是外地人可不清楚，所以傑克聽到這些話時，暗暗吃了一驚。他原本覺得跟榮恩討論這個話題不大合宜，但是榮恩執意要說的態度和明顯的挫折感，開始打動了他。他仔細聆聽榮恩談論與喬共事的難處，嘗試運用一些他學過的管理技巧來回應他。他試著安撫榮恩，對榮恩的兩難困境表達理解。等到榮恩冷靜下來，談話來到了尾聲，傑克已經承諾要幫助榮恩重新修正做業務的方法，以符合公司如今的需求，並且會把他過去經歷的處境重新納入考量。

最後他們的談話得到了正面的結論，傑克覺得自己達成了任務。他會談的目的是希望榮恩有所改進，不然就採取必要步驟讓他離職。現在傑克覺得他可以和榮恩建立好關係，情況將有所改善。他們同意下個月再會一次面，最後握手告別。

榮恩回到他的公寓，脫下西裝外套和領帶。他坐在沙發上拿起了手機撥號。他想，這事很容易辦，他的臉上露出了微笑。

討論

- 榮恩如何操縱他的上司喬？
- 榮恩如何操縱新上司傑克？
- 他在過去或未來算成功嗎？
- 你觀察到榮恩有哪些精神病態的特徵？

糖果店裡的孩子

聘僱的過程一旦完成之後，新進員工會經歷新人訓練（orientation）和社會化過程（socialization process），當中多半包括了：與職務相關的實務和流程的訓練、接收公司的重要訊息，以及公司文化價值觀的灌輸。這對大多數的新進員工來說，是充滿刺激和快樂的一段時間，因為他們有動力想在新工作中得到學習和成長的機會。對於有精神病態人格的人來說，也是令他們興奮的時刻，不過理由截然不同。

精神病態者對外關係經常採取簡單的一對一操縱方式，應用在職場情境特別有效（見上面榮恩的例子）。企業環境的一些特色正好適合這些技巧的運用。通過招聘過程的新員工，理當被認定具備了誠信的人格。正直和誠信是「先決條件」，很少人在這方面會做深入的檢驗，這也影響了同事們的觀點，不會懷疑新進員工別有用心。這種信任的氣氛，或許比不上宗教團體或其他同質群體，但顯然足夠讓精神病態者在公司裡成功進行操縱。於是，精神病態者順利融入，和同儕一樣被當成「好孩子」。

除此之外，公司也會主動尋找容易和他人相處、具備好相處人格特質的人。讀者根據自己的工作經驗，不難理解它的道理，具有親和力的人整體而言比較容易共事；「相處融洽」讓工作更愉快，在最小衝突的情況下合作達成更大的生產力。這類的人格特徵，心理學家有時會用：「親和需求」（need-affiliation）、「親和性」（agreeableness）、「社會化」（socialization），這類的名稱。許多組織在選拔人才時會找尋這些特質，即使沒有正式評估，在面試過程中多半也會嘗試挖掘類似的特質。不過，在表面上，有精神病態人格的人很容易展現友善和親和力——和在一起的其他「孩子們」相處融洽。只有深入表層底下，才會窺見他們潛藏的黑暗傾向。

大部分人加入機構是因為他們想要工作和謀生，工作倫理早已深植腦中。雖然「工作」可以有許多不同的形式，基本的概念是用目標導向的努力來換取金錢或獎勵；基本上，這個僱主和員工之間的交易滿足雙方的需求。關於某個特定時間應投入多少數量的努力、多少目標需要達成，以及什麼程度的報酬才算適當，可能會有誤解和歧見，不過這個基本模式可說是僱傭關係的核心。然而精神病態者出於自命不凡和寄生心態，並不會遵循這種公平交換的工作模式，想用平庸甚至差勁的表現換取大筆的報酬。他們的「工作倫理」主要是讓自己看起來風光，而不是為了做好職務。他們在僱主面前隱藏了這種態度（也隱藏了缺乏相關績效的事實）。

精神病態虛構

在一對一的社交互動中隱藏真實意圖或許容易，在全職工作裡，每日和眾多同事緊密互動，要建立並維持假象則困難許多。周遭有太多的人會睜大眼睛檢視。這麼說來，**精神病態者在被僱用之後，要如何掩飾他們的自我中心、有操縱欲、不負責任的特徵？答案就在，他們有辦法建構所謂的「精神病態虛構」（psychopathic fiction），也就是關於他們自己能夠滿足公司，以及其成員需求和期待的杜撰故事。**瞭解一家公司的期待並不是太難。許多公司明白列舉理想的行為表現，並透過績效目標、任務宗旨、績效標準、行為規範、價值聲明，以及其他溝通方式來鼓勵員工遵循。此外，公司也會透過獎金、晉升、選拔「本月最佳員工」，和其他類似認可方式，來公開獎勵表現良好的公司員工。

實際上，任務相當簡單，**精明的精神病態者可以「模仿」優秀表現的人和潛力人才的特徵和特質，而不必實際上成為那樣的人。在這層意義上，他們採用的人格面具反映的是情況的需要（例如，企業的文化），而較無關於他們真實的本性。**或許變色龍會模仿一片葉子，但是牠並不會變成葉子。相似度僅限於表面，同時目的是為了（變色龍是出自本能，精神病態者是出自認知）「狩獵」以及尋求機會時，為自己提供保護。

在前一章，我們提到一些有明顯精神病態特徵的人，可以很容易進入組織。一旦受聘僱之後，精神病態者回復到本來三階段行為模式——評估、操縱，以及拋棄——有時，他們會建構一套很複雜的精神病態虛構，最後構成了公司對他們認知的一部分。這不只是確保他們日後對於組織的操縱，同時也滿足了精神病態者尋求刺激、展現控制欲的需求；因此，對這些具有強烈動機的人來說，是雙倍回饋的滿足。

下方，列出他們如何打造和維持，他們是「理想」員工和明日之星的虛構故事。

任務一：評估組織及其成員

不令人意外，精神病態者對公眾使用的掠奪式操縱，也可以應用在企業的場景。比較讓人意外的是，他們很輕鬆就能辦到。企業精神病態者會利用進入公司的最初幾個月，來研究、理解，和最終攻破組織上的壁壘，辨識出誰是關鍵人物、分析可能有利用價值同事的人格特質，並研究他們之間互動和溝通的模式。他們會盡可能和最多的人互動，散播關於自己正面的第一印象，並盡可能收集同事們的資訊。他們很快就理解，並在外在處事風格和方法上融入組織的文化，逐步打造他的人格面具，這個虛構將成為未來操縱的基礎。

評估權力基礎

考量組織裡人們如何互相影響以完成工作，最重要的是要考量權力的角色。當人的價值是根據他們在組織階級所在位置所決定，它被稱為「位置權力」（position power）；技術專業定義了他們的「專業權力」（expert power）；取得資訊的能力是「知識權力」（knowledge power）；而能否控制部屬、財務和其他資產，則端看他們的「資源權力」（resource power）。

還有一種重要的類型是「非正式權力」（informal power），它是沒有正式職銜、卻能夠影響事務進行的力量。經驗豐富的經理人知道誰是組織裡頭非正式的領導者，會主動和他們頻繁互動以管理整個團隊。企業精神病態者似乎有天生的直覺可以找出這些人，跟他們建立密切關係，以便利用他們讓自己取得好處。

還有一些人擁有較為正式的權力和影響力。具有位階權力的人對精神病態者非常好用，但是要接近在這些權力位階上的人並不容易，因為他們多半非常忙碌，經常在外出差，而且身旁還有許多人想占據他們的時間和注意力。一個孜孜不倦的精神病態者可以輕鬆克服這些障礙，想盡手段把握可能的機會，來爭取與他們接觸和曝光的機會。

企業機構的本質上，實際促成了在所謂的「蜜月期」接觸正式和非正式領導者的過程。在這個多半可達數個月的階段裡，新進員工必須學習認識他們的工作和他們的組織，同時有相當的迴旋空間可以這麼做。由於他們剛開始起步學習，新進員工可以較自由地行動而不受到公司的批評，進而瞭解組織文化的一些細節。基於公司在這個階段對他們一無所知，聰明而且積極的精神病態者，可以接觸掌握權力的人，而不像一些資深的員工會因為拘謹、或基於職場政治、個人原因，而避免這麼做。

一開始，精神病態者會先從電梯和走廊偶遇，之後就進到了重要的經理和高層主管的辦公室，向他們自我介紹，大膽無視其他人所尊重的權責位階。回想一下，戴夫在法蘭克不知情的情況下，出現在執行長的辦公室——而且是上班的第一天！在蜜月期結束之前，他們已經在公司要角的心目中，建立了鮮明而正面的印象，日後隨時可以派上用場。

有天分的企業精神病態者可以輕鬆在高層主管心目中建立有企圖心、充滿熱忱的形象。對他的同事們而言，他表現得令人喜愛，或許有些自戀或有操控欲，但是友善、坦率，而且誠實。不管對方是非正式領袖、權力的擁有者，或是一般的員工，都會樂於見到一個具有個人魅力的新同事，表現出渴望被團隊認可，或是展現尊重和讚賞的態度。

當然，並不是只有精神病態者才會想要理解和利用公司的權力結構；幾乎所有的新進員工都這麼想。不過，精神病態者這麼做的時候，他們很少真的打算做出與薪水相符的工作成效。除此之外，雖然他們會說必要的場面話表現對公司強烈的忠誠，但實際上他們淡薄的情感，無法支持他們對公司或是同仁忠誠。他們偽裝出來的興奮表現，可能讓他們看起來像是在糖果店裡的小孩子。

找尋出棋子和靠山

如果說精神病態者是精神病態虛構裡頭的編劇、導演和明星，那麼他們也少不了許多配角。**營造精神病態虛構的第一步，是辨識出可擺布的「棋子」（Pawns），他們身上有著精神病態者想要的東西。在一家公司裡可能有許多的棋子，他們各自提供可能的資源。**例如：資訊、金錢、專業、人力、接觸管道等等。

接下來，當精神病態者需要資源時，他們會操縱這些棋子，或者直接索求。他們常用的手法，是要求「朋友們」給他一個人情，但從不做回報。許多棋子對精神病態者的人格面具深深著迷，會給予對方想要的一切，不管他們的要求多麼過分或不適當，就如前文提到，喬批可榮恩假造的公帳和不實的評鑑。

精神病態者也會從少數幾個高層主管中培養支持者，他們與精神病態的部屬接觸有限，但是接受了他的人格面具，以及從小道消息中聽到的名聲。儘管接觸的機會不多，但是精神病態者會精心安排每一次的互動，營造正面的印象，讓這些高層的支持者捍衛他們。主管相信他的忠誠、能力和非凡表現，於是益發肯定關於他們的正面說法，而排除掉負面的說法。

這種現象乍看之下令人費解。為什麼理當是精明幹練、在權力位階上占據高層的生意人，會屬意一個他們自己也承認沒太多接觸機會的低階員工？在我們看來，這個虛構的「理想員工和未來領袖」人格面具，顯然極有說服力，以致眾多管理團隊成員立刻為之折服。這裡一定有些不合常情之處。基於一些我們稍後會解釋的理由，一些高階的主管開始成了精神病態者的「靠山」（Patrons）。所謂的靠山是有影響力的主管，他們把有才幹的人「納入羽翼底下」，並協助他們在組織裡發展。這種恩庇關係一旦建立，就難以反轉。精神病態者有了靠山站在他們這邊，他們做的事就幾乎不可能有錯。組織裡強大的靠山（在不知情的狀況下）在其他人批評精神病態者時，會起身保護、並捍衛他們。這類人隨後會提供有力的發言，透過晉升和納入企業接班計畫，來支持精神病態者的職涯發展。

最終精神病態者會建立龐大的人際網絡，甚至在可能的情況下建立親密的關係，他們都支持這個理想員工和未來領袖的虛構人格面具。在這個階段，精神病態者會找出他們的棋子（接受精神病態者的操縱），以及靠山（在不知情的狀況下，提供精神病態者保護）。

我們注意到所有具有才幹、積極進取的員工，都會設法留給周遭的人正面的印象。只有一小部分的人，會用欺騙和操縱的手段，違反組織的誠信原則。不過在這個階段，要分辨正常的印象管理和掠奪式的欺瞞，並不是容易的事，甚至不可能做到。

雖然我們把它標示為一個階段，不過實際上評估是一個持續的過程，每當精神病態者遇到新的人就會進行。許多現代機構經歷職員的持續變動，組織裡不斷出現新的關係。這讓精神病態者在進入新公司或接任新職務時，不斷有機會評估可能的棋子和靠山。這種常態性的變動（可能讓其他人感到挫折），帶給精神病態者更大的興趣、挑戰和新的機會，來貫徹他們的虛構故事——這是一個激勵他們的因素，和騙子在開放社會裡與人們互動的情況沒太大的不同。這一點我們在下一章會有更多的說明。

任務二：操縱管理階層和同事

操縱階段是精神病態者在組織中生存最主要的部分；他們操縱其他人來遂行自己的目的。他們的最終目標，是在組織結構中設計騙局，來滿足他們尋求刺激、獲得晉升和權力的需求——當中完全不在意對他人產生傷害性的後果。對同事（例如：桃樂蒂）、高層主管（法蘭克和約翰）、供應商或客戶，迅速進行操縱，滿足了精神病態者尋求刺激和在賽局遊戲的需求。贏得賽局幾乎必然包含了錢財和權力的回報，像是持續領取薪資卻鮮少完成工作，以及晉升職位逐漸接近權力中心。它也可能毀掉同事的工作，甚至讓他們被迫結束職涯。

操縱你的腦和心

許多精神病態者似乎是理解人類心理的高手，擅長發現和利用他人的弱點和短處。我們不清楚這究竟是出自先天才能，抑或單純他們就是比其他人更努力去找尋其中的訣竅。舉例來說，查克是一個受人喜愛的人，在公司有著踏實可靠的好名聲；許多人都形容他是正直、且能對公司做出重大貢獻的人。他的誠信無庸置疑，工作表現也超乎期待；很少人會質疑他在工作上的決定（也很少人質疑他對人的看法）。丹這個精神病態者瞭解查克的能力之後，努力和他建立好交情。到最後，他們的情誼讓查克對丹有了惺惺相惜之情；查克在丹身上看到了自己所缺少的外向熱情和領導能力。丹成為了他想要效法看齊的對象。事實上，有一些同事把查克形容成丹的「影子」，因為他們始終形影不離。也有人形容他是丹的「靈魂之交」，在一些案例裡，我們常看到這類的形容詞。查克跟丹的交情以及他對丹的描述，讓同事們更加相信丹的人格面具，認定他是和查克一樣是有能力、忠誠、有才華的員工。

偶爾查克會幫忙解釋丹的易怒脾氣，來自他藝術家的創意傾向。其他人眼中的丹無禮和敵意，在查克眼中則是堅持原則。查克除了會在他人面前捍衛丹，他對丹最大的用處是，他在本身職務上是公認的專家（也是其他許多職務的專家）。事後證明，查克是丹工作上成功的關鍵，他加班來為「朋友」完成他的工作。沒有人知道，在丹忙著交際和操縱他人的同時，是查克幫丹完成了他的工作。

在嘗試理解和解釋精神病態者在機構裡成功的操縱手法時，一開始我們會認為，他們只不過是努力討好組織裡的高層，同時剝削和利用自己的同事和部屬。這是拙劣經理人常用的手法。不過，我們對這類人的研究越多，就越難光用單純的討好手法來解釋——大部分的主管和同事都非常聰明，不可能長期被這種方法蒙蔽。我們的研究對象與他們的支持者之間的關係，遠比這還要複雜。

我們發現，**精神病態者使用各種影響策略，操縱一對一人際關係的網絡，來收集有利他們職涯晉升的情報、破壞對手的職涯進展，或在公司要求他們達成任務時，找尋技術上的支援（來幫他們完成工作）**。具體來說，他們的策略包括：操縱溝通網絡來提升自己的聲譽、詆毀他人，以及在組織成員間製造衝突和對立，以避免他們分享可能拆穿騙局的訊息。他們也會散播假資訊，以保護自己的騙局和助長自己的事業。由於他們極端聰明，他們有辦法用假資訊蒙蔽他們的聯繫對象，讓人誤信他們並沒有操縱的意圖。

除此之外，**他們利用祕密來強化與他們所建立的交情**。向別人分享一個祕密，即便知道有洩露祕密的可能，這代表了某種程度的信賴，也必然會提高對這份友誼和尊重的期待。查克崇拜丹，並想效法他的外向、自信，但他絕不希望被別人知道這一點。在查克看來，跟丹交朋友，可以密切掌握他的行為和（顯然是私密的）想法，有機會學習到他的一些特質。私底下幫助丹完成公司的任務，不過是一點小小的回報，這就和多年前他讓高中和社團的哥兒們抄他的家庭作業一樣，沒什麼不同。他也知道丹絕不會洩漏他的內心渴望，會一路照顧他，更何況丹被選拔出席公司的管理研討會——這是查克不曾體驗的難得機會。他們根本是天生搭檔，只不過查克沒想過，其實他是丹的共犯。

精神病態者會找出和利用非正式領導者，來幫助他們尋求地位和權力。我們來看瑪麗的例子，她是大公司的員工助理。她個性討喜，擁有公司的豐富資訊，而且我們從其他人身上得知，她是公司小道消息的重要管道。她的座位是道格每天在公司固定踏訪的地點。道格簡單一句：「嗨，瑪麗！週末過得如何？」接下來輕鬆閒聊一些平日活動，往往會提供瑪麗許多關於公司重要議題、重要主管，以及人事變動的「祕密」訊息。受到高層如此的信任和關注，瑪麗自然會告知道格，她從他人那裡聽來的幕後情報。

道格知道，每一則公司的謠言核心都藏著真相，他擅長找出可能有用的資訊，存在腦海中供未來之用。一有適當的機會，道格會「交換」資訊，設法接觸關鍵的人物，並暗示他很清楚公司的重要議題和決策。他們相信道格也是內行的知情人士之後，就更樂意透露額外的資訊，而道格則將它們分門別類，待日後使用。

在此同時，瑪麗會在公司裡散播關於道格正面、美好的故事，來印證他的誠信、真摯和慷慨。「聽說大家都很看好他，我也知道，」她會主動告訴每個願意聽她說話的人。接著，她還會談到道格被交付了正在進行的重要計畫；他如何幫助其他人的工作，且毫不居功；一些高層有多麼信任他，而對他推心置腹；還有他是如何接近權力核心，對公司的未來瞭若指掌。在道格的名字還沒被列入公司拔擢名單之前，她老早就在公司上下傳播這類的訊息。這些消息的源頭來自哪裡？當然是道格。

精神病態者操縱同事來掩護自己，不過有些同事執行這些工作，是為了交換心理上深度的滿足，在外部的觀察者並不容易看出來。舉例來說，查克需要的不過是一點點的關心和對他工作的讚美，丹可以有效地滿足這樣的需求。瑪麗需要的是可靠的資訊來源，而道格恰好知道如何搔到她的癢處。

不過，對精神病態者而言，最強大的、或許也是最有意思的挑戰，無疑是具有自戀、自信以及支配欲等，強烈人格特徵的個人。這些人對精神病態者特別重要，因為他們多半也是組織裡權力位階較高的人。

有趣的是，那些相信自己比其他人更聰明、更能幹的人，得知自己被人心理操縱後的訝異程度，也遠勝一般人。自戀者在組織裡的管理階層，往往不成比例、占了多數。他們因為太過於自我陶醉，會利用（甚至濫用）部屬、在上司面前裝腔作勢，來達成自身的成就。（參見第三章對於自戀者和精神病態者之間異同的詳細說明。）我們與一些自戀傾向的主管談論過，他們都曾受害於企業精神病態者；要他們（他們多半是高層主管、律師、醫師、政治人物等等）承認，別人比他們更勝一籌，並不是一件容易的事。此外，對精神病態者特別有利的是，有自戀這類強烈人格的人，一開始多半不會尋求協助、指引，或是個人的反饋，直到最後為時已晚才發出求助，這也讓他們成了具有吸引力的長期鎖定目標。

利用價值低的旁觀者：次要配角們

精神病態者並不是對每個遇到的人都感興趣。許多同事和主管並不能提供什麼影響力、資源，或可能的支持。這些人因為被忽略，自然較能看清實際發生的情況。有一群人，他們是所謂的「臨時演員」（the Extras），與精神病態者共事或是經常接觸，他們注意到一些不一致、謊言和事實被扭曲的情況。某種程度上，他們可以看穿面具的背後真實；精神病態的虛構無法說服他們。遺憾的是，很少人會把他們的疑慮告知「受害人」或是管理階層；他們不會挺身發言。他們保持沉默的原因，包括了：「我不想管別人的閒事」、「沒人會聽我說」，以及「我沒有立場去介入」。偶爾，有些人表達自己的態度是，「如果管理階層笨到相信這種事，這也是他們活該。」也有其他人說，「這些人很有影響力，他們不想冒犯別人。」這類的旁觀者，只想儘量遠離火線。

在保密的調查訪問中，我們聽聞到一些故事，一些旁觀者主動提到了許多欺騙的行為，讓我們更加理解精神病態者的策略：其中一些人的結論是：「他是個操弄別人的騙子。他會這麼成功真讓人吃驚，不過話說回來，看看現在企業裡的情況，也許不用那麼吃驚。」他們多半認定精神病態的同事是部門衝突的源頭，在許多情況裡還會刻意製造人們彼此的衝突。「她會跟某個人說，『某某某說你如何如何。』，接著又跟其他人這樣說。」一個氣憤的員工如此說，「簡直就像高中生一樣。」

正如我們的猜測，這一組人當中，有許多人一開始會喜歡這個愛操弄是非的同事，但隨著時間久了就不再信任他們。一個同事說，「他無禮、自私、不可靠，而且不負責任。但是，一開始時我還滿喜歡他的。」另一位同事說，「我知道關於她一些誇大的故事。事實上，很多時候根本是鬼扯，但是我從來都不想——我想沒有人會想——明白指出她的謊話。有一段時間我覺得她很搞笑。但現在她這可笑的行為讓我笑不出來；我頂多只覺得她很悲哀。」這位同事停頓了一下之後繼續說。「但是，這讓她搶走了許多原本不屬於她的功勞——她是一條狡猾的蛇。」

組織裡的警察：反派角色

有些人在組織裡扮演警察的角色，他們的職務是維持秩序和控管。他們可能在安全、審計、品管等部門工作。他們是任何組織平順運作所必須的存在，他們對企業精神病態者帶來威脅，是他們想盡辦法避開的人物。扮演這個角色的人如果發現事情不對勁，他的任務就是直接面對問題人物，或向上層揭發他們的行為。這類人很多都具備傑出的批判思考、調查能力，以及特有的責任心，這多是出自於他們的職業倫理和個人道德觀。

雖然他們人數上是少數，平常工作上也很少和精神病態者互動，我們發現這類的員工對可疑的人事物觀察，特別敏銳。一個審查報帳資料的審計人員鐵口直斷：「這個傢伙不是好東西。」一個品管主管說：「我不信任她，她好得不像是真的，」一個安全經理說：「我有不好的預感。我要好好觀察他一陣子。」

公司裡扮演這類功能的人們，有時被稱為「機構警察」（Organizational Police）。這種稱呼可能讓許多人眉頭一皺，不過他們的角色就和外頭的警察一樣，是要保護機構及其成員。我們相信，由於這些人時刻關注說謊、作弊、霸凌、偷竊，這類欺瞞和可能犯罪的行為，他們有能力及早揭發精神病態的操縱。遺憾的是，至少在我們評估的案例裡頭，機構警察多半無法帶來太多實際的改善。他們除了公布觀察所得、收集違反公司政策的相關資料，以及提出「可疑的」人際行為問題之外，未必能影響管理階層處理這個欺詐者的決定。在得不到高層支持的情況下，機構警察往往無法揭發和處理企業精神病態者未達犯罪程度的行為。

危險訊號：分歧的觀點

這些和其他案例裡，最值得注意的是，同事們對企業精神病態者正反不一的反應。在每個案例裡，我們都會發現明顯分歧的觀點，有些人以非常正面、支持的態度，看待他們的行為；另外有一些人看法，則非常負面。我們很好奇，一個虛假的人格面具，如何在存在著負面和懷疑觀感的環境裡持續運作。最後我們發現，很顯然精神病態者可以有效平衡他們同事的分歧觀感，借著持續施展魅力、偶爾的恫嚇、人們基本上信任人的本性，以及公司現況的持續變動，在最重要人士面前維持他們的精神病態虛構。一方面，支持者（「棋子」和「靠山」）會認為，他們能對公司做出了寶貴的貢獻；也就是說，他們是重要的團隊成員和公司要角。另一方面，反對者（「次要配角」和「機構警察」），則會指出這些人所做的各種不當的、欺騙的、操弄的行為。

被一些人所喜歡、被其他人所厭惡是常見的事。不管在工作、在家裡或是學校，都是如此。不過，在組織裡頭，通常針對公司特定議題，例如：派系之爭，而存在著多數人的觀點，也會因為個人議題——例如，嫉妒——而出現少數人的觀點。但正常的政治鬥爭很少會像精神病態者這般，出現涇渭分明的兩極意見。很顯然，反對者對這類人充滿鄙夷，而支持者對他們則近乎崇拜。彷彿這些員工是在跟我們描述完全不同的兩個人。在許多這類情況裡，似乎精神病態者可以從熱情、友善轉換為冷淡、疏離，甚至充滿敵意，全看他們互動的對象是誰。

任務三：拋棄已經沒用處的——冤大頭

精神病態者對已經沒有利用價值的人不需要再維持假象，他們通常會予以拋棄。被拋棄的配偶和子女、交出畢生存款的老人，都是社會裡常見的例子。被拋棄，不見得會讓他們領悟到自己被利用或欺騙。舉例來說，對真相盲目的投資者，即使失去了畢生積蓄，可能仍會認定詐騙他的人是出於好意。

在機構裡頭，精神病態者最終會拋棄棋子，同時在社會層面上——精神病態者不再與他們聯繫——也在心理層面上——精神病態連結所產生的友情變得冰冷。不過，由於在機構裡工作的精神病態者不能逃離犯罪現場，拋棄的行為對被拋棄者和其周遭的人，會變得極為明顯。從友善的同事變成形同陌路的陌生人，這種戲劇性的轉變對受害者的影響不難預期：他們一開始會檢討自己的行為，對精神病態者如今的變化而感到自責。「我到底做錯了什麼？」是常見的自我懷疑。雖然受害者或許還不知道發生了什麼事，他們對精神病態者的真面目，會開始看出一些端倪——我們知道，這是「令人寒心」的領悟。

到最後，棋子會明白自己從頭到尾被當成了「冤大頭」（Patsies）。他們覺得自己上當、受辱，往往不能置信他們曾喜愛和信任的人，會做出背叛信任的行為。有時候，只是某個小事件就足以改變他們的認知，讓他們看清身邊這條「蛇」的真正本性。不過，尷尬和恥辱感常常讓他們無力採取行動。

願意和我們討論與操縱利用他們的同事互動過程的公司員工，會提到當後者把注意力轉移到他人身上時，自己感覺被遺棄的感受。他們也提到了受害者最常見的反應：因為受騙的恥辱感而保持緘默。和其他許多的受害者一樣，他們想對自己的恥辱保密。當然，這種反應正中精神病態者的下懷，人們的沉默和保密正好保護了他們。有趣的是，當公司的精神病態者把注意力轉移到其他人身上時，有些受害者也會出現失望的情緒。當精神病態者不再利用他們，他們等於也失去他們所珍視的密友。在第十二章，有關精神病態者的操縱對受害者造成的影響，我們會有更詳細的討論。

任務四：對立衝突

隨著時間過去，為數眾多的同事對他們日益分歧的看法，對精神病態者的操縱能力形成了挑戰。我們相信，當精神病態者欺騙和操縱的網絡變得難以駕馭，有太多人看出他們的黑暗面時，崩壞就開始了。到最終，自然有人想採取行動。過去的棋子可能會正面挑戰精神病態者，甚至可能把情況告知上司。遺憾的是，到這個時候，精神病態者透過權力階級所建立的影響力網絡，已經為自己占據了有利的位置，如今他們反倒對抱怨的員工做出回擊：他們可信度被「處理了」，他們揭發精神病態者的企圖遭到阻撓。

這對旁觀者在兩方面造成了威懾的作用。與受挫的「棋子」共事的同事們，親眼見證了令人感到挫敗的效應，因而認定不值得和精神病態者正面對抗。其他有些人可能認定，公司選擇了精神病態者做為未來的領袖人選，他對於外來的攻擊具有免疫力，因為出了紕漏也不會算到他頭上。如今他們相信，這個人得到高層的力挺而難以被挑戰。有些人可能會認定，經營團隊並沒有他們想像得那般精明，與其告訴長官們他們之中有人是騙子，還不如採取觀望的態度。同事們心存戒懼、不採取行動，是精神病態行為對機構文化帶來的另一個微妙、但強大的效應。精神病態者在消除對手和反對者之後，他可以不受挑戰，繼續自己的做法。精神病態者為自己建造了不受對手攻擊的防護罩，可以在很長一段時間裡繼續為所欲為。

根據上述的這些情境，或許人們會預測精神病態者終將失敗，他們必定會被揭發，總會惹上不該惹的人，公司會在他們造成嚴重心理和財務的傷害前，把他們弄走。但情況並非如此。這些年來我們研究過的對象，大部分仍待在原來的公司享受成功的事業。少數的例外則是離開了公司，轉到其他公司更高的職務——甚至是在對手的公司。遺憾的是，這些公司把許多無辜的受害者調離了原本的工作，毀了他們的事業，或留給他們滿心的憤恨。

精神病態操縱的自然展演——評估、操縱、和拋棄——常見於社會上的精神病態者。對於企業精神病態者，我們增加了一開始進入機構的這段過程，現在我們要增加一個後續的階段，我們稱之為「登基」（Ascension）。

任務五：登基

企業精神病態者能建立事業，讓他們逐步晉升到組織的高層職位。當然，這未必是執行長的職位，不過這個職位通常對他們有立即的吸引力，也就是他們的「靠山」所擁有的職位。

登基發生的時間，是當精神病態者的操縱網絡，已經擴展到整個組織的權力結構，所有的關鍵角色都在他的掌握之中。對受害者而言，它彷彿是一夕之間，整個權力結構對於這個靠山的支持，都轉移到了精神病態者的身上，如今他被提升上來、取代了靠山的位置。原本位高權重的靠山，過去保護精神病態者不受質疑和指控，現在卻發現自己遭到背叛。悲哀的是，這個靠山成了冤大頭，他在機構裡的地位，甚至是他的職位，如今已經被精神病態者取而代之。

討論

- 想一下精神病態劇場裡的主要角色（棋子、靠山、冤大頭，以及警察）。你是否觀察過某個有精神病態特徵的人，以這些方式操縱同事？
- 你是否會挺身出面發聲？

戴夫的案例

第三幕，第二景

無心之過？

法蘭克搭電梯到他的飯店入住樓層，拿出他的房卡。在房門刷兩次卡、開了門。他推門進去，把公事包放在門邊，把筆電包丟到床上。他很快拿出筆電，按下開機鍵打開螢幕。系統開機還要一點時間，所以他從西裝外套口袋掏出幾張一元鈔票，拿起冰桶離開房間，朝販賣部走去。他沿著走廊轉彎，跟隨嗡嗡聲讓他找到了製冰機。他知道，今天得熬夜了，他需要一些咖啡因，來對抗剛才陪約翰在酒吧裡喝下的兩杯馬丁尼。他很快弄了兩杯蘇打水和一桶冰塊，然後回到自己房間。戴夫的電子郵件最好已經發過來了，他越想越氣，步伐也變快了。

他逐一看著螢幕上顯示的郵件。大部分都是垃圾郵件。終於，他總算看到了一封戴夫寄來的信。信裡還有一個附件，這是好兆頭——經過幾個小時後的第一封信。法蘭克讀了裡面的內容：

法蘭克：

我收到你的電話留言；不明白你在說什麼。星期五下午我就把隨身碟放在你的桌上了。不管怎樣，我回去辦公室，在你辦公室地板上找到了。我猜，你匆匆拿了文件夾離開，它一定是掉了出來。東西在這裡。擔心你趕不上，我也傳了一份給約翰；你好像很生氣。

「把隨身碟放在我辦公室？」法蘭克大聲唸出來。就像發狂找尋弄丟的鑰匙一樣，法蘭克拚命回想上週五晚上的情況。「……掉在地板上？」法蘭克滿腦子問號，但是他現在需要專心。時間有點晚了，他還得要準備明天的會議。他點選郵件裡頭的附件，一打開是他簡報的第一頁。他慢慢逐頁點擊他的報告，不時停下來閱讀裡頭的內容。到了第一張圖表，他仔細看了一陣子，研究上面的數字。法蘭克打開了他從辦公室帶出來的原始檔案，找尋相同的這一張圖表。或者說，這是同一張嗎？並不是，並不是同一張圖，它們非常不一樣。事實上，除了一些介紹文字和圖形之外，整份報告的內容都跟他星期五從桌上拿的那份報告不一樣。兩個念頭在法蘭克的腦子裡擺盪，他到底應該先弄清楚「到底發生了什麼事」，還是先專心準備明天開會要做的報告？

法蘭克喝了一大口蘇打水，繼續檢查他的新報告。他讀到的內容讓他很滿意。最後，他終於放下了心裡的大石頭。這報告寫得好、非常得好，法蘭克心想，露出了微笑。

檢查完報告，寫下他要談話的筆記之後，法蘭克收拾電腦準備上床休息。委員們一定會很滿意，他心裡想著，他鑽到被子裡並關了燈。戴夫過關了。

他內心的平靜沒能維持太久。但是，我怎麼可能把它忘在辦公室？我把所有東西都放在公事包了。法蘭克開始做起他從壓力管理課學到的深度呼吸。難怪約翰會這麼高興：這真的是很有創意、思慮周密的計畫案。法蘭克嘆了口氣，又笑了起來，努力往好的方向去想。幸好我在大廳遇到了約翰，還與高采烈談到這件事。要是戴夫沒有在我辦公室找到隨身碟，我有可能明天早上才發現——真夠惡夢的。還是，他真的去找了嗎？

法蘭克睜開了眼睛，他開始疑神疑鬼。

討論

- 這是什麼情況？請為這整起事件提出三種可能的解釋。
- 約翰對戴夫有什麼看法？
- 法蘭克對戴夫有什麼看法？
- 這是一個無心之過嗎？

第七章　黑暗與混亂：精神病態者的朋友

吉妮坐在辦公室裡，評估今天的面談行程。她從架子上拿出艾爾的檔案夾，逐一翻閱資料。她一邊看檔案一邊嘆了口氣。又是這一型的傢伙，她心想著，盤算著待會乏味的對談。不過，說不定他可以帶給我一點驚喜。

接待員打電話來，通知她艾爾已經到了。吉妮手上拿著資料，帶著艾爾走過如迷宮般的隔板辦公座位、影印機和會議室，回到她的辦公室。「我們的大樓還可以嗎？」她笑著問。

「老實說，讓人印象深刻啊，」艾爾說，微帶著嘲諷的口氣，一邊環顧樓面的格局布置。

他們進了吉妮的辦公室，她示意艾爾坐下。他四處瞄了一眼，這裡狹小的空間、擺放公文和檔案的架子，以及廉價的家具，顯然讓他有些失望。艾爾已經好多年沒見過這樣的辦公室，曾經身為艾可米科技財務副總裁，他習慣於橡木、紅木，以及柚木家具。「辦公室還不賴啊，」他說，勉強擠出了笑容。

吉妮評估艾爾在表格裡提供的資料。她仔細查看他過去的工作經驗，提出尖銳的問題詢問他過去的職務、未來能從事的工作類型，以及他與其他人的互動。她也詢問了他的家庭和出身背景。「我出身清寒，」艾爾自豪地說，「我自力更生讀完大學，還撫養我母親和妹妹們。我從很小就要撐起一家人，因為我的父親是個酒鬼，對我們不聞不問。」艾爾說話的同時，吉妮仔細做了筆記，不時提出她準備好的提問。

「你現在做什麼工作？」她問。

「我做一些顧問工作，不算很多啦。我想找更合適的工作。」

「什麼樣的工作算最合適？」她問，一邊填寫表格並寫上一些評語。

「財務副總裁。」艾爾開口說，不過看到吉妮停下筆來，他頓了一下。「怎麼了？那是我在艾可米科技的職位——我為什麼要屈就更低的職務？我在財務上的經驗豐富；你從我的履歷上就可以看出我的成就不凡。聰明的公司一定會僱用像我這麼有經驗的人。我只是運氣不濟；實在不能怪我，你看我的推薦信就知道了。在艾可米的管理階層有些壞人；他們把錯怪在我頭上，只因我對他們太嚴厲。顯然這家公司太久沒遇過像我這麼強悍的領導者，於是他們設計了我。」

吉妮繼續記筆記，又問了幾個問題。「這麼說來，你會是個強悍的主管？」

艾爾就等她問這個問題。他發表宏圖大論的時刻到了。「還用說，我會很強悍——讓員工加班工作，為公司的福祉多走一哩路！」他的眼睛發亮。「不過，我不是對所有人都嚴厲。有些人對嚴厲的愛沒有回應——他們需要婉言相對。這我也沒問題，」他點頭說道。「一個領導者必須有彈性——我對重要人士溫情相待，在適當的情況下會對小人物嚴厲。小人物喜歡強硬的領袖；這讓他們感到比較自在。」

吉妮瞧了一眼艾爾背後牆上的時鐘。艾爾注意到這一點，他加快說話速度，「我的作風、才能、外貌，都能承擔副總裁的職務。我在職業生涯一直努力工作，也不害怕競爭。如果你想要成功，你就必須有企圖心，」艾爾說話的同時，一邊湊近並做手勢，「往競爭對手背上刺一刀，對吧？我也有狼性，如果有人想擋路，我也不會退縮。我會做一些別人不喜歡的困難決定，會勇敢揭穿反對我的人對公司的不忠。」艾爾身子往椅背上靠，頓了一下說，「我一直支持公司；我捍衛公司的任務、目標、使命、願景，還有其他各種他們覺得重要的事物。我也一直為團隊著想。我努力拉攏重要人士，反覆向他們證明我的忠誠。我的努力有了回報，所以我得到晉升、加薪、漂亮的辦公室、配車等等。我實在不敢相信，」艾爾停了一下，表情誇張地說：「他們一直在耍我，我竟然都不知道。我從不知道他們是一群騙子，都在利用我——我成了代罪羔羊。」

吉妮打斷了艾爾，準備結束會面。「這是你的同意書和判決書的副本。你需要定期支付你的賠償金。我們下一次會面時會排出明確的日程。你必須去找工作，並且給我一份你申請工作的公司名單，要附上電話號碼讓我可以確認。我們每星期在我的辦公室碰面，直到你找到工作，之後會改成每兩個星期見一次。我已經幫你報名諮商，完成我們這邊的程序後，他們就會跟你見面。每個星期你會以小組的方式和他們會談，然後接受一些財務管理和情緒管理的課程。他們會向我報告你的進展。還有什麼問題嗎？」

「沒有，」艾爾說，裝出謙遜的笑容。「相信我，我知道我該怎麼做。我會把錢都還清。我的目標是重拾我的好名聲。謝謝你的幫忙，願意聽我這一邊的說法。」

諮商人員在約定時刻出現，吉妮站了起來。「哈囉，」他向艾爾打招呼，「跟我走。我跟你介紹幾個人。」

艾爾隨著諮商人員離開，吉妮整理完她的筆記。她補充了一些她的觀察，做一些最後的評估，然後闔上了文件夾，把它放在書桌旁眾多的檔案堆其中之一的最上方。她心想著，這種人格毫不讓人意外。

她走到休息室去倒杯咖啡，正好碰上了另一位保釋官同事。「早上過得如何？」她的同事問。

「你知道的，這種白領的傢伙最糟糕，」她說。「他們不會受到重罰，也從不用坐牢，因此大吹大擂，把過錯都怪在別人頭上，等風頭過了，他們找到新的工作，事情又會重演一遍。這是什麼態度；還不如換我來處理偷車賊的案子——至少他們說實話。」

討論

- 艾爾與吉妮的會談中，展現那些精神病態的特徵？
- 他如何嘗試操縱她？

企業精神病態者與日俱增？

並不是所有的精神病態者都會淪入犯罪生涯，而且入監服刑的罪犯，大約百分之十五到百分之二十具有精神病態人格。不過在二十一世紀初，似乎經濟犯罪數量大增，在全美國和全世界，重大的企業詐欺屢屢成為頭條新聞。此外，像是艾爾這類沒有成為重大新聞的例子，數量可能還更多。這究竟原因何在？這些年來，企業精神病態者的數量是否持續增加中？

一個可能的解釋是，如今我們更善於辨識具備精神病態特徵的個人。《精神病態人格檢核表（修訂版）》問世之後，調查人員和臨床醫師已經應用它和衍生的調查表，進行上千個研究，不過在本書進行的同時，只有一份研究是針對企業精神病態者（參見第九章對這份研究的詳細評估）。另一個制度上的可能解釋，是整體企業環境在這些年來出現了大變化，較能接受精神病態特徵和行為。

心理聘僱契約

人們加入大型企業，原因在於它提供的諸多好處：打造職涯的可能性、獲取難靠自己取得的財務和技術資源，以及晉升的機會。所謂的「心理契約」（psychological contract），定義了一九四〇年代到一九七〇年代僱用關係；它提供了就業安全感、醫療和年金福利，以及終身聘僱。在退休時領取公司頒發的「金錶」，是獎勵努力工作、表現良好、遵循規定的象徵。忠誠和能力是這項契約的基礎，它提供了受僱者安全感、信賴與尊重，也提供僱主在商業競賽所需要的，訓練良好、經驗豐富的勞動力。

在這個時期風行的管理理論著重在如何維繫心理契約，方法包括：打造和提升受僱員工的自尊、聆聽並回應他們的想法，以及滿足安全感、社交互動、職涯進展、自我實現（self-actualization）等，基本的人性需求。「心理契約」一詞，說明了個人達成人生潛能的心理需求。到了一九七〇年代晚期，指揮和控管的傳統階級制度，開始被以團體為基礎的管理模式所取代。員工自行做出影響其工作的決定，而機構也開始把一些系統和流程納入公司的文化，像是品管圈（quality circles）和參與式管理（participative management），它們將員工滿意度最重要的元素與公司利益連結在一起。

百分之三到百分之五的汰換率似乎是正常，也可以透過招募、安置和職涯發展計畫來應付。這個時期技術上的變革相對緩慢，因此可以被有效管理。有些時候，產業的重大變化需要具備新科技知識的新員工來取代舊員工，不過如果有足夠的時間和資源，既有的員工仍可能透過再訓練以適應挑戰。雖然要多花一些工夫，多數機構和大多數的人都可以調整適應，心理契約仍舊可以延續。不過接下來，改變的本質出現了變化。

改變是人生的現實

商業，還有生活的許多面向變化的速率，在一九八〇和一九九〇年代急遽加速。新科技以許多機構難以追趕的腳步加快進展。改變來得太快，而且一次變化得太多。風暴與風暴之間似乎沒有喘息的空間，還沒有時間處理今天的挫折，下一個風暴隨即又迎面襲來。對更好品質、更低成本產品的需求，已經超過許多公司的能力，它們無法同時刪減成本又達成品質和派送的需求。政府各方面的管制增加。特別是作業的電腦化，帶來了職場的劇烈變化。

其中一些改變有正面的影響。網際網路開啟了探索和研究的全新世界。人們不再需要牢記一些細節，在餐廳用餐時邊搜尋網路，就可以解決某個有爭議事實的討論。商務活動發達，人們可以不分白天晚上，在家進行購物或是轉帳，小規模的創業型公司過去被認為難以打開市場，如今隨著市場開放而大幅增加。教育——不論任何學科學門——如今對全世界許多人來說，都是伸手可及。

變化速率的加快也帶來一些負面效果。大型機構必須重新自我改造以維持競爭力。一些企業採取的防禦策略，對其他公司進行購併，或是把營運遷往海外，以維持財務狀況。許多人失去了工作，嚴重影響了整體經濟和一般的社會大眾。

在這個動盪時期，營運的衝擊在於，公司剛打造出更有效率的新政策、流程和系統，下一波的挑戰隨即出現。相對於舊的官僚制是建基在穩定、一致、可預測性，在轉換期的新機構則必須放棄這些「奢侈品」，它面對不穩定、不一致、不可預測的未來時，需要更多變通的靈活性。因此，為了求生，許多官僚流程必須拋棄，因為它們已不再有效（或有效率），它所耗費的時間和精神也不再具有正當性。機構變得「更扁平」，中層管理階級被去除掉以簡化決策流程。公司外包甚至撤離地區的支援服務，以節省時間和金錢。這種變化的程度，讓領導者無法像過去一樣，堅持長期聘僱的承諾。不斷縮編的勞動力必須用更少的人做更多的事，否則就得和其他同事一起丟了工作。在這段過程中，心理契約日益薄弱，短暫的僱傭關係取代了長期的合夥關係。職員和他們的技能如今成了通貨，他們的價值隨者主流技術的需求而變動。這對高層主管、經理人、員工的情緒、心理、社交，都帶來巨大的影響——連自信心最強的人，也覺得對自己的生活失去了控制。

我們到了嗎？

當企業或整個產業的動盪超出了機構有效回應的能力，混亂的狀態就出現了。少有人能有效處理混亂的變化，進化的緩慢腳步也無法帶來太多的幫助。當我們突然進入混亂變化的狀況，不管是僱員或管理者都會經歷挫折、壓力、失控，以及焦慮的強烈感受。

現在我們想像一下，快速變化成了規則、而非例外。昨日的改變今天又有變化，而且明天還會再變；黑暗的隧道似乎看不到有光的盡頭。過去努力構想理想「願景」的公司，如今發現自身持續處在過渡的狀態。除此之外，各種變化的速度並不相同，過去彼此相關的元素脫離了關係，在不穩定的時代添加了更多的混亂。如此一來，持續處於轉化過程的機構，如今充斥了過時的、無法執行的，或不存在的工作規範和政策；風險策略變得前後不一；對有爭議、甚至是濫權的行為容忍度增加了；考評制度和溝通管道變得老舊過時。這些公司的未來，理想的狀態頂多只能說是朦朧模糊，最糟的則是一片混沌。

在這個環境下，變動的新文化裡誰會成功？大多數的管理專業都同意，為了在混沌中存活，經理人和高階主管必須採用持續變動的做事方法和生活方式——管理學的術語稱之為「擁抱變化」。他們的思考必須更迅速、更有主見、更有說服力。他們必須更有創意，能夠設計、開發、打造，銷售新產品和提供新服務，以符合不斷變化的世界的激烈競爭和挑剔買家。他們必須學會用更少的資訊做出更快速的決定，並快速從錯誤中復原。他們必須樂於承擔後果，即便有失敗的風險。他們必須自己控管自己的事業，重新評估自己的才能和技術，並重新包裝改造以符合新的市場。雖然我們的父母輩或祖父母輩也許一生只待過一兩家公司，而我們可能要準備轉換六到七次的工作。

能在混沌時代存活的公司，它的員工不只能在不確定中安然自在，還能夠打造系統、流程、架構，對不確定做出預期，並有足夠的靈活彈性來回應（也就是把變化當成是必然）。為了做到這一點，成功的轉型公司必須減少「冗餘規定」（superfluous rules）（它們會阻礙進步），和更明確的「關鍵任命規則」（mission-critical rules）（讓業務維持常軌）。它們需要更有意義的指引方針，讓經理人在新問題和特殊的情況出現時，可以做出知情的決定。具備清晰、共同的價值觀，並堅定不移遵守，是成功的關鍵。這麼說來，誰會在動蕩不安的企業環境裡成功呢？參見〈補7.1：當機會來敲門〉。

創業家登場，舞台右側

在我們「成功清單」的第一項，首先是具有創業精神（entrepreneurial spirit）的個人，他們喜歡改變，對改變帶來的挑戰和機會樂在其中。不管是商業或科學的創業者，似乎都對挫折有高度的容忍度。不過和一般人的看法相反，並不是所有的創業者一開始都是拿自己或投資人的錢創辦自己的公司。事實上，證據顯示，許多創業型的人能夠和大公司有效合作，特別是那些願意做出調整配合他們需求的公司。創業類型的人需要資源的管道、源源不絕的挑戰，讓他們著手新鮮刺激的事；取得成功的認可和失敗的反饋；還有，最重要的是，可以放手去做的自由。對老派官僚體系來說，要做出配合並不容易，相對之下，轉型中的公司——它們不管如何，商業模式都必須做出改變——則處於採用這些新方法的理想位置。轉型的公司用「新的創業者心理契約」（entrepreneurial psychological contract），來取代終身聘用的心理契約，更有利於增加他們在混沌中生存所需的靈活性。公司需要把員工當成個別的貢獻者，為各自的職涯晉升而努力，並以優渥薪資——以及參與新鮮、刺激的計畫——做為他們創新、快速解決問題的獎勵。具備創業才華的員工與轉型公司之間的共生關係，可以帶動彼此為生存和發展所需的持續創新、改造和重新注入活力。如果做好適當管理（當然，運用的是新的管理技巧，不是舊的），就可能帶來亮眼的成果。

遺憾的是，這種商業模式實際執行起來並沒有理論上那麼容易。理由有幾個，都和人性大有關係。首先的難題是，要說服現任的高層、經理人和員工，放棄對安全感的需求——它不再屬於契約的一部分——接受一個新模式，這個模式裡，他們的技術和能力可能一夕之間就毫無價值，而公司也不覺得有義務要留任他們。因此，公司要贏得員工的忠誠會遇到困難，特別是當它違反了終身聘僱的心理契約，而用創業者心理契約來取代。管理者的可信度，是員工忠誠的重要基礎之一，如今它也出現了疑問——「他們為什麼把公司搞成這樣？」或是，「他們都沒預想這種情況嗎？」將會是管理者想爭取或留任有能力的創業者時，需要不斷面對的質疑。最後一點，擁有權力的人，很少會願意放棄既有的權力，即使它為公司帶來更大的好處。

這些人可能感受到本身的地位受到動搖威脅，基於自私心態而阻礙公司的轉型。（美國國父華盛頓是極少數反對「當國王」、並在自認完成任務後，拒絕再連任總統的偉大領袖。這與一些獨裁者和野心勃勃的政客，形成了強烈的對比。）機構多半會從較年輕、較無經驗的新進員工之間，發掘創業家精神。這比起要轉變既有的員工要容易、成本也較低，因為年輕世代比較能自在應對科技的變化，他們打從一出生就是這麼做。不難理解，既有的員工可能不想去支持新進的創業型員工，因為他們似乎比自己受到更多的關注。至少，它可能引來既有員工的嫉妒，特別是當他們被要求放棄他們努力爭取到的一些珍貴資源（搶手的計畫、資金、以及人手）。除此之外，這些做法的前提是，公司能從市場上找到真正具備創業精神的人才，它沒有想像中容易，因為人才競爭激烈，而且許多自認具備創業精神的年輕人選，實際上缺乏必要的經驗和資格。

精神病態者登場，舞台左側

這時就是企業精神病態者登場的時候了。一個具有精神病態人格的人，不屑於一般的誠實謀生之道，他會有興趣加入這類的轉型公司嗎？很遺憾，我們發現答案是「會」，因為近年來機構對於精神病態者變得越來越友善。快速的事業成長、縮編增加、頻繁的重組、合併、收購以及合資企業，無意間為精神病態者增加了許多具吸引力的聘僱機會——無需他們去修正或改變他們精神病態的態度和行為。

從精神病態者的角度來看，這些新的公司為何對他們這麼有吸引力？首先，他們尋求刺激的本性（研究顯示這是遺傳決定的），吸引他們置身於眾多刺激因素的情境：狀況很多、而且發生得很快速。其次，他們是頂級的規則破壞者，他們可以充分利用公司在混亂狀態時規範與政策的放寬，以及自由決策的需求增加。此外，他們是權力的追求者，他們會利用其他人在混亂狀態時，心理上和情緒上一些不易察覺的弱點。特別的是，領導或管理職位對精神病態者極具吸引力，因為這些職位讓他們有機會支配人和資源，這類職務多半不需要涉入工作細節，而且有高出一般人的薪資。由於領導者指揮人們做事的能力，通常比自己執行任務技術上的能力更加重要。因此，精神病態者缺乏實際工作專業，並不構成缺點。其他人往往會接受他們表面上的領導能力，以及他們誇大不實的背景資歷。

最重要的是，他們可藏身在混亂之中。領導工作對精神病態者似乎是個容易的工作，只需要發揮一些他們天生的詐騙和操縱技巧，不過，實際的領導工作涉及許多能力、技術和經驗。而混亂、持續變化的商業環境，正好幫了他們大忙，掩飾了「好的領導」和「壞的領導」之間的差異，讓他們能夠在來不及衡量、評價，和處理他們現職表現的情況下，在公司裡快速晉升和調職。短期的表現和乍看之下的成績都可能騙人，特別是它經過巧妙的包裝。當衡量表現的標準本身處於變動狀態或根本不存在，情況就益發明顯，而轉型中的公司往往正是如此。除此之外，他們不負責任的冒險計畫和自戀、無情的決策制定，升高了同事們的焦慮感，讓接續的人不知道下一步該怎麼做。

精神病態者進入轉型公司、在裡頭步步高升，並藏身於混亂之中的能耐，超乎一般人的想像。一個需要強勢領導者的公司，會僱用精神病態者嗎？當然不是很樂意，但是對尋求有創業精神的領導人才的公司而言，他們在面試的表現和他們的人格面具，都像是理想的領導人選，因而得以成功潛入。在他們的精神病態虛構裡，他們儼然是公司的「救世主」。

同樣地，擔任職員的企業精神病態者，在主管和員工心目中已經建立了理想員工的人格面具，他們也可以輕易變身成活力充沛、充滿願景、具有創業精神的領導。有了這樣的標籤在身上，他們欺騙或剝削他人的行為，可能被看成有效的管理風格，特別是同事們面對混亂的變化正不知所措，陷入個人的挫敗情緒中，無法或不願接受新的商業模式。企業精神病態者與其他的員工形成了對比，他們看起來像是騎著白馬的武士，沉著、冷靜、充滿自信。他們自誇的豐功偉業和身上的傳奇色彩，掩蓋了一個事實：精神病態者過去的工作表現很少帶來長效的改善。

總結來說，刺激、高張力，規範鬆弛、甚至付之闕如的情況，對精神病態者有強烈的吸引力。企業的劇烈變化，加上既有的職務不安全感、人際衝突、政治角力，種種因素導致的「混亂環境」（chaotic milieu），提供了精神病態者必要的刺激以及充足的掩護，讓他們可以進入公司，並施展精神病態的心理戰。

祕密：精神病態者的好朋友

機構生活，還有一個面向有利於精神病態者進入、操縱和欺騙，那就是「祕密」（secrecy）。祕密是企業運作的一部分。保密的需求不難理解，它也常常是公司作業程序的必要部分。例如：要保護商業機密不讓競爭者探知，或是在併購前的協商，要對財務細節保密。有些祕密在本質上是防禦性質的。例如：某個決策制定後，對某些人會有負面的影響，所以在行動之前不能讓消息外洩。例如：解僱的決定就是最常見的例子。不過，有些祕密是無意間形成的，例如：事件的發展太過快速，讓公司的溝通機制來不及回應。如此一來，不知情的人們如陷入黑暗中，不知如何行動。在這類情況裡，知情人士未必是有意保密；他們純粹只是沒時間或沒機會跟他人分享資訊。

在混亂變化的時刻，多一些資訊總是比較好，祕密會增加精神病態操控對公司的傷害。不管保密是否適當，它往往會增加員工之間的猜忌、減損不知情者心目中的管理可信度，以及因為缺少及時、正確的資訊，造成錯誤的增加。

祕密是精神病態者的好朋友。精神病態操縱若要成功，特別是對一大群人進行操縱時，必須依靠祕密來掩護真實發生的事。在一個機構裡，保密的文化讓精神病態者更容易躲藏，同時管理階層也更難逮住他們的謊言，無法正確評估他們的工作表現、或是看清他們剝削同事的行為。轉型的公司祕密越來越多，就越有可能提供精神病態者更多的掩護。

討論

- 「真正的領導者」和「偽裝領導者的企業精神病態者」，有哪些關鍵的差異？
- 你是否曾與兩者之一共事過？
- 你是否曾在經歷混亂變化的公司工作過？
- 它對你帶來什麼影響？

補7.1 當機會來敲門

具破壞力的事件，從颶風到洪水、大火、戰爭、恐怖主義、經濟危機、火山爆發、流行病等，每一年都會發生。這類的事件會帶出人性最好和最壞的一面。世間不乏尋常的惡棍、罪犯、冒牌貨、貪官和各式的掠奪者，靠他人的悲劇發財。當然有一些掠奪行為是出於貧窮、暴民心態，以及不難理解的求生本能。不過，對許多精神病態者而言——不管是在街頭或是會議室裡——他們的惡行，純粹是因為機會難得。

回想一下《冰與火之歌：權力遊戲》（2013）第三季第六集的對話：

瓦里斯：「混亂？把我們都吞噬的大洞。」

小指頭：「混亂不是坑洞。混亂是一把梯子。」

許多觀眾在網路上提出對這段對話的解釋。一般的看法認為，瓦里斯是馬基維利主義者，以籌劃陰謀、耐心等候和情報蒐集，取得權勢。至於小指頭則偏向精神病態，只顧著眼前。他把混亂當成奪取權力、地位和影響力的直接管道。在混亂的世界裡，他可以察覺和利用機會，順應時勢選擇小眾的對象，操縱局勢和人，來進一步攫取尊榮、權勢和利益。[1]事實上《冰與火之歌：權力遊戲》大部分的主角，多多少少都和瓦里斯和小指頭有相似之處，各自為了本身的目的勾心鬥角、運用陰謀和暴力。比如說，「瑟曦・蘭尼斯特（Cersei Lannister）是個精神病態者，她與她的弟弟睡覺。不過你也承認。你愛她。我們都愛……或許是因為在某個程度上，我們心底暗自崇拜她的冷酷無情。」[2]

本篇的重點在於，精神病態者在情感上，不會因為人們在混亂災難中身心被摧殘而受到影響。他們天生就是會利用他人經歷的動盪和恐懼，冷酷獲取現實的利益。

戴夫的案例

第三幕，第三景

一起午餐吧！

再怎麼努力，桃樂蒂還是擺脫不掉耳朵邊縈繞的鈴聲。她睜開眼睛，發現自己正躺在家中的床上，響起的是電話鈴聲。

「喂，」她迷糊地應答，稍微張開眼看著收音機時鐘。

「是哪位？戴夫？現在是早上八點。而且是禮拜天。」她回應，一邊又躺了下來，把電話湊近了耳朵。「有什麼事？」

「沒錯，你把我吵醒了，」她抱怨。「我昨晚出門了。直到凌晨兩點才回家。」

「當然，就我一個人，」她心不在焉地說。「天啊，戴夫，少管閒事。」

「什麼？」她問，不明白戴夫的意思。「不能明天再說嗎？」

戴夫開始說起他的故事。

「那個在外地開的執委會會議跟我有什麼關係？」她問，坐起了身子。「為什麼我需要——」

戴夫打斷了她。他解釋說，法蘭克因為找不到開會的簡報資料而坐立難安。法蘭克的老闆約翰對他下一年度的計畫不大滿意，要他隔天早上再做一份全新的簡報。法蘭克打電話給戴夫，急著要他幫忙。戴夫認為這是桃樂蒂的絕佳機會，可以把她的資料送到講話真正算數的人手上。

戴夫一字一句吐露的同時，她也下了床。「你想做什麼？」她一邊問，一邊去廚房倒咖啡。「讓我把它搞清楚：你說約翰對法蘭克發脾氣，因為法蘭克的新產品規劃很糟糕，然後你要我把我的東西交給你，好讓你把它交給約翰？我沒弄錯吧，戴夫？」

戴夫繼續說。

「我沒興趣，戴夫，」桃樂蒂打斷他。「連我的老闆都還沒看過我的計畫書。我為什麼要為了法蘭克或約翰或不管是誰，而把它交給你？」

戴夫繼續解釋他的計畫。

「喔，你保證上面會打上我的名字，」她說完，翻了白眼。「我可不是昨天剛出生。我知道你們的作業模式。」桃樂蒂盯著濾滴咖啡，戴夫則繼續跟她鼓吹這是絕佳的機會，不只可以把計畫書送到執委會手上，還能得到法蘭克和約翰的支持。

「由你來把我的簡報交給執委會？我可不喜歡這樣，不管你說時機有多麼難得，」她說著，從櫥櫃裡拿出一個杯子。

戴夫進一步解釋。

「不是你做簡報？那誰來做？」

「由**法蘭克**來做我的簡報——當成他自己做的？」

「算是**我們的**簡報，你跟我，然後呢？嗯。」

「法蘭克為什麼會想拿我的計畫書來跟他老闆報告——話說回來，他連看都沒看過——就光是因為你要他這麼做？」

戴夫做了回答。

「你老闆這般信任你，感覺想必很棒，戴夫。但我真的沒興趣。」她說，倒了咖啡並喝了一口。

「沒錯，戴夫，我們是朋友，」她說，沒料到戴夫會用這一招。「是，我們是朋友。你打電話來唯一的理由——不是為了法蘭克或約翰，或為了公司的利益——就是為了幫忙你的朋友桃樂蒂。」

戴夫又打斷了她，告訴她有機會做英雄，法蘭克會欠她一份情。法蘭克以後就不會刁難她的計畫，說不定她因為在執委會曝光的表現而得到升職。

桃樂蒂又喝了一口咖啡，開始在心裡盤算。「我怎麼知道能不能信任你，戴夫？」她不由自主被打動了。

「我們一起？我們一起做簡報——一起，你跟我。我的名字會在上面。你會告訴法蘭克這是我的構想。」戴夫回答了她每個關心的問題，一項一項跟她做出了保證。

戴夫的回應，字句進入她的心坎裡。

「有啊，我的電腦當然在家裡。你想要幹什麼？你想來我家？今天？一起做簡報……別做夢了，戴夫。」她說，有些招架不住。

戴夫繼續說。不是，他不是對她有意思。不會，他不會跟任何人說來過她的公寓。對，他會帶午餐過來。

「嗯，」桃樂蒂嘆了一聲，「好，戴夫，我跟你說。你可以到我家來，我們一起搞定報告。不過，如果中間我突然改變心意，計畫隨時取消。懂嗎？」

討論

- 這裡頭，戴夫真正的打算是什麼？
- 他對桃樂蒂的邀約背後有什麼目的？
- 他跟她撒了什麼謊？
- 戴夫利用的是桃樂蒂的什麼人格面向？

第八章　我不是精神病態者，我只是言行舉止像而已

史密斯從走廊衝回他的辦公室。對他身邊經過的員工看也不看，才到辦公室門口就對祕書大吼，叫瓊絲立刻到他的辦公室。史密斯漲紅了臉，把檔案夾丟在桌上，怒氣沖沖坐了下來。

幾分鐘後瓊絲現身，她隱約知道大事不妙，但不清楚是什麼原因。過去早有傳聞，史密斯常在高級主管會議後找部屬到他的辦公室，並開始大發雷霆，不過瓊絲的計畫案並沒有在討論的議案裡，找她來不可能是為了這個原因。目前為止，他跟史密斯之間的互動良好，沒理由擔心關係生變。

史密斯的祕書帶著瓊斯到辦公室門口。史密斯示意她進來時順便把門帶上。祕書回到自己的座位繼續打字。她朝左邊的同事望了一眼，再朝右邊的同事望了一眼，然後嘆了口氣。大家都知道接下來要發生的事。

底下的員工知道老闆愛「發飆」，大概每個星期來一次，時間都是在星期五下午，就在

高階主管的晨會結束之後。史密斯在開完會之後臉色一定很難看，但是沒有人知道原因，因為會議記錄的內容總是保密到家。看情況應該是有人在會議上把他修理得很慘，所以他只好找下屬出氣，不然部屬們還能怎麼解釋？

瓊斯是個討人喜愛的同事。她是公司裡最新加入的一員，有著無懈可擊的學經歷。她總是對人和善，有著開朗個性和好脾氣。她進公司近三個月來不曾被叫進史密斯的辦公室——這創下了非正式的紀錄。

當公文夾丟進垃圾桶的第一個聲響傳來時，這群祕書們同時跳了起來。把計畫案丟進垃圾桶是史密斯會做的誇張事，用來強調他對工作成果的失望、不滿和厭惡。這種動作對專業的部屬特別有效，因為他們對製作檔案夾和簡報充滿自豪。不久之後，開始有聲音傳了出來——吵鬧的聲音：一開始是史密斯的聲音，接著是瓊絲，兩人彼此互相喊叫，稍微沉寂一下後又變得更大聲。隔著一道牆很難聽清楚他們說些什麼，偶爾可分辨幾個字句。以前有時還會聽到罵人的髒話，不過這次倒是沒有。

史密斯已經對瓊絲研究得夠久，知道髒話對她不管用；他夠聰明——知道自己必須跟她鬥智。他必須想辦法讓她相信自己的表現不夠好、甚至是很糟。他會威脅要把她調職、降級、甚至開除，不過也會留點餘地讓她有機會彌補。當然，最重要的是「說服她相信」，因為被說服之前，沒人可以離開他的辦公室。而且瓊絲還不能只是假裝被說服——她必須真的被說服——到最後每個人都是如此。不只如此，她還必須「感謝」史密斯給她的幫助和指導。最後瓊絲必須和前輩們一樣向他歸順；史密斯全靠這一招了。

史密斯自豪於自己對人先貶後褒，操弄於股掌之間的本事——不能抬舉得太高，要剛好可以控制的地步。他需要控制人，而且不能容忍其他人先一步想到，應該由他這個「老大」想出的好主意、好做法。他痛恨犯錯——而且，當然啦，在他心目中自己也絕不會犯錯。至少，這是一些部屬從史密斯身上得出的推論。有些人則是幽默以對：有人猜他出生時，接生的醫師不小心摔到了他的頭，或者猜他是野狼扶養長大的、被外星人丟在田裡，或是小時候被瘋狗咬過。這些玩笑話讓人心情好過一些，但不見得能療癒心理的創傷。有些人就是受不了史密斯的行為。

他的攻擊行動不限於自己的辦公室。在他底下的員工——幾乎占了公司的一半人員——在走廊走過、在會議室幫忙、或只是坐在自己位子上，都可能成為他突襲的對象。每當史密斯走進公司部門，空氣裡就開始瀰漫著緊張的氣氛，人們會低下頭，工作的速度會加快。有些時候，他會突然暴怒，然後隨即風平浪靜露出笑容。不過，有些時候他也會一臉笑容在辦公室巡視，向人們問好，詢問他們孩子的足球練得如何，一副親切和善的樣子。這些動作讓人們不安。新來的員工多半會被他打動，認定史密斯是個親切、隨和、容易親近的老闆。不過，沒有人敢提醒他們要小心他微笑外表底下的面目，因為沒有人敢確定，他們會不會是專門給史密斯打小報告的線民。

真正讓大家覺得不痛快的是，史密斯有時是對的。他提出的主意有些時候就是比他的部屬還要好，有時他也確實懂得比他們還要多。不管如何，大家都同意，應該有比較不傷人、不那麼惡毒的溝通方式，不需要為了做好公司的工作，而這般摧毀部屬的自我或工作士氣。

瓊絲的自我似乎足夠強大，不至於太過自我膨脹或畏縮，從各方面看來都足夠堅強，也確實全心努力做好工作。這些祕書們很好奇瓊絲會怎樣應付這個局面。

一些衝突、吼叫以及捶打辦公桌的聲音，透過牆壁穿了出來。接著一片寂靜。他們聽到開門的聲音時，趕忙低下頭盯著自己桌上的電腦螢幕。瓊絲出現了，她努力抬頭挺胸，不過顯然剛才經歷了震撼教育的洗禮。她快速穿過走廊，把文件夾緊抱在胸前。

彷彿講好的默契，祕書們一起站了起來。她們紛紛拿起自己的包包，沿著走廊朝化妝室走去。史密斯的祕書向瞪大了眼睛的工讀生示意，要她幫忙接電話和或接待任何的訪客。

「沒事的，」她說，心裡知道這個年輕小妹妹，並不想一個人留在辦公室裡。

她們在化妝間的門口停了下來，但是並沒有走進去。瓊絲比她們的職級要高出許多，她們之間純粹只是工作上的關係。在交換了彼此體諒的眼神之後，兩位比較年輕的祕書回到了位子上。今天，史密斯的祕書將扮演守衛者，不要讓任何人干涉瓊絲的隱私。

討論

- 你是否曾見證職場上的霸凌行為？
- 你是否曾經成為職場被霸凌的對象？
- 這裡有哪些精神病態特徵正發揮作用？

這種問題有多嚴重？

在訓練課程和對談之後，聽眾們常會和我們接觸。由於他們剛學到了關於精神病態的特徵和特色，往往會推論他們的老闆、同事或下屬，必定是個精神病態者。雖然我們不適合也不可能提供意見，我們理解這些人對同事們所做的大膽妄為的行為——以及他們的表現與精神病態行為的相似性。這些年來，不少人在閱讀過《沒有良知的人》、《穿西裝的蛇》，或其他各種關於精神病態的書籍、新聞、商業雜誌之後，和我們聯繫，表達他們類似的擔憂。其中一些個人的故事在我們聽來，很像是對真正的精神病態者的描述，不過當然有很多不是。很清楚的一點是，有為數不少的人相信，自己和一個惡魔般的老闆或者同事，一起共事。

按照我們的估計，大約有百分之一的人，他們的精神病態特徵足以被標示為精神病態。另外可能有百分之十的人則在灰色地帶，他們具有足以讓他人擔心的精神病態特徵。大部分的人則幾乎沒有或完全沒有精神病態的特徵。在商業界的情況如何呢？（參見圖9.1）這個問題可能沒有簡單的答案，因為有些組織的經營哲學和做法合乎倫理、利他，但也有一些是無情、壓榨，甚至是「精神病態」。我們可以預想，存在於前者的精神病態者可能比後者要少許多，但也不是沒有例外。舉例來說，宗教或慈善團體——依照它信賴他人、不行狡詐的本質——可能像我們前面提到的例子一樣，提供了能言善道、具個人魅力的精神病態者，很好的匿身之處。

遺憾的是，關於商業界裡精神病態者的數量，我們沒有太多科學上的證據，這其中有幾個理由。第一，很少有組織會提供他們員工和檔案資料，讓研究者用《精神病態人格檢核表（篩檢版）》這類的標準化工具，來做適當的評估。第二，精神病態者有隱藏真正自我的好本事，因此不難想見有許多人沒有被察覺或列入，因而低估了商業界裡精神病態者的人數。可能只有冤大頭（原先的棋子）才會看到成功的精神病態者，在面具底下的真面目。第三，非精神病態者，也可能展現精神病態傾向的特徵和行為，導致高估了比例；也就是說，把非精神病態的人當成了精神病態者。不論如何，根據許多軼事類報告（anecdotal report）和我們自己的觀察，在商業界經理人和高層主管中，精神病態者的比例要遠高出百分之一。

許多人表現出看似精神病態者的特徵；讀者們只許自己評估關於精神病態者的定義和描述，就能看出它的可能性。不過，我們應該小心，避免把出現部分精神病態特徵，和真正具有精神病態這種失調症（disorder）混淆了。有多少次，你在工作上濫施權力，但是對你的家人和人生伴侶時判若兩人？你也可能對公司同仁發揮操縱魅力，但對朋友誠懇坦率。你可能在報稅時「作弊」而心安理得毫無罪惡感，但是一傷害到自己的孩子就充滿歉疚。你可能為了商業上某個困難的決定，不得不傷害同事，但內心還是覺得難受。我們常常根據一兩個似乎類似於精神病態（但通常嚴重程度較低）的特徵或行為，來對自我或他人做判斷，但這種做法未必明智。只有相對極少數的、真正的精神病態者，會在他們個人的、工作的，以及社會的生活，一以貫之地展現大部分我們所預期的特徵和特色。

「魔鬼老闆」？

你的老闆冷酷、吹毛求疵、不留情面。在推論他是精神病態者之前，你應該仔細考量自己的判斷出錯的可能性，有無可能他的行為反映的是他個人的「領導風格」，而不是精神病態人格。因為管理風格是脫胎自過去的訓練和經驗，每個管理者可能都有不同的管理風格。也因此，自然而然，員工期待老闆應有的作為，和老闆實際展現的作為往往會有出入，導致了失望、衝突和誤解。

員工對管理或領導風格的看法，以及它對工作表現和效率的影響，長期以來是組織心理學家研究的主題。一份最早期針對主管領導風格的調查研究，雖然進行的時間是在一九四六年到一九五六年之間，不過它的一些發現至今仍具有現實意義。[1]這項研究裡頭，員工描述領導在工作上的行為，而領導者也對自己的行為和態度作出描述。這數以百計的描述透過大規模的數學分析，以最少的關鍵項目將它們分類。這個由俄亥俄州立大學所做的研究顯示，有兩大類的行為，或者稱「因素」，影響我們對於老闆風格的評估。我們把這兩類因素，名為「體諒」（Consideration）和「定規」（Initiating Structure）。

體諒，指的是處理員工和主管人際互動的行為和態度。體諒人的上司會尊重他人，做決定時會考量他人的自尊和顏面，並以互信來建立工作關係。在職員的心目中，缺乏體諒的老闆不關心員工的感受；他們顯得疏離和冷酷。不難看出，上司在他人面前斥責員工、忽視顧及對方的感受、無法建立互信和互相尊重的關係，實際上反映的是老闆缺乏體諒，而不是真正的精神病態者。

定規，是另一個領導者因素，它的意思是領導者應該要決定工作的目標與要完成的任務，賦予團隊成員具體的角色，並且說明工作表現的標準或主要的成功衡量標準——基本上，就是「去領導」（lead）。在這個因素分數較高的上司會在該做什麼，以及該如何做，扮演主動的角色。傳統的主管角色，像是擬定計畫、組織、溝通、設定預期，以及勾勒「大方向」，在這因素會落在高分的這一端。每一個步驟都要展現支配和下達命令的主管，可能是在定規上過度強勢，而不是精神病態者。反過來說，如果主管很少涉入或在意你的工作，她可能在這個因素上面的分數很低——屬於「放任式的領導者」（laissez-faire leader）——也許根本不能成為領導者。

大部分人都希望自己的長官體諒人、信任人，能建立融洽的關係。至於我們希望上司在定規方面高分還是低分，可能要看我們希望有人告訴自己該做什麼、要怎麼做（最合適用在新的工作或未受過訓練的員工），還是喜歡做好自己的事，儘量不要有長官干涉（老經驗的員工最喜歡的方式）。只要員工的需求和主管的管理方式能夠配合良好，這二者同樣屬於有效的方式。

雖然這個領導行為的兩因素模式設計良好且簡單明瞭，不過後續的研究顯示，光是這兩個變項，並不足以預測誰能成為有效的領導者。主管與僱員之間關係遠比這要複雜，而且牽涉到許多其他事物。例如：至少要把工作狀況考量進入。不過我們在要求評估領導者「好」或「壞」的時候，多半會用到這兩個因素（有時稱呼的名稱會不同）。

「魔鬼同事」？

我們當然不會只聽過「壞」老闆。我們也聽過許多態度負面、反社會傾向、操縱他人、不負責任、表現拙劣，還常常擾亂他人工作的員工和同事。顯然這類人很難共事，不過要解釋他們的行為，可能有比精神病態更可信的說法。要瞭解這一點，我們要考量人們評估同事和員工常用的一個因素：產業心理學家將它稱之為「盡責感」（conscientiousness）。

有高度責任心的人往往專注於把一件事情做好；他們喜歡精確、準時以及完整。他們以把自己開頭的事完成為榮，非常盡責並專注細節，喜歡在他人面前展示自己能力。責任感低的同事對於在期限之前做完工作、達成目標、把事情收尾，態度可能馬馬虎虎。他們可能是無責任心、精神渙散、不連貫、表現不佳。有時候他們需要別人幫他們把工作完成——其他人可能覺得需要「幫忙掩護」，才不至於傷害團隊或部門的整體成績。很顯然，多數人都喜歡和對自己工作有責任心的人共事。我們多半也同意，每個人都應做好自己的事才算公平，特別是他們領的薪水和我們差不多。

許多研究顯示，責任心是一個基本的人格面向，而不只是風格（style）或個人偏好（personal preference）。人們在這方面的差異，就和其他人格特質上的差異一樣——我們有各自不同程度的盡責感。不過，這方面人格表現極高或極低，雖然可能讓一些同事不安，但是它未必就是一件壞事。你在工作上的有效程度，同樣是要看你的盡責程度，與你所做的特定工作之間如否配合。需要中等程度盡責工作的例子，包括：藝術家、有創意研究的科學家，或是有願景的領袖。因為創造新的藝術作品、追求新知、在不確定的時刻起身領導，都需要跳脫框架和勇於冒險。設計工程師和核電廠操作員往往需要高度的盡責感，因為他們負責管理，許多關乎他們成功關鍵的重要細節。

雖然盡責程度與工作需要，在真實生活的配合情況不一定完美，我們沒有理由推論責任感給低（或高）階的同事（說他們就是精神病態者）。

精神病態者？或只是難相處：評估的挑戰

不管在任何組織裡，體諒、定規和盡責的個別差異，都是正常行為的一部分。不過，有些精神病態的特質的確會在體諒、定規和盡責的評量分數中顯現。說明白一點，多數的精神病態者在體諒的分數明顯偏低（粗魯、傲慢、自我中心等等），在定規工作出現極端分數（不論是毫不在意，或過度關心），在盡責方面也很低（不負責、衝動、傲慢、自我中心、明顯不樂於承擔責任）。如前面所述，光是這些因素並不代表精神病態，但是它們的確是個警訊。那麼，我們還需要觀察其他什麼東西？

一般而言，精神病態者都是自大、目空一切，自以為是地要求權利，這讓他們在人際關係中顯得自私。他們自我膨脹，堅持他人給予應有的尊重。他們不像我們一般人付出心血朝著目標勤奮努力。但是他們卻常會告訴別人，自己是多麼有企圖心，並編製（虛假的）故事，述說自己如何克服萬難，從貧苦生活或家暴環境裡走出人生。然而，不管是工作上或工作之外，他們對於應盡的責任卻毫不在意（例如，不願去做被指派的工作，或是應允做不到的承諾）。他們很少會對自己的不當作為感到歉意或內疚，即使是最離譜、最傷人的行為。

話說回來，精神病態者彼此之間也有差異。有些更衝動和善變。衝動型的精神病態者需要即刻的滿足，會運用短期的掠奪策略來得到他們所要的。較不衝動的類型在追求滿足時，則不是那麼有掠奪性，而是伺機而動。這種差異或許是基於不同的心理因素，不過確實的運作機制，目前我們仍不清楚。有些精神病態者（應該是是比較不聰明的）尋求最基本的本能需求，例如：食物和性。而其他人則尋求較高層的滿足，例如：權力、控制或名聲。有些人對他人的操縱比較巧妙狡猾，運用魅力和花言巧語讓別人聽命於他。有的則手段更直接，以拙劣方式試圖欺騙他人，在「魅力」無法奏效時，訴諸剝削式的要求。後者的類型以暴力、報復、冷酷無情的方式發動他們的攻勢，而前者則不是這麼直接——或許較能夠控制他們的內在驅力——透過暗示、威脅和「被動攻擊」（passive aggresion），來達成他們的目的。

騙子、霸凌者、操偶人

在我們分析讀者和研究計畫參與者的案例和故事，並加入我們自己的研究之後，我們發現企業精神病態者有三種不同的風格，似乎可以區分為三種副類型。

有些精神病態者是「企業騙子」（Cooperate Cons），他們善於利用他人，來尋求自

己的名聲、財富、權力和控制。他們愛騙人、自大、膚淺、喜歡操控，而且經常說謊。他們並不會在意本身行為導致的後果，也很少思考之後該怎麼辦。儘管他們會承諾達成目標、成果，或給予個人的好處，卻從不履行。面對質疑的時候，他們則把問題怪罪他人，而不接受自己行為應負的責任。他們對無法給予好處的人冷酷無情，自視高人一等。他們也從不考量對人或公司可能的傷害，人際的互動往往顯得缺乏情感，尤其是缺乏同理心。他們從不認為需要為自己做的事情道歉，因為他們不曾感受到歉疚或是罪惡。

不過儘管如此，這些騙子和人們相處仍可能出奇地成功，主要是依靠他們施展魅力和編造可信的故事，影響他人的絕佳能力。他們擅長解讀情況和人心，隨時調整做法來影響周遭的人。他們會在適當情況下施展魅力，但也能隨時變臉。由於他們像變色龍一樣，隱藏自己的黑暗面，他們可以迅速而輕鬆地與他人建立信賴關係，之後利用或背叛他們。操縱者在愚弄別人、控制他人想法，讓他人按照他們的意思做事時，感受到玩遊戲般的迷人趣味。這種在心理戰屢屢占上風的能力，似乎給了他們個人滿足感。

他們或許看起來積極進取——這是他們善於假扮的特質——實際上他們很少有長期具體的目標，憑藉天生能力在任何時刻攫取他們感興趣的機會，之後將它編入向他人述說的故事裡。要是出現更刺激有趣的事，他們馬上見獵心喜，這種傾向讓他們在觀察者眼中顯得衝動而不負責任。雖然他們可能暴怒、對同事大吼大叫，之後又船過水無痕（彷彿什麼事都沒發生），只要符合他們的利益，他們不但可以控制憤怒，還會暫時把報復心放在一旁。

另外一類，更具攻擊性的精神病態者是「企業霸凌者」（Corporate Bullies）。**企業霸凌者不像騙子類型那般細膩、迷人、能言善道，他們依賴的是強制、虐待、羞辱、騷擾、攻擊，以及恐懼來遂行目的。**他們對每個人幾乎都是冷酷無情，刻意找碴製造衝突，把錯失怪罪到他人頭上，（在私底下或公開場合）對別人做無理的攻擊，凡事都喜歡唱反調。他們不會在意他人的權利和感受，經常違反社交行為的合宜規範。如果達不到自己的目的，他們會變得充滿報復性，在心裡記恨很長一段時間，並隨時找機會想「討回公道」。通常他們會選定相對較弱小的對象，做無情的攻擊。

若霸凌者感受被侮辱、輕視，會做出強烈的反應。我們不確定霸凌的行為帶給他們愉悅，抑或單純是他們認定，這是達成自身目的最好的方法。不過和騙子相類似，精神病態的霸凌者不會有懊悔、歉疚或同情的感受。他們對自身的行為並沒有深刻的認識，也沒有意願或能力做出修正，即便這種調整對他們本身有好處。精神病態霸凌者的危險之處在於，他們無法理解他們對自己造成的傷害（更不用說對他人的傷害）。

當然，**並不是每個霸凌者都是精神病態者，儘管受害人不會在意這其中的差別。**精神上和肢體上的霸凌，有不同程度、大小和形式。在一些案例中常見的霸凌行為，有深層的心理問題，包括：自卑感、匱乏感，以及與他人相處有困難。有些人可能從小就學習到，他們的身材、力量或言語的本事，是他們社交行為上唯一有效的工具。其中有些人可能是在特定情境下的霸凌者，在工作時行為惡劣，但是在生活的其他方面比較正常。至於真正的精神病態霸凌者，不管在何種情境脈絡下，都是冷酷無情、報復性強、有控制欲的人，對受害者的權利或感受缺乏同理心。

除了騙子和霸凌者這兩個類型之外，我們看過不少更糟的案例。我們稱之為**「企業操偶人」（Corporate Puppetmasters），他們以巧妙方式結合了騙子和霸凌者的特徵。他們嫻熟於隔空操縱人的技巧——一如提線的操偶師，以此讓受他們所控制的人，去剝削或霸凌在公司較低階的人們**。基本上，他們同時使用了欺騙和霸凌兩種策略，就類似於史達林或希特勒這樣的歷史人物，圍繞他們身邊的都是順從的跟隨者，透過這些人來控制他們國家大部分的人。即使是直接的擁護者，稍有不服從的跡象（往往因其偏執的性格而被放大），也會引來他們的攻擊。對操偶師而言，不論中介的（所謂的「傀儡」或「打手」）或最終的受害人，都是可以捨棄的，因為他並不把他們當成有血有肉、活生生的個人。在我們看來，企業操偶師是更危險類型的精神病態者。參見〈補8.1：操偶師〉。

我們所做的研究顯示，詐騙型的精神病態者在商業、政治和其他領域，能一帆風順，是因為他們有辦法讓人們相信他們既正直又誠實，才能與經驗兼具，還有領導潛能。在擔任主管職務時，霸凌的精神病態者會讓對手和下屬之間保持距離，藉以運用權力獲取他們想要的東西。此外，與日常作業不太密切的經營高層，或許會聽到霸凌行為的傳言，但是可能認定這是出於競爭和嫉妒的誇大之詞，而不予採信，甚至把這類的行為，當成是強勢的管理風格。霸凌的精神病態者，甚至可能被當成業務成功推展的大功臣，而提升了的名聲。因此他們對批評免疫，或是偶爾受到象徵性的懲戒。操偶師可以逃過公司的紀律規範，因為他們本身就控制了多數的員工，以及用來保護公司和其成員的體系、程序和作業流程。

我們最早期對二百零三名高潛力主管（high-potential executives）進行的研究（參見第九章對研究的完整說明），我們發現大約有百分之三點九，符合《精神病態人格檢核表（修訂版）》對精神病態者的描述。雖然這看起來不是很大的比例，但與一般人口中的比例（百分之一）明顯高出許多，而且應該比大多數公司期待的員工占比高，特別是裡面有不少人未來可能晉升到公司的領導職務。在這些人身上，我們都發現具有欺騙、操控的精神病態者的特徵：膚淺、浮誇、欺詐、衝動、無責任心、不願為自己的行為負責、並且缺乏目標、歉疚感以及同理心。這些人當中，有兩人也表現了霸凌的行為。從我們評估其他人的研究和讀者提供的案例來看，這樣的發生率大致是正確的。

同一主題的變異型

有趣的是，前述的觀察，與近期對精神病態和其他犯罪者「變異型」（varieties）的實證研究，有一些相似之處。

我們要指出，這不單純是統計的練習，同時也是從共同點來辨識個人的方法，在這裡，我們要找的是精神病態特徵的類型。大多數研究採用「以變數為導向」（variable-oriented）的方法，它觀察不同變數的相關性和連結。此處所描述的「以個人為導向」（person-oriented）的方法，讓我們得以辨識不同行為模式和人格特質的人們，並幫助我們預測特定類型的個人會如何行動。在下一章，我們把這個研究連結到巴比亞克、紐曼和海爾（Babiak, Neumann, and Hare）[2]，對企業精神病態的研究。

精神病態的四因素模型，讓我們得以根據各個因素的分數，勾勒出個人的特徵描述。統計工作（潛在剖繪分析（latent profile analyses））。根據這些剖繪（profile）彼此間的相似性，歸類為：群組（cluster）或副類型（subtype）。默克洛斯等人（Mokros et al.）[3]分析這些犯罪者在《精神病態人格檢核表（修訂版）》有較高的評分（三十或三十分以上）。如圖8.1所示，從這個分析中，可看出兩種特徵類型，或稱為「導行為風格」（behavioral styles）。

- **典型類型**（Classic）或**攻擊性類型**（Aggressive），是在精神病態四個面向——人際的、情感的、生活方式，以及反社會的——都是評分較高的人。實際上他們展現了定義精神病態的全部特質。
- **操縱的類型**（Manipulative），是反社會因素之外都得到高分的人。他們操縱、欺騙、施展魅力，但是不像前一類這般反社會。他們的行為言語導向（talk-oriented）多過於行動導向（action-oriented）。

我們把這兩個群組，視為「精神病態這個中心主題的變異型」（variations on the central theme of psychopathy）。我們在此提出這一點，是因為一些精神病態主管，可能具有這兩種特徵類型，如我們在第九章所描述。

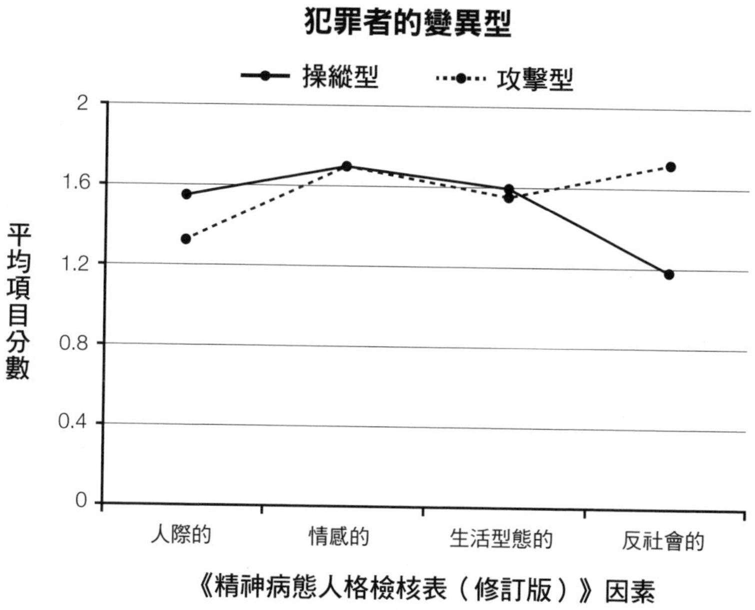

圖8.1 精神病態人格檢核表（修訂版）：分數超過30分的犯罪者因素類型

好領導？抑或企業精神病態者：你如何分辨？

早期研究顯示，大多數精神病態者的行為嚴重失能，以致難以在組織長期生存，他們可能比較適合自立門戶或從事其他工作。不過，根據我們自身和其他人的研究，如今我們知道，某些組織「主動尋找」、並招募至少具備溫和程度的精神病態特質的人。一些主管告訴我們，「許多你們所描述的特質，似乎是我們公司所重視的特質。為什麼公司不能僱用精神病態者來擔任某些職缺？」一個比較適切、科學的答案是，我們還需要更多的研究，來判定程度不同的精神病態特徵，對不同類型工作表現的影響（參見第十章，對使用「企業掃描」（B-Scan）評估工具，所做企業研究的詳細討論）。

我們可以推想，這類特徵「最理想」的數量和嚴重程度，顯然某些職務（例如：股票推銷員、政治人物、執法人員、二手車推銷員、僱傭兵、律師）會高於其他職務（例如：社工人員、教師、護理師、牧師）。在進行過這類的研究之前，我們可以有把握地說，那些相信「精神病態是好的」的人們，顯然沒有接觸太多真實的狀況……也肯定不曾真正奏效過。

對公司而言，未經過約制的精神病態者，對員工的士氣、生產力以及團隊合作，可能帶來很大的傷害。問題在於你「沒有辦法選擇」你希望的是哪些精神病態特質、並忽略其他特質；精神病態是一種症候群（syndrome），也就是說，它是一整組構成人格的相關特徵和行為。很遺憾的是，對企業而言，精神病態者「好的」特徵，往往掩蓋了「壞的」特質的存在。不過，一些案例裡，有些人會偽裝或是模擬壞的特徵和行為，藉以「融入角色」。參見〈補8.2：模仿精神病態生活方式〉。

一個真正的企業精神病態者，可以輕鬆偽裝出高層主管在選擇聘僱、晉升和接班時，尋找的管理和領導特質。散發魅力的舉止和天花亂墜的談吐，可能被誤認為具領袖魅力的「領導力」和「自信心」。此外，由於領袖魅力對於有效領導有著關鍵的重要性，被觀察到具有這個特質的候選人時，可能出現「光環」效應（"halo" effect）——也就是面試者和決策者傾向於把這單一的特質，擴大到他整體的人格特徵。光環效應對一個人的其他資訊付之闕如的時候，也有「填補空缺」（fill in the blanks）的功用，因而影響了更重要的判斷。如先前提到，即使是經驗豐富的研究人員——按理說，他們「知道」如何應付精神病態者——也常常被表面所蒙蔽。

「影響」事件和決策的能力，和「說服」同儕和部屬支持你的觀點的能力，都是重要的企業管理技能。不是人人都有一般管理工作所需要的能力。公司持續不斷尋找這類的人才，並且投入可觀的金錢來訓練、輔導，和開發員工們提升這方面的能力。要找到似乎天生能影響和說服人的人才並不容易。一旦公司的決策者發現了，就不會輕易放過。我們知道，精神病態者是欺騙和操縱的高手——特別是他們迷人的表面工夫——會讓人誤信，他們有強大的說服力和領導能力。

「願景思維」（visionary thinking），指的是將組織的未來予以概念化的能力，它需要綜合性的技能，包括：寬廣的視野、整合多種不同的觀點，以及從未來的角度設想的能力——也就是說，必須能做「策略性的思考」。精神病態者並不擅長於設定並進行長期的、戰略的目標，他們比較擅長的是投機取巧。不過，對於他們所知甚少的狀況和事件，他們卻有本事講出引人入勝的故事，將它編造成具可信度的未來願景。由於對一般人而言，對未來的構想並不是易於理解的事，因此精神病態者模糊但有說服力、不合邏輯卻可信、漫無邊際卻引人入勝、動人但充滿謊言的說詞，會被視為對公司未來的真知灼見，也就不足為奇。在混亂動盪的時刻尤其是如此，因為高瞻遠矚者少，尋求領導者眾，大家都期待著救世主或身著閃亮盔甲的騎士，來彌補空缺。

歷史提供了一些領導者好的例證，他們體現領導價值，能夠綜合運用主管的技能來處理艱困的情況。在高盧戰爭最後、最具決定性的戰役裡，無情的敵軍數量遠超過凱撒的軍隊。他的部隊勢單力薄，而且陷入重重包圍；凱撒本人和他攻占高盧的長征，似乎已經走到了盡頭。不過，眼見一切即將成空，他穿上了他的盔甲和鮮紅色的披風——好讓敵軍可以清楚辨識——並率領他的後備部隊深入戰場。雖然人數居於劣勢，他的部隊奮力殺敵，而清楚看到凱撒親自率軍衝鋒的敵軍，則開始亂了陣腳。歷史紀錄了凱撒的勝利、他的勇氣，以及他卓越的軍事能力。我們知道他具備領袖魅力，是一個強而有力的演說家，有影響力、有說服力，還是有願景的領導者，直到今天，軍事學校仍在教導他的戰略。凱撒是一個偉大的領袖，還是說，他的成功是出自精神病態的衝動和極度冒險犯難的特質？

我們特別要注意的是，精神病態者——就和偉大領袖一樣——是冒險家，經常讓自己和他人陷入危境。（以凱撒而言，他冒著自己性命和部隊性命的風險。以企業來說，則是整個公司的風險。）承擔風險很難予以量化，也很難將它和有勇無謀做區隔，這種特質往往與我們對危機中的領袖期待，緊密連結一起。到底冒多大的風險算是適當？要多少風險才能扭轉局勢，或者在世俗的商業場景中，要多少風險才能達成目標？精神病態的另一個特質是衝動，它強化冒險的行為，在沒有充分計畫和預想下就採取行動。冒險犯難往往帶有「尋求刺激」的成分，只為了看結果會如何。有時極度的衝動和尋求刺激，也會被誤認是衝勁十足、行動派、勇氣，以及多工運作的能力，這些都是重要的管理特質。

儘管冒著自己的生命危險，凱撒在高盧最後戰役的冒險行為絕非精神病態。他是一個深思熟慮的冒險家，他估算過實際面臨的情況、他（和他的敵人）擁有的資源、各種影響戰局結果的機率，以及如果不冒險一試將遇到的風險。同時他也不是只為尋求刺激，至少程度上不像精神病態者的表現。他和他指揮的羅馬軍團紀律嚴明，絕非莽撞的領導者和精神病態的部隊，為了尋求刺激快感而戰鬥。

精神病態者情感上的貧乏——他們無法感受正常人類情感、且缺乏良知——**可能被誤認成另外三種主管的技能，分別是：「做困難決策」**（make hard decisions）、**「控制情緒」**（keep thier emotions in check）**、以及「在緊張狀態下處變不驚的能力」**（remain cool under fire）。做困難的決策，是公司主管幾乎每天都要面臨的管理任務。不論是選定某一個行銷計畫、提出訴訟或擺平官司、或是關閉一個工廠，重大的決定都有情感因素會影響最後的決策。多數的主管必須控制自己的情緒反應，以做出有效回應。他們也有情感，但是職務上的限制，往往讓他們除了家人和密友之外，無法與他人分享自己的情緒。尤其重要的是，基於某些商業現實所需，他們在動盪中必須表現冷靜。我們可以想像凱撒冷靜地披上他的紅色戰袍，一邊思索自己將戰死沙場的可能性。當然，紐約市長朱利安尼（Rudolph Giuliani）和美國總統小布希，在世貿中心恐怖攻擊後相當長一段時間，也展現了驚人的冷靜。他們在分析和處理問題的同時，穩定了紐約市和全美國的局勢，因而受到了稱許。

除了情緒和才識，領導者多半也需要經驗和智慧，特別是當他們遭遇未曾經歷的局勢。二〇〇九年一月十五日，蘇倫伯格機長（Captain Chesley "Sully" Sullenberger）剛剛從紐約拉瓜迪亞機場起飛不久，一群加拿大野雁闖進了他的航道，導致飛機引擎故障。在毫無準備的情況下，重達數噸的飛機開始往下衝向全美國人口最稠密的城市市區。蘇倫伯格機長決定把飛機降落在哈德遜河——不理會機場塔台要他嘗試掉頭、通過城市上空、把飛機降落在機場的指示。他從不曾做過這樣的嘗試；商用客機的駕駛大概也絕無僅有。當天報紙形容：這是一場「哈德遜河上的奇蹟」，他讓飛機順利迫降並指揮乘客疏散。機上一百五十五人，全數生還。之後的調查和分析顯示，他在短短幾分鐘之內所做的正確決定。

人們很容易混淆了精神病態的行為和真正領導力的表現，特別是當它被精心包裝成領導能力。在這類的例子裡，裝模作樣的人緊密貼合商業運作的期待，「我是完美領導者」的精神病態虛構顯得相當管用。往往只能透過良好的績效和可靠的長期工作表現，才能分辨出這兩者的區別。

討論

- 你是否曾經為騙子、霸凌者、操偶師工作？
- 他／她是否是有效能的領導者？
- 想想看你曾遇到的「最佳上司」：他／她有哪些最令你欣賞的特質或行為？

補8.1 操偶師

一名罪犯描述自己殺害友人的父親，並企圖殺害友人的母親和姊妹的事件，他的說法如下：

我的朋友來找我，我們開始聊天，互相認識。於是，我對他有更多的瞭解。他告訴我更多關於他的事，我有了更多可操縱運用的手段。我對這個人越瞭解、就越知道他有哪些可利用的弱點。我開始操控他。他的童年帶給他很多陰影，於是我設法挖掘他問題的源頭，讓他感到憤恨不平，對家人充滿敵意。我跟他說，他們很有錢，為什麼不想辦法從他們身上拿點錢？我可以陪你一起花錢，因為我是你的朋友。我們湊在一起，他的不滿益增，我從旁助長這種不滿的情緒。我心底並不相信我是否真的有什麼辦法，但是我不在乎。於是，一個計畫開始成形。我只負責搧風點火，我越努力慫恿，對我自己的回報就越大。除了獲得支配和權力，我也成了牽引人偶的「操偶師」。

前兩次謀殺的計畫失敗，不過第三次成功了。這名罪犯眼看著他所操縱的安靜、內向的共犯，用棒球棍殺害了第三位共犯的母親。接著他們放火燒了房子。

犯罪者因其行為被判處二十五年刑期，服刑期間不得假釋。他在獄中結婚、並生了一個女兒。海爾取得了電視紀錄片未收錄在正片的內容，其中這位罪犯用許多奇妙的方式解釋自己的行為，包括：他提到了父親對他的虐待。在段落的尾聲，訪問者問他，「如果能重頭來過，你希望從哪裡開始？」這個罪犯回答：「我常想，如果回到過去，那我過去所學的也全都沒了……那些負面的事我不願再多想。現在我想要的是重新回到社會，為我自己和我的家人而活。做我妻子的好丈夫、做我女兒的好父親、並再次成為母親的好兒子。這是我未來想做的事。」

如今他獲得假釋，比法律規定的日期提早了十年。

補8.2 模仿精神病態生活方式

具有多種精神病態特徵的人，他們的態度和行為有系統的一致性，自然而全面的症候群定義了他們的整體生活方式。不過，有些人並非天生的精神病態，他們的行為是配合現實的需求考量。他們「採用或偽裝」某些「精神病態生活方式」的套路，以求成功，「配合演出」這類在專業上或公司裡，會得到獎勵的行為。有些人可能經過個人的一番改造，拍馬逢迎、投機取巧，而獲致成功，也有些人會模仿他們精神病態的上司，以趁機坐大。這種變化的過程，在戰爭、祕密宗教、恐怖分子、犯罪集團裡，經常可見。在其他案例中，例如：戰爭，這類的特殊環境，可能迫使個人採用一些行為以避免遭受排擠。電視影集《黑帆》（Black Sails）（第四季，第三集）裡頭，十八世紀初的海盜們與英國皇家海軍，在巴哈馬群島爭奪拿索的控制權。拿索的軍事指揮官告訴總督說，「我們現在需要的不是好人。現在的時刻，需要黑暗的人做黑暗的事。」

當然，原本就有精神病態傾向的人，自然是越容易採取自我保護和企業掠奪的做法！許多通俗心理學和自助書籍，宣揚或捍衛一套予取予求、強調自我主張、凡事爭先取勝的哲學。一些自詡權威人士出書大談「好的精神病態者」（矛盾修辭？）；另有一些人則告訴我們，要運用我們潛藏的精神病態特質來成功、成名、致富。

這對於負責監看和評估假冒精神病態者的人們（例如：人資部門），可能帶來問題，因為他們必須區分出其中的真假。也因此，除了根據職場的行為和所謂的「直覺」之外，有必要運用更多的方法，來對個人進行評估。

戴夫的案例

第四幕

疑雲消散

法蘭克在大樓旁把車停好，一邊向警衛揮手致意。他抓起公事包，進門直接走向餐廳拿他的咖啡。今天是星期二，美食糕點日，所以他準備好享受一番。每次出差之後，他習慣提早進公司，以便處理出差期間堆積在辦公桌上的工作。和幾個部屬們打過招呼之後，他進入了辦公室，開了燈，停下腳步、瞪大了眼睛。他的辦公室和星期五晚上離開時沒有兩樣，唯一不同的是它放在門邊的垃圾桶，清潔部門的主管瑪莉莎已經清空了裡頭的垃圾，把它放回原本辦公桌後方的位置。

「唔……」他嘟囔著走過矮櫃，放下他的公事包並把它打開。轉身把咖啡放在桌子的杯墊上，他看到了他留下的成堆文件上面，有個亮眼的黃色隨身碟。

「我聽說會議非常順利，」戴夫在門邊說。

「是啊，沒錯。他們喜歡那些內容，」法蘭克說著，一邊拿起了隨身碟。

「很驚險，是不是？」戴夫笑著說。

「戴夫，進來，我們談一下，」法蘭克說，他決定這次對戴夫態度要堅定一點；他想要弄清楚到底這週末是怎麼一回事。戴夫在辦公桌對面的椅子坐下，翹著腿。法蘭克拿著手上的隨身碟揮了一下，接著說：「戴夫，星期天是怎麼一回事？我看到你留給我的資料之後一直想跟你聯絡。當時我——」

「早上我不在，」戴夫打斷他。「我接到你的訊息，我就知道出了大麻煩。我衝到辦公室，祈禱這只是個單純的小誤會——或許你離開時隨身碟掉了——然後我在這兒找到了。」戴夫稍微轉身指著地毯的中央，「於是我馬上知道發生了什麼事。我知道你已經上了飛機，所以我決定把資料寄給你和約翰，以防萬一你電腦沒帶在身邊。」

戴夫頓了一下，法蘭克轉著自己手上的黃色隨身碟。

他問，「這是你為我開會準備的？」

「是啊，法蘭克，怎麼了？」戴夫露出困惑表情。

「我把檔案資料送到會議上有什麼不對嗎？」

法蘭克轉身從公事包拿出了戴夫星期五給他的資料袋裡的藍色隨身碟。

「那這又是什麼？」他問。

「那是我草稿的資料。藍色是草稿，黃色是最後的成品，」戴夫一本正經地說。

「戴夫，你的檔案夾裡頭沒說有最終版本，不管是不是黃色。為什麼你給我草稿的版本，當時我……」

「法蘭克，」戴夫說，臉色變得嚴肅。「我兩個都給你了——你把一個弄掉在地上並不是我的錯。我做了我能夠幫忙的事。這是個誤會。我明白，但是我沒跟約翰說你掉了檔案。

我幫你打圓場而且事情一切順利，不是嗎？」

「戴夫……」法蘭克正要開口。

「法蘭克，我不知道你想暗示什麼，不過我同時給你草稿，是因為我知道你對細節斤斤計較，喜歡檢查每個人的工作。我想你也會想查看背景的資料。」

「你的草稿是從雜誌抄來的！」法蘭克說，他稍微抬高了音量，語氣也稍微強勢一些。

「我知道，」戴夫不以為意。「你忘了你拿這篇文章跟我說，這是簡報的傑出範例？我把它掃描下來當成你向委員會簡報的模板。我以為你會想要這麼做。它不是跟你所欣賞的文章一樣好嗎？」

法蘭克感到困惑。戴夫的說法有道理。沒錯，他曾經讚美這篇關於對手的報導，並拿給戴夫看過。

「那麼，那些數字和圖表怎麼回事？」

「它們只是先暫墊空格，等我把資料查好填進去。最終版本的格式一樣，但是是用我們自己的數字、圖表和圖片。」戴夫停了下來，臉上露出一抹嚴肅的神情。「我沒有做任何取巧不正當的行為，法蘭克，你這樣的暗示讓我有點失望。」

「我沒有做這種暗示，戴夫。我只是想知道這是怎麼回事。」

「好，那你自己說一遍：你出門時弄掉了資料。這是單純的小錯誤，沒有必要大做文章。我期待你會拍肩鼓勵我做了好的簡報還有救了大家。但是……」

「簡報做得很棒，戴夫。你做得很好，謝了。我是真心的。它讓每個人都眼睛一亮。」法蘭克說。

「感謝，法蘭克。接下來的後續呢？」

「沒錯，接下來全速前進，」法蘭克露出笑容。「整理一下你對團隊的建議，我們明天再來討論一下關於進度的問題。」

「是的，老闆！」戴夫說，他做出誇張的敬禮，滿面笑容。法蘭克起身向戴夫伸出了手；兩人用力地握手後，戴夫離開了辦公室。

法蘭克一整天工作忙到了天黑。大概七點半左右他打電話告訴老婆準備要回家了。有時候他覺得自己待在公司的時間太久，必須做些彌補，不過他的老婆也瞭解他沉浸在工作中的刺激感，很享受在公司加班的時間。

在他掛了電話的同時，清潔人員彼特走到門口。「抱歉，法蘭克先生，」他說聲抱歉，轉身退到了走廊。

「喔，沒問題，彼特。我正要離開。你可以進來了。」法蘭克收拾他的公事包，拿起掛在門後面的西裝外套，跟彼特揮了揮手。他停下腳步，想到了一件事，於是他問，「今晚瑪莉莎也在嗎？」

「是的，」彼特說。「她人就待在大廳的左手邊。」

「謝了，晚安，」法蘭克朝走廊走了出去。

討論

- 戴夫說的是真話嗎？
- 戴夫如何化解法蘭克的憤怒，並讓他懷疑起自己對情況的分析？
- 真正寫出最後簡報的人是誰？

第九章　企業精神病態的獨特實證研究[1]

不是所有的精神病態者都待在監獄裡，
有一些，待在會議室裡。

上面這句話，是海爾二〇〇二年在紐芬蘭與拉布拉多省的聖若望，出席加拿大警察協會演說結束後，現場回答問題的即席談話。提問的人原來是一位記者，在接下來幾天裡，國際媒體挑選了他在報導裡的這段話，並把它當成了大揭密。媒體報導顯然反映了大眾心目中，精神病態者等同於犯罪和暴力的流行看法，也反映了大眾和媒體對謀殺和暴行的著迷，典型將這類人冠之以「精神病態者」或「社會病態者」。媒體的頭條標題和電視犯罪影集，往往是大眾接觸到精神病態這個概念的唯一管道，這也導致了很多錯誤訊息和誤解。大多數人只看到它的娛樂性，精神病態者被描繪成不受一般社會規範的約束、帶有個人英雄色彩。然而，如果實際經歷或觀察到在電視或電影裡描繪的冷酷作為，多數人應該會感到恐怖。對企業界的專業人士也是如此，這類電影情節的描述，與他們和同事的日常互動幾乎沒有什麼相關性。

遺憾的是，對於企業精神病態扎實的實證研究並不多見。大部分的研究（包括：本書作者們的一些研究）依靠自我陳述的人格分類，以及對各種黑暗人格的評量。其中包括：「黑暗三角」（The Dark Triad，包括：精神病態、自戀、馬基維利主義），以及再加上虐待狂（sadism）的「黑暗四角」（The Dark Tetrad）。這帶來一些疑問，因為在企業的情境脈絡下，對人格的自我陳述往往會刻意呈現好的一面，天生傾向於操縱和欺騙他人的人更是如此。當中的許多研究，並沒有涉及實際職場的人們。相對地，它們常常用的是大學生、或是亞馬遜土耳其機器人（Amazon Mechanical Turk），從這類的網路群眾外包市集招募的志願者。除此之外，這類的研究大部分是在類似實驗室的場景中進行，透過任務設計來模擬真實世界裡的企業。我們很難知道，這類代理性質的模擬研究、以及研究者對他們所做的詮釋，能提供我們多少有關精神病態和人格，在真實企業裡所扮演的角色。遺憾的是，許多媒體對這類研究的報導，只採取了研究發現的表面價值。

這並不是說自我報告的人格分類，在公眾領域和企業領域的人格研究裡沒有用處。它們提供了不同情境中，人格特質與行為關聯通則性的洞見，為個別情境的相關理論發展提供了基礎（例如，企業不當行為的類型和模式），並且讓大規模研究的執行更為容易。

對組織而言，除了僱用公共安全的重要職員（例如：警察、消防人員、核電廠作業員）這類特殊情況外，他們多半無意採用精神病理學的衡量方式。[2]擔心違反隱私法律和可能引發的訴訟，限制了這個領域的研究。也因此，我們對於精神病態和企業的職位和表現之間的關聯，相對而言，沒有太多的認識。

雖然精神病態廣義來說，反映一種基本的反社會性[3]，不過一些精神病態特徵（例如：冷酷無情、誇大、操縱）可能與具說服力的論證、果斷決策的能力相關。還有一些特徵（例如：衝動、不負責任、欠缺行為控制力），則和拙劣的決策和表現相關。此外，幾個精神病態特徵的特定配合，在某些企業環境的某些主管職務上，或許能有所表現，但更可能的是，多種精神病態特徵同時出現的主管，只是空有其表，而非真正稱職。

更麻煩的是，對於精神病態，我們所知多來自對犯罪者和法醫精神科病患的臨床與實證研究（他們精神病態的基礎率比較高，而可靠評估所需的資訊也較容易取得）。除此之外，大部分企業人格研究採用各種自我報告工具，用來評估狡猾的應徵者和晉升人選有其侷限。

直到最近，我們對於企業精神病態及其影響，仍只有為數不多的小樣本研究、軼事研究和推論。主要原因之一是，不易取得企業及其員工在研究目的上積極合作。在此同時，公眾和媒體則有濃厚的興趣，想知道到底什麼類型的人，會濫用職務影響力和信任；欺騙顧客、投資人、朋友和家人，規避法律規範，對自己帶來金融混亂和個人傷害，漠不關心。

當大規模的龐氏騙局（Ponzi schemes）、內線交易、房屋抵押貸款詐欺，以及網路詐騙出現時，不可避免地，精神病態是這類無情危害社會行為，最常被提到的解釋原因。不過對於精神病態在詐欺、貪汙、瀆職，以及其他惡意違反公眾信任的行為中扮演什麼角色，我們缺乏實證上的數據。我們需要做這方面的研究，不過，我們也需要研究另一個相關、且同樣重要的問題：那就是，**企業界裡精神病態的普遍程度、策略及其後果**。

這類調查所得的資訊，可提供關於企業精神病態一般性的寶貴線索，同時可建立實證基礎，對高知名度的犯罪者進行研究和評估，這類犯罪者給許許多多的人帶來財務和情感上的重大傷害。雖然他們近來受到媒體和執法單位的廣泛關注，我們也應該關心較不醒目、但同樣常見，出現在許多企業和全球各地一些小公司的內部詐欺和貪瀆。我們對這些人所知甚少，也不清楚他們如何避免被起訴、免職或正式懲戒，有時借助的是公司本身家醜不願外揚的心態。參見〈補9.1：經濟和企業詐騙〉。

使用《精神病態人格檢核表（修訂版）》的實證企業研究

我們在前一章簡略提到一個開創性的研究，這裡要將它的深度分析提供給感興趣的讀者。這項研究來自一個很不尋常的場景環境。在數年的期間裡，作者之一（巴比亞克）與美國七家公司諮商，對二百零三名入選管理發展計畫的企業高層人員（其中百分之七十七點八是男性，百分之二十二點二是女性）進行評估。他透過面對面的會談、社交互動和工作團隊互動的觀察，以及與參與者的上司、同儕、部屬的會談，完成了參與者全面性的田野筆記，並藉由這些筆記完成了每個參與者的《精神病態人格檢核表（修訂版）》（參見表2.1）。

他與本書的第二作者（海爾）共同檢視了其中一些人的分數。我們必須刪除其中兩個不適用的項目，因為這兩項的重點是針對刑事罪犯（假釋案的撤銷、犯罪行為的多樣性），根據《精神病態人格檢核表（修訂版）》的標準程序，把剩餘的十八個項目按比例調整成二十個項目的分數。[4]有了這份資訊，我們得以判定樣本裡頭精神病態特徵的普遍程度、分配和結構。重要的是，我們取得了這些公司所提供的「獨立的」績效表現和管理發展評量，讓我們得以判定精神病態與這些變數之間關聯的程度和方式。關於沒有使用《精神病態人格檢核表（修訂版）》為基礎，所進行的企業研究案例，參見〈補9.2：企業精神病態的誤測〉。

能力領域

雖然一些項目的格式和用詞有差異，各公司使用的評估工具有同樣的結果變項（outcome variables），這是定義「領導力」時常有的情況。這些評估項目反映六大管理能力領域：

1. **溝通能力**：進行簡報、報告／信件寫作、在公開場合對外代表公司、訓練其他人。
2. **創意／創新**：產生新或不同想法的能力（創意），並且將它帶入市場（創新）。
3. **策略思維**：構想大的圖像、預想未來願景、設定長期目標。
4. **領導技能**：制定決策、解決問題、在無指示情況下處理問題、有誠信。
5. **管理風格**：有效運用人員來完成工作的能力、解決人事問題、體察理解他人。包括：處理多元議題（diversity issues）、工作委派授權、建立團隊。
6. **團隊為重**：與同事的團隊和跨領域團隊共同合作的能力、協作、與團隊分享資訊和功勞、工作上不忘知會他人、努力尋求共識。

針對這六個評估的變項，參與者會得到一個平均分數，歸類為：「高分」（也就是強項）、「中等」（代表需要一些改進），或是「低分」（代表是弱項，需要接受訓練或行政指導）。我們分別標註為三分、二分、一分。

多數的大公司使用正式的年度績效評估，這些評估往往帶出培訓和發展的建議。大部分的公司使用五分法的績效評量（Performance Appraisal），從最高五分（遠超乎預期）到一分（遠低於預期）。對六項管理能力以及工作績效評估進行探索因素分析，可以顯示兩個清楚的因素，或稱為組合（composite）：

1. **領袖魅力／表達風格**：這個組合包含了上列的前三項能力領域：溝通技能、創意／創新、策略思維。
2. **責任／工作表現**。這個組合包含了後三項能力領域：管理風格、重視團隊、領導能力，再加上績效評估。

這個研究的主要理由，是為了回答底下這個問題：這些「組合」和精神病態有多大的相關性？就我們對於精神病態的認識，我們預期那些在《精神病態人格檢核表（修訂版）》得到高分的人，應該會在領袖魅力／表達風格上得到高分，在責任／工作表現得到低分。也就是說，他們是表面光鮮，但實際工作表現拙劣。

精神病態的得分

企業高層主管的《精神病態人格檢核表（修訂版）》分數從零分到三十四分都有，整體的平均分數是三點六。也就是說，在這個樣本裡，精神病態的程度相當低。「不過，有九名參與者（百分之四點四）得分超過二十五分，八人（百分之三點九）得到三十分以上（一般研究裡達到精神病態的門檻分數），兩人為三十三分，還有一人是三十四分。相較之下，在獄中服刑的男性囚犯平均得分大約在二十二分左右，大約有百分之十五的評分超過三十分以上。」[5]巴比亞克和同事們注意到有趣的一點，「在這九位《精神病態人格檢核表（修訂版）》得分超過二十五分的人當中，有兩位是副總裁，兩位是總監，兩位是經理或組長，還有一位擔任其他的管理職位；也就是說，他們在各自的公司裡都已經達到相當的職級和地位」。統計分析顯示，這裡《精神病態人格檢核表（修訂版）》的分數，也找出了過去在《精神病態人格檢核表（修訂版）》和精神病態人格檢核表（篩檢版）》的相同四個因素：人際的、情感的、生活方式的，以及反社會的。

與社群樣本做比較

由於沒有大型群體的《精神病態人格檢核表（修訂版）》樣本可以和企業的分數分布一做比較，我們把《精神病態人格檢核表（修訂版）》分數轉換為「《精神病態人格檢核表（篩檢版）》等值分數」，方法是把每個《精神病態人格檢核表（修訂版）》的分數乘上12/20（《精神病態人格檢核表（篩檢版）》總共有十二個項目，而《精神病態人格檢核表（修訂版）》有二十個項目）。這讓我們得以把企業樣本的《精神病態人格檢核表（篩檢版）》分數分布一，與大群體的樣本做比較，[6]這個樣本是辨認住院病患暴力預測因素的大型研究的一部分。透過這種比較，我們得以知道精神病態特徵在群體樣本以及在企業樣本中的流行率。

在圖9.1顯示二者的分數分布一相當類似，兩個樣本裡大部分人分數都相當低。社群樣本的平均分數是二點七分，而企業樣本的平均分數又稍微更低一些，是二點二分。不過，社群樣本裡頭有十人（百分之零點二）、在企業樣本裡有六人（百分之三），在換算後《精神病態人格檢核表（篩檢版）》的分數是十八分或以上（達到精神病態的研究門檻）。有趣的是，企業樣本中百分之五點九的人（相對照社群樣本裡只有百分之一點二），他們的《精神病態人格檢核表（篩檢版）》分數是十三分或更高，被一些研究人員認定是具有精神病態的「潛力」或是「可能」。[7]如前文所指出的，如此高分數的人可能對周遭的人和對公眾帶來嚴重的問題。

說得一嘴好工作

在這個段落我們用的標題是「企業精神病態：說得一嘴好工作」（Corporate Psychopathy: Talking the Walk）。這個標題是根據一個戲劇性的研究結果得來的。

首先，考慮領袖魅力／表達風格裡變項的評分。如巴比亞克等人（Babiak et al.）所述，「隨著《精神病態人格檢核表（修訂版）》的切截分數（cut score）提高，對於參與者具備溝通能力、創意、創新的認知也稍微增加。」[8]注意跨過《精神病態人格檢核表（修訂版）》的「中度」或「高度」閾值（threshold）之後，多數的評分都介於「符合預期」和「超乎預期」之間。

如圖9.2所示，與之形成強烈對比的是，隨著《精神病態人格檢核表（修訂版）》的閾值提高，參與者在管理風格、重視團隊、領導能力，以及績效評估的評分出現明顯的減低。事實上，在《精神病態人格檢核表（修訂版）》低閾值被列為「中等」或「高分」的能力變

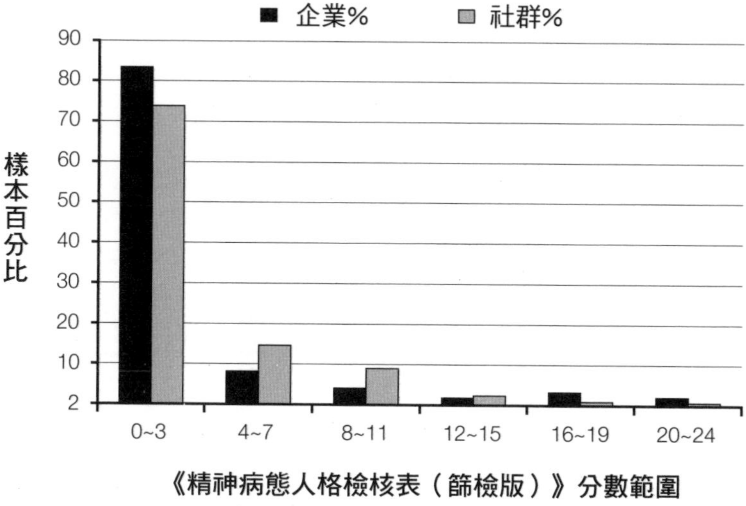

圖9.1 社群《精神病態人格檢核表（篩檢版）分數分布與企業《精神病態人格檢核表（篩檢版）》「換算」分數分布。

社群樣本來自紐曼與海爾（Neumann and Hare）（2007）。

企業樣本來自巴比亞克等人（Babiak et al）（2010）。

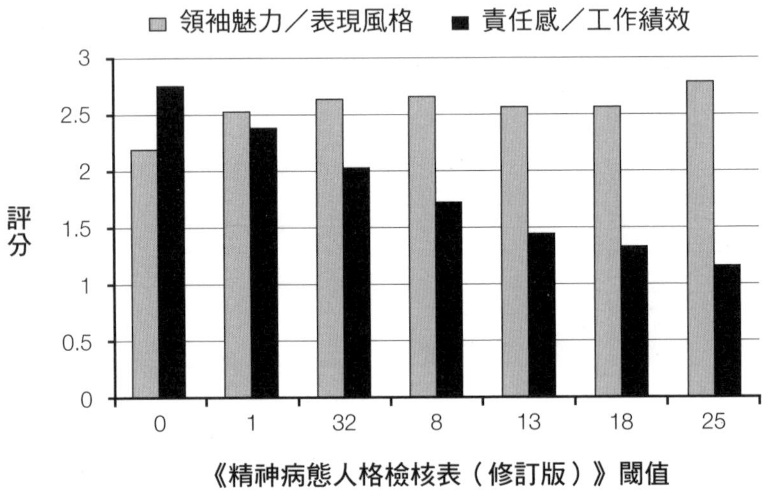

圖9.2 「領袖魅力／表現風格」和「責任感／工作績效」在不同《精神病態人格檢核表（修訂版）》閾值中的平均數。資料取自巴比亞克等人（2010）。

項，在較高閾值大幅降為「低分」。與其類似的是，他們整體績效表現的評估，從《精神病態人格檢核表（修訂版）》低閾值（也就是說，精神病態程度低）的「超乎預期」，到高閾值（高度精神病態）會跌落到「不如預期」或「遠低於預期」。

回想一下，樣本中《精神病態人格檢核表（修訂版）》評量分數在二十五分以上的九個人。這一組被列在精神病態範圍的人，他們的溝通能力評分最高，工作績效表現卻是最低。這是否解釋了他們何以能夠保住他們的工作，並在各自的公司被納入管理發展和接班計畫的名單裡？我們認為答案是如此。

表面上看來，精神病態的主管有很大的晉升機會。他們能說善道、而且架勢十足。不過，他們卻無法做到人們的期待，甚至令人大失所望。在幾個案例中，他們的工作表現和領導能力的評分，已經低到應該被免職或調任。其中有兩人，確實受到了懲戒、並列入試用的觀察名單。不過在調查進行時，他們仍繼續待在公司裡。而且不令人意外地，這些人都各自對他們的公司採取了法律行動！

同一主題的企業變異型

在第八章，我們描述了根據《精神病態人格檢核表（修訂版）》因素分數，所建構的個人剖繪。這裡，我們用相同的程序處理本章所討論的二百零三位企業主管樣本。統計的分析顯示，企業主管和罪犯有大致相同的剖繪，雖然前者的樣本數非常小（圖9.1）。也就是說，在兩個樣本都存在操縱型和攻擊型，這兩種不同精神病態的變異型。一如預期，在企業樣本這兩種變異型，遠比罪犯樣本要少見。

不論如何，他們績效表現的評分，和樣本中的其他人比較起來格外明顯。兩個變異型的工作績效評比，和樣本中其他百分之九十一，在所有四項精神病態因素分數低的人比較起來，只有不到一半的分數。這兩種企業精神病態變異型裡，包括了：副總裁和總監。攻擊型的變異型在《精神病態人格檢核表（修訂版）》的「行為控制拙劣」和「初期行為問題」兩個項目分數偏高。（參見表2.1）。

我們或許可以認定，他們比其他人更可能對員工和公司做出騷擾、霸凌、恫嚇等，嚴重的有害行為。同時，我們也可以認定操縱型的精神病態者，可能涉及詐欺、盜用公款等，嚴重瀆職的行為。不論哪一種類型，他們帶給員工的痛苦、挫折、無助感，必然都是難以承受。然而，這類具破壞性的主管在他們的公司裡不只順利生存，甚至前途大好。

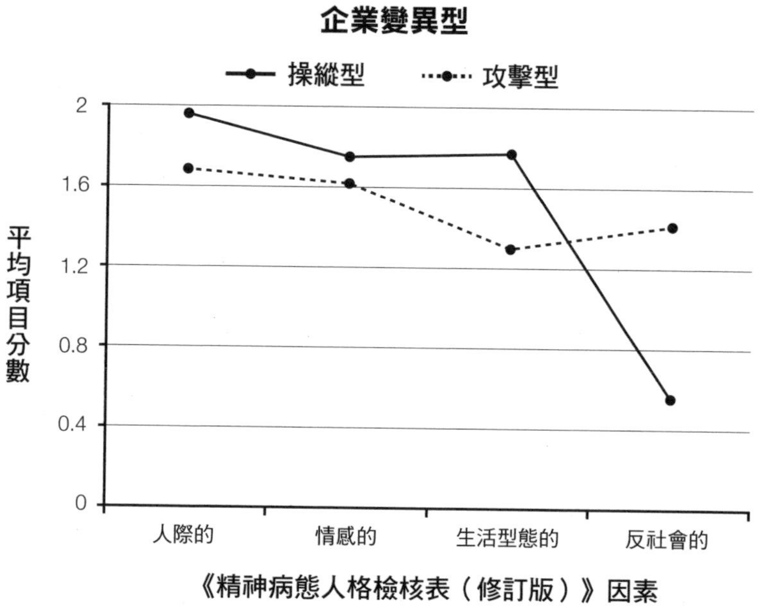

圖9.3 《精神病態人格檢核表（修訂版）》分數超過30分的高層主管因素剖圖

這代表什麼意思？

如巴比亞克等人所歸納[9]，也如我們在本書稍早前指出，深具潛力或「理想領導」的人格面具，是難以具體定義的概念，主管們往往依靠所謂的「直覺」來判斷這個複雜的特質。遺憾的是，一旦決策者相信某個人具有「未來領導」的潛力，即使是拙劣的績效評估，或是部屬和同儕的不良評價，都很難撼動他們的既定想法。實際上，精神病態特徵很容易被誤認是特定的領導特質。企業精神病態者「說的一套」，會掩蓋了他們實際「做的一套」。

這個研究的結果印證了我們在前面幾章所提出的觀察，我們要在這裡做個歸納，因為它對理解真正的企業精神病態者，為何能如此輕易操縱組織，非常重要：

- 他們的魅力和自吹自擂，有可能被誤認是自信或魅力領袖風格，因而掩飾了他們實際上的工作表現；同樣地，好的自我呈現、溝通、印象管理技能，強化了這種形象。
- 精神病態者操縱他人的能力，可能看起來像是好的影響與說服技巧，這是有效領導的標誌。
- 缺乏現實生活上的目標雖然是明顯的負面特質，往往導致精神病態者的個人生活日趨沉淪，不過一旦精神病態者套用適當的商業用語，可能被誤解成具有策略思維或是「具有願景」，這是非常珍稀的領導才能。

- 即使是反映嚴重欠缺人性情感，或情緒的一些特質（缺乏歉疚感、懊悔、同理心），也可能被企業精神病態者拿來利用，「強硬」或「強勢」（做出困難且不受人歡迎的決策），或是「臨危不亂」（面對不愉快的情境而不顯露情緒），可能對他們有利。
- 在《精神病態人格檢核表（修訂版）》因素分數很高的主管，對公司和員工會帶來特別嚴重的問題。

關於媒體如何誤導和錯誤詮釋上述研究，參見〈補9.3：華爾街「百分之十的人」〉。

討論

- 你是否曾與上述顯現企業精神病態人格的主管共事或擔任下屬？
- 他們是否成功，抑或最終被發現並被撤換？

補9.1 經濟與企業詐騙

普華永道（PricewaterhouseCoopers，簡稱PwC）在「二〇一八年全球經濟犯罪與詐欺調查」[10]指出，全球一百二十三個國家的七千二百個機構中，有百分之四十九是經濟犯罪的受害者，較二〇一六年的百分之三十六，升高一些。最常見的詐欺，包括：挪用資產、詐騙消費者、網路犯罪。內部的「詐騙行為人」所占犯罪比例，從二〇一六年的百分之四十六，升高為百分之五十二。對於公司內部控管和風險管理流程，有精細理解的資深經理人，涉及內部詐騙的比例達百分之二十四。

普華永道提到，從事詐騙機會的取得，是內部詐騙的關鍵因素。精神病態在經濟犯罪的參與程度雖不明確，不過可能占了相當的比例。《企業掃描360》（B-Scan 360）為這個議題的實證調查研究，提供了一些助力。

外部行為人涉及了百分之四十的詐欺；其中三分之二「與公司是『亦敵亦友』（frenemies）的關係——代理商、經銷商、共享服務的提供者和消費者」。普華永道提供了許多預防企業犯罪的方法。他們在二〇〇三年的全球調查所提供的建議，至今仍舊有效。

普華永道建議，要小心下列的主管：

- 從事明顯缺乏誠信的活動
- 傾向進行投機性質的投資，或承受不尋常高度的商業風險
- 對於規範或法律義務，展現不良的配合態度
- 規避、不合作，或濫用監管團隊
- 缺乏可驗證的業績記錄

補9.2 企業精神病態的誤測

巴迪（Boddy）和同儕們[11、12]在一系列文章裡，描述並使用了他們所說的辨識企業精神病態者的新工具。巴迪等人[13]說：「管理研究工具，《精神病態衡量——管理研究版》（Psychopathy Measure——Management Research version，簡稱PM-MRV），如今問世了……它根據的是全世界最普遍用來辨識精神病態者的心理學工具《精神病態人格檢核表（修訂版）》，和依賴同儕員工的報告。這個研究工具可以用來辨識，存在於企業管理階層裡的精神病態。」

這個「管理研究工具」的基礎，是一份由《快公司》雜誌（*Fast Company*）發行的問卷。[14]這份問卷裡，簡單列舉了《精神病態人格檢核表（修訂版）》的人際和情感面向（因素一）的八個項目。德茲曼（Deutschman）說，海爾的《精神病態人格檢核表（修訂版）》評估二十個人格特徵，當中一組八個特徵（也就是因素一），定義了所稱的「企業精神病態者」。他後半部的說法並不正確。不管是因素一或因素二，都不足以充分定義精神病態。

巴迪與《精神病態人格檢核表（修訂版）》出版者的討論過程中，巴迪承認，他從沒有實際看過《精神病態人格檢核表（修訂版）》的完整臨床版本，他也承認曾經讀過，檢核表主要的內容，是針對二十個行為領域進行的廣泛訪問。〔「多重健康系統公司」的卡勞蒂亞・洛伊（Claudia Roy, Multi-Health Systems），二〇一〇年十月七日與海爾的個人談話。〕

巴迪使用的程序，遠遠脫離了測試發展的心理學量測和專業標準。此外，《精神病態衡量：管理研究版》不僅錯誤解讀了精神病態構念，同時也未能針對精神病態與其他黑暗人格——馬基維利主義、自戀、虐待狂——做出區分[15、16]（參見補充材料〈補2.3〉）。

「區隔精神病態、自戀、馬基維利主義和其他黑暗人格，是提升企業傷害研究的重要關鍵。《精神病態衡量：管理研究版》只能評估這些黑暗人格一般的特徵（因素一特徵），因此無法提供關於它們的本質、所使用策略、在企業不良行為的重要資訊。

做為研究工具，《精神病態衡量：管理研究版》既非針對精神病態，對《精神病態人格檢核表（修訂版）》在企業精神病態構念的角色，也提供了誤導的資訊。它真正的危險在於，企業主管或人資單位，會使用它對個別員工做出裁定。」[17]

補9.3　華爾街「百分之十的人」

前文所述巴比亞克等人關於企業精神病態的文章[18]，所衍生出的許多新聞報導、部落格文章，和其他網路的貼文轉發，其中大部分是根據雪莉・德科夫尼（Sherree DeCovny）在《CFA研究院雜誌》（*CFA Institute Magazine*）一段不正確的陳述。（二〇一二年三／四月，第二十三卷，第二期）

在這篇名為〈金融精神病態者在隔壁〉的文章中，德科夫尼說：「這份由加拿大法醫心理學家羅伯特・海爾主持的研究中說道，一般人口中大約百分之一可被歸類為精神病態，但是在金融服務業的普遍程度，則是百分之十。」。

亞歷山大・艾奇勒（Alexander Eichler）採用了德科夫尼的說法，在二〇一二年五月十九日《赫芬頓郵報》中寫了一篇文章，標題是：〈研究員說，華爾街員工中十個就有一個是精神病態者〉。

不管是德科夫尼或者是艾奇勒，都沒有聯絡過我（海爾），來斷定資訊是否正確。第一位這麼做的人是約翰・格羅爾博士（John Grohol）。他寫道，「我搜尋PsycINFO尋找支持這個說法的資料，找到了你在二〇一〇年對於企業精神病態的研究，如果把論文裡的數字加起來，就可以得到調查人口百分之八點九的數字。不過，這份研究並非專門針對金融服務業。」[19]

格羅爾附上了我的回應，並且對於沒有查證事實的記者做出了他的評論。[20]並不是所有的人，都看了我在格羅爾網站上的評論。

《紐約時報》二〇一二年五月十三日，標題為〈資本主義者和其他精神病態者〉的一篇文章，威廉・德瑞斯維茨（William Deresiewicz）有如下的說法：「國內對於有錢人有著持續的爭論：他們是什麼樣的人，他們可能的社會角色是什麼。他們究竟是善或是惡。好吧，讓我們想想。最近的一份研究發現，在華爾街工作的人有百分之十是『臨床的精神病態者』，他們顯示缺乏對他人的同理心，還有『超乎常人說謊、捏造、操控的能力』。」（一般人的比例是百分之一）

在二〇一二年五月十五日，《紐約時報》評論版的副編輯寫信給我，「我擔心，上個星期日德瑞斯維茨一篇關於倫理和資本主義的文章，針對你的研究有不正確的描述。如今，我們嘗試改正……雖然我們對每一篇評論進行了事實查核，但我們漏掉了這一篇。我們很期盼端正視聽。」

我們用電子郵件進行交流，這位副總編輯安排《紐約時報》發布更正啟事，內容如下：

「這篇〈資本主義者和其他精神病態者〉文章，經修正後，做出底下的更正。

「五月十三日，關於倫理和資本主義的一篇評論，錯誤陳述了二〇一〇年關於企業中精神病態的研究。這份研究發現，在二百零二個企業人士樣本中，有百分之三點九達到所謂精神病態者的臨床門檻，而不是百分之十在華爾街工作的人是臨床上的精神病態者。此外，這篇在《行為科學與法律》期刊的研究所依據的，並不是代表性的樣本，這份研究的作者群說，百分之四的數字並不能概稱代表更大範圍的企業經理人和高級主管。」（二〇一二年五月二十日）

在二〇一二年六月二十三日，《赫芬頓郵報》寫道，「在二〇一二年二月二十八日出現在赫芬頓郵報的一篇文章，〈研究員說，華爾街的員工每十個就有一個是精神病態者〉，內容不正確、且已移除。」此外，「《CFA雜誌》並沒有針對我們反覆的詢問做出回應。《赫芬頓郵報》對此錯誤訊息，深表遺憾。」

為什麼我這麼在意這些意見交流？一個對企業主管特定樣本的實證研究，變成了關於華爾街精神病態的錯誤媒體報導。科學家進行研究，為的是理解一個特定的問題或現象，而不是讓他們的研究，被用在有關華爾街「有錢人」的政治評論上。

第十章 「企業掃描」（B-Scan）企業精神病態的評量表

有沒有想過，是什麼原因讓一個薪酬優渥的執行長去偷拐搶騙？也許因為他是精神病態者。現在有一個測驗叫做《企業掃描360》，可以幫我們做出裁定。《企業掃描》這套測驗，是由產業心理學家保羅·巴比亞克，以及診斷監獄囚犯精神病態特徵標準工具的創造者羅伯特·海爾，共同構想。《企業掃描》是揭露產業界領導類似心理傾向的第一套規格化的嘗試，同時它也呼應了越來越多人所懷疑的，精神病態者可能特別瞭解，如何在企業裡一路扶搖直上。（史坦伯格（M. Steinberger），《紐約時報雜誌》，二〇〇四年十二月十二日）

上面引述的文字，出現在《紐約時報》的第四本《年度新思潮》（*Annual Year in Ideas*）

特輯，代表它是過去十二個月所出現的嶄新概念之一。[1]

《精神病態人格檢核表（修訂版）》和它衍生的評量表，是透過合格的專業人員，以訪問和檔案資料／周邊訊息，做出的評量分數。自我報告的人格和精神病態評量方式，在大規模調查計畫中很常用，但是進行個人評估有其侷限。特別是聰敏、精神病態的個人，容易利用正面印象管理來左右分數。[2、3]我們希望建構一套衡量精神病態的工具，找出企業精神病態者沒有被管理階層察覺的、巧妙、且往往被隱晦的行為、判斷和態度。我們的動機不只是為了促進企業精神病態領域的研究，同時也希望提供機構一些洞見，找出過去看不到的、可能傷害公司及其員工的問題行為。

《企業掃描360》的起源

根據巴比亞克早期對產業精神病態者的研究，他描述如下的步驟：

> 我在瞭解且發現一位在產業界工作的精神病態者之後——我們在第五章做了介紹，我發表了一篇科學論文、並納入一些理論上的觀察。[4]隨著我的視野的提升，對精神病

態有更多的認識，我覺得自己已準備充分，可以找出更多寄生在其他機構的精神病態者。我小心謹慎、牢記海爾的建議，隨時注意觀察，並繼續擔任主管與機構發展顧問的職位，這個職務讓我得以接觸到數以百計的企業主管。我小心避免一些初入這個領域的人容易落入的陷阱，也就是：把每個人都當成是精神病態者！事實上，最後我花了十年的時間，來搜集和分析第九章所報告的內容。

在這些過程中，我知道許多問題的行為，這些公司事先都已知情，並透過各種管理發展計畫和接班計畫程序，予以處理。（例如：透過管理訓練、職務輪調，以及主管訓練等方式。）所幸，研究裡可取得的資料中，少數人有足夠的特徵和特色（所謂的「危險訊號」），可列為前文所述的企業精神病態。其餘的人，則多半是未受過管理技能訓練，或是有態度上或人格的其他問題。

我想要持續這個研究方向（它仍未經實證上的探索），但是我要怎麼做才能區分「企業精神病態」和單純就是「壞主管」，並且以對使用者友善、較不耗費時間的方式，讓願意參與研究的公司所接受？我們需要一個專門為企業界打造的新工具。最後的產物就是《企業掃描》（Business-Scan）。

打造《企業掃描》

我們根據八家美國公司的企業接班計畫和個人發展計畫的內容分析，發展出了《企業掃描》。針對員工的職場行為、態度、商業判斷、發展需求，由第一手認識的直屬長官（以及一些同事），負責進行評估。它們多半採自由的形式，在內容和表達方式有相當大的多樣性。我們把這些為數眾多的項目整理成大約兩百個特徵，（視需求）把用詞修改成標準的商業用語，並刪除（從人資部門的角度看來）可能違反法律的用詞。接著我們把這份種子項目清單交給一群精神病態專家，請他們評估每個項目對於評估精神病態，以及其特徵的「相關的」（relevant）程度和實用性。

我們另外分開一群營運和人資主管（他們並不知道每個項目與精神病態的可能關係），來評估每個項目對他們業務運作的「關鍵性」（criticality）。我們把關鍵性定義為，他們觀察員工每個特徵、行為以及其引發的行動之後，引發他們關切的程度。我們從中選出同時和評估精神病態高度相關（highly relevant），明顯有問題的商業行為（problematic business behaviors）的項目，組成兩個《商業掃描》的調研版本：一個是《商業掃描自我報告》（the B-Scan Self-Report）（包含一百二十六個自我評分的項目）和《商業掃描360》（the B-Scan

360）（包含一百一十三個項目，由主管或熟悉被評估個人的其他人來完成。*

驗證過程（證明工具確實衡量出它設計用意要做的衡量）的一個重要部分是，評估《商業掃描》反映了《精神病態人格檢核表（修訂版）》衡量精神病態構念的準確程度。這個過程包含幾個階段。首先是判定《商業掃描》的架構，是否能對應到海爾的精神病態四因素模型。一連串的統計分析把項目總數減低到二十項，並印證了《商業掃描》的四因素模型與《精神病態人格檢核表（修訂版）》的四因素模型，具一致性。[5]

《商業掃描》的因素如下，括號內是《精神病態人格檢核表（修訂版）》對應的名稱：

1. 操縱的／不合工作倫理的（人際的）
2. 冷酷無情／無感（情感的）
3. 不可靠／漫無目標（生活型態）
4. 威嚇／攻擊性（反社會）

---

* 作者注：360度反饋（360-degree feedback），是管理和主管發展常用的一個技巧，以確認由「員工周邊」（around the employee）多種不同的觀察者。包括：長官、下屬、同儕，共同完成整體的綜合性評估。

我們在各種公營的、民營的、非營利、政府部門和其他領域的員工，進行第二次有效性測試。我們也納入了社群樣本。例如：由「亞馬遜土耳其機器人」的線上數據，收集服務所取得的資料。這些研究的目的是：（一）從統計上，確認這些項目的安排符合理論設計。（二）簡化清單，只保留提供最多資訊的項目；也就是說，我們希望只保留最能掌握與精神病態相關的行為、態度和判斷的項目。

這個結果產生了四種不同版本的《商業掃描》：《商業掃描B自我報告（短版）》和《商業掃描360（短版）》（供研究人員使用），以及《商業掃描自我報告（長版）》和《商業掃描360（長版）》。（可供人資和商業諮詢專業人員使用，或提供他們在篩選、晉升和主管發展計畫中運用。）

第三次的測試，則是關於用《商業掃描》所衡量出的企業精神病態，是否能準確衡量或預測出與精神病態其他變異型之間已知的、或懷疑的關係。《商業掃描》是否能超越其他衡量方法，提供我們對於企業精神病態的任何洞見？我們發現，顯然是如此。

《商業掃描自我報告》

《商業掃描自我報告》緊密對應了以《精神病態人格檢核表（修訂版）》為基礎的自我

報告衡量，也就是《精神病態自我報告量表（第三版）》（Self-Report Psychology Scale-III，簡稱SRP-III）。[6]和其他精神病態衡量一樣，《商業掃描自我報告》和自戀與馬基維利主義有密切關聯。在正常人格特質方面，《商業掃描自我報告》和《精神病態自我報告量表（第三版）》相關的是低度「親和性」（Agreeableness）（可信任、誠實、利他、服從、謙虛、溫和）和「盡責性」（Conscientiousness）（有能力、有秩序、金澤、以完成任務為目標、有紀律、做事先計畫）。在一項驗證研究裡[7]，我們發現《商業掃描自我報告》和《精神病態自我報告量表（第三版）》，在正常人格特徵關聯呈現了相同的模式，至於自戀和馬基維利主義，則與不同的正常人格特徵相關聯。這說明了《商業掃描》雖然供職場使用，仍可反映精神病態，同時它的結構也遵循《精神病態人格檢核表（修訂版）》的四因素結構。

借助《商業掃描》理解企業精神病態

自前文引述的《紐約時報》報導之後，這些年來使用《商業掃描》所發表的研究數量持續成長。若要深入探討所有使用《商業掃描》的研究，已超出本書的範圍。無論如何，這些研究，以及這些年來我們與各種不同機構主管合作的研究，讓我們有更多的資訊針對本書進行重新修訂。

這裡有幾個值得一提的發現。（同時請參見近期討論《商業掃描》的角色和「黑暗三角」在職場的評論。）[8]

企業精神病態與性別

大部分精神病態的研究對象都是男性。在總體人口裡，男性精神病態普遍程度明顯較高，這代表有較多的男性在精神病態衡量表得到高分，「有資格」被稱為精神病態。[9]、[10]、[11]在監獄中的囚犯，似乎也呈現同樣的模式[12]（參見〈補2.4：性別、族群、文化對於種族、性別，和族群／文化差異對精神病態和它衡量方式的討論〉。）

使用《商業掃描自我報告》和《精神病態自我報告量表（第三版）》（Paulhus et al.，2016），我們發現男性兩個評量表的分數明顯高於女性。[13]這說明了職場中精神病態存在著性別差異。此外，一份公家機構四百二十五名員工的樣本裡，我們發現在《商業掃描360》的所有四個因素，以及《商業掃描360》的總分方面，女性主管的分數明顯低於男性主管。[14]

這是非常有趣的結果，它們開啟了女性精神病態研究的一個新的角度。女性不僅精神病態分數低於男性，而且在她們底下做事的人，也感受到他們精神病態程度低於男性主管。考量到被認定有精神病態特徵的經理人，可能對職場帶來負面的衝擊，這些調查結果似乎重新詮釋了媒體大亨彼得·格魯伯（Peter Gruber）的名言：「這個職位的最佳（男）人選，往往是個女人。」（The best man for the job is often a woman.）

職務上的騷擾

一些受矚目的職場騷擾和不當性行為經媒體披露後，掀起了#MeToo風潮，也讓職場騷擾成為媒體關注的議題。各方的努力支持，讓受害者勇於出面。職場騷擾的研究發現，它會帶來眾多的負面衝擊。包括：對公司的投入程度、工作滿意度、生活滿意度的降低；轉職意願的提高；以及焦慮、沮喪、生理上的徵候。[15]不過我們對這類人格特徵所知仍不多。大體而言，我們知道職場騷擾的加害者多具有叛逆傾向，[16]人格特質的親和性（Agreeableness）較低。[17]他們也展現報復的心態，[18]誠實／謙卑的特質低下，[19]在乎自己「身為男人」，[20]同時多半掌握管理職位。[21]

讀者們應該看得出來，所有標示職場騷擾加害者的特徵，也是精神病態者展現的類似特徵。因此，我們想探索的是，精神病態是否是職場騷擾相關的背後因素之一。

馬修與巴比亞克（Mathieu and Babiak）[22]運用《商業掃描360》，在一個公家機構進行了研究，由員工對騷擾他們的加害者，就精神病態和其他人格特質進行評分。我們發現，精神病態是職場騷擾最強的預測指標（影響力超過其他通常在僱用員工時，考量的其他人格特徵）。這一點凸顯了《商業掃描360》這類可靠的心理工具，對衡量涉及職場騷擾的黑暗人格特質的重要性。

員工不是離開職務，他們是離開（精神病態的）上司

在一個關於領導階層對於員工工作滿意度、對公司的投入，以及離職念頭的影響研究中，產業機構心理學家們（I-O psychologists）[23]發現，經理人欠缺人際關係技巧，比缺乏技術性的能力，對員工的影響更大。這代表的意思是，如果領導者要帶給員工正面影響，他們必須具備良好的人際關係技能，像是：聆聽、同理心、鼓勵和激發員工潛力、處理衝突、提供支持、展現誠信等等。以任務為導向的領導者，可能會欠缺這些人際關係技能，至於更危險的領導類型，不僅缺乏人際的技能，還會使用冷酷無情的操縱和暴力來遂行自己的目的。

馬修、紐曼、巴比亞克、海爾（Mathieu, Neumann, Babiak, and Hare）[24]，評估了管理者的精神病態特徵，包括：對員工的工作與家庭衝突（work-family conflict）、心理困擾

（psychological distress），以及工作滿意度（job satisfaction）的影響。我們發現到，在《企業掃描360》對主管（精神病態）評分較高的員工，也有「較高」的心理困擾和工作與家庭之間的衝突，同時對他們的工作滿意度也「較低」。在一項後續的研究中，我們發現管理者的精神病態，是員工工作滿意度低的預測指標，進而成為員工意圖離職和離開公司的預測指標。

在高度競爭的世界裡，企業組織無法承受員工因不滿意工作和心理困擾造成的後果。不滿意和不快樂的員工就沒有生產力，而員工沒有生產力，則直接影響公司的財務績效。**留住適任員工是組織成功的關鍵**，如今我們知道，**至少有一個因素會影響對員工的慰留，那就是直屬長官的核心人格。**

精神病態與領導風格

一個好的領導者需要什麼？在企業文獻裡，領導統御是最被廣泛研究的主題。多年來，許多領導理論被發展和測試。企業心理學家艾沃里歐和巴斯（Avolio and Bass）[25]發展了一套極具影響力的領導模型——全方位領導力模型（Full Range Model of leadership）。全方位領導力模型由三種領導風格組成：放任型領導（Laissez-Faire Leadership）、交易型領導

（Transactional Leadership）、轉化型領導（Transformational Leadership）。

放任型領導指的是缺席的領導者，他們避免互動和處理問題，在員工需要他們的時候也都不在。放任型領導與員工較低階的工作，和主管滿意度低有關。[26]

交易型領導關心任務導向和目標導向的行為，也就是說，領導者會獎勵這些行為、監督錯誤，並設定標準。過度重視這類型領導風格的領導者，多半在意員工的過錯、威脅祭出懲處，促使員工達成公司目標。

轉化型領導是構成全方位領導力模型的三種領導風格中最正面的一個。它有四個因素：個人化的考量（對員工給予個人的關注）、才智的啟發（鼓勵員工跳脫框架思維）、激勵動機（透過信心和動態的出現影響員工），以及理念化的影響（透過個人的成就和性格，展現角色模範行為）。轉化型領導風格與員工壓力減輕、[27]對公司投入程度提升、[28]團隊績效提升，[29]以及員工的正向心理健康相關。[30]

我們想要理解的是，這些領導風格是否與精神病態相關。馬修和巴比亞克[31]詢求兩個不同類型公司的員工（一個是公部門的機構，另一個是大型金融公司），以全方位領導力模型和精神病態量表（使用《商業掃描360》），對他們的直屬上司進行評估。我們發現，精神病態分數較高的上司，在兩個正面領導力（也就是交易型和轉化型領導）的分數明顯「較低」。我們也發現，精神病態分數較高的上司，放任型領導的分數也較高。這些結果顯示，精神病態者不只是在人員管理上不可能太有效，他們在任務管理上同樣不大有效。事實上，一旦他們取得領導職位，很可能會成為不可靠的領導者，在員工需要他們的時候總是不在，也不能支持員工。

這些結果支持我們使用《精神病態人格檢核表（修訂版）》，我們發現：精神病態領導者擅長「說一套，做一套」。他們的領導魅力讓他們受聘僱為領導者，但是長期而言，他們並不能成為好的領導者。

精神病態與剝削型領導

管理顧問班尼特・泰珀（Bennett Tepper）[32]將不當督導（abusive supervision）描述為「持續展現敵意的言語和非言語行為，肢體的接觸不包括在內」。與它相關的是，相對較低階的工作和生活滿意度、對公司投入程度低、工作與家庭的高度衝突，以及整體的心理困擾。根據估計，美國機構一年造成生產力流失、曠職以及健康保險的損失，達到二百三十八億美元。[33]在《商業掃描》的發展過程中，我們很清楚地看出《精神病態人格檢核表（修訂版）》的反社會因素，（包括：行為控制不佳、初期行為問題、青少年不良行為、撤銷假釋，以及犯罪多元化等項目）在《商業掃描》裡的表現是威脅和霸凌。

我們針對非營利機構九十五名員工進行調查，毫無意外地發現以《商業掃描360》衡量的精神病態與剝削型領導「有強烈關聯」，導致員工工作滿意度降低、離職意圖提高。[34]為什麼一開始會僱用這些經理人？還有，他們如何保持住自己的職務？我們在本書中列出了這些問題的答案；我們相信，有很多上司是好人，有良好的訓練和正向的動機；另有一些人單純是「壞老闆」；最後，還有一些是企業精神病態者，是我們前幾章所討論的對象。

精神病態可預測剝削型領導行為，或許不讓人意外。不過，這些調查結果也說明了，我們可以利用心理衡量工具（這裡用的是《商業掃描360》），來找出精神病態特徵。企業組織和人資的專業人員，不應該單純依據任務取向的技能，來聘僱領導者；他們也必須考量與正向領導風格相關的人際關係技能。這類的人際關係技能，包括：聆聽員工、同理心、合乎工作倫理的行為、團隊的打造、激勵和支持員工的能力、誠實，以及謙卑。精神病態者在這些技能的分數，多屬偏低。

這個研究領域還很新，因此還需要好幾年的研究，公司才會開始對這個情況嚴肅看待，實施更有效地篩選、任命，以及晉升的流程，把具有黑暗人格的負面影響納入考量。**事實上，剝削型的領導者，並不是公司製造出來的。但是問題是，他們是公司僱用和晉升的。**[35]

第十一章 大門外的敵人

卡拉匆匆走下迴廊，她手裡拿著咖啡，將文件夾挾在腋下。這種會議她不喜歡遲到，不過她剛剛收到一些新訊息，可能對今天要做的決定有幫助。

十點〇二分，她瞧了瞧房間裡的大鐘。

「抱歉遲到了，」卡拉說，把文件夾放在她座位前的會議桌上。她從皮包裡拿出皮夾，掏出了兩美元把它放在桌子中央。雖然過去一年來這家公司有很大的變化，但有些老規矩還是沒變——遲到一分鐘要罰一美元。這是幾年前，時間管理顧問向執委會提出的建議，以加強自己的紀律，從此一直延續了下來。他們喜歡這個規矩；現在每個總監以上的主管會議都依例奉行。一開始的時候，罰款是一分鐘兩角五分，往往一年下來累積的錢足夠請全公司的人吃披薩。現在隨著通貨膨脹，罰款漲到了一美元，但是守時的情況改善，反倒讓吃披薩的機會變少了。

「很高興我們到齊了，謝謝大家，」執行長強森說。「為了新任溝通總監的人選，各位都面試了摩根和湯姆，今天的會議要請大家分享看法，討論一下履歷和推薦信裡的資料，並做出決定。大家是否都清楚了？」他問，一邊環顧會議室裡選拔委員會的成員。

眾人點頭表示同意。

卡拉把兩個人選的資料發給在場的每個成員。這些資料，包括了：他們面試的成績、資歷查核、背景查核，以及人力銀行所做的評估。「封面總結整理了我們所掌握的資料。我給大家一分鐘的時間把它讀完，」她說，大家仔細閱讀內容的同時，她從文件夾裡拿出了其他的資料。

「從他們列舉的工作職能來看，很顯然這兩人難分軒輊。不管是對業務的瞭解、建立外部關係、口語溝通風格、書面溝通，以及商業敏銳度。他們過去服務的單位都給了高分的評價。摩根在解決問題和做整體決策上表現較好，不過有個查核資料提到，他往往過度投入細部工作，未能做到充分授權。湯姆正好相反，他對部屬往往過度授權，他的前任老闆認為，有時他把自己該處理的工作也委派給了部屬。」

「我在面試的時候也有同樣的印象，」聘僱經理奈特說。「湯姆告訴我他喜歡開發他底下的人，充分授權就是達成這個目的的手段。摩根似乎不認為凡事都自己來有什麼問題；事實上他為此感到自豪。不過，當時他手下的員工，並不像湯姆那麼多。」

根據兩人其他方面的專長，討論持續進行。團隊對兩人欣賞的程度，到最後仍不相上下。

「有提到他們有待發展的部分嗎？」強森詢問，一邊翻閱報告。

「有，下一頁，可以看到列舉的內容。湯姆並沒有接觸過太多其他的業務，他主要是待在溝通部門。至於摩根，在到溝通部門之前，有一些行銷的背景，」卡拉回答，「所以他涉獵較廣。」

「我喜歡摩根的這一點，」奈特補上一句。「雖然湯姆出身MBA，對企業有一些理解，不過摩根還可以談論日常作業的實務。這一點我要多給他一點分數。」

「那摩根呢，他有什麼待發展的部分？」強森問。

「是的，他過去在工作上幾乎沒有擔任主管的經驗。他一開始是市場分析員，接著升到資深職位，仍舊是單打獨鬥。他轉任到溝通部門，是因為他們有職缺，而他自己對新聞界一直很有興趣。」奈特回答。「摩根在三年內晉升了兩次，不過一直到前一個工作，他才負責管理的工作。」

「這麼說來，如何授權部屬做事是他有待發展的部分，」卡拉加了一句，在她檔案上做了筆記。「我從一個來源得知有關湯姆做事風格的說法，他認為湯姆對部屬非常嚴厲。從摩根的資料看來，並沒有關於他管理風格的實際資訊。」

「我和摩根對於他管理風格有一番長談，雖然他沒有太多實際的經驗，不過他所說的都頗有道理。」奈特說。

「我的感覺也一樣，」卡拉說。「摩根談了許多管理的理論，不過他並沒有實際經驗。」

「嗯，我想透過一些訓練這問題不難處理，」奈特說。

小組繼續討論兩個人選的優缺點，彼此分享各自的印象以及履歷表上面的資料。

「關於我們現在面臨的媒體問題，他們的處理能力如何？各位怎麼看？」強森問，他的眼睛看著奈特。

「以湯姆來說，」奈特開始開口，「我喜歡的一點是，他和媒體有不少接觸，他曾經在一次產品危機中擔任公司代表。摩根幾乎沒有在媒體前露過面。不過，他倒是設計了一套詳細的溝通計畫，我大概在一個星期前已經轉發給大家。」

「測驗的結果怎麼樣？」強森問，他指的是所有高階職務人選在聘僱過程都要做的心理測驗。

「湯姆較為外向有主見，幾乎是有點過頭，」卡拉回答，「而摩根比較拘謹，也許是不夠有自信。不過整體來說，結果很有趣。」

「有趣？」強森問，面露笑容。「這倒新鮮。你說的『有趣』是什麼意思？」

「兩人的盡責性、對理念的開放性、才智，還有社會化的表現都很好。」卡拉接著說，「不過，讓人意外的是，湯姆的分數是顧問們所見過，在商業界最高分的一個。」

「再說詳細一點，」奈特說，一邊把椅子湊近。

「我們針對每個應徵的職缺，都有設定特定的分數範圍。摩根的分數很好，各項成績都是適當的人選。但是，湯姆在各項分數都是完美的滿分。我不確定這是什麼意思，但我真的很好奇他是怎麼辦到的。」

「或許他是我們的完美人選？」奈特問。

強森看看自己的手錶，告訴小組成員他要準備下一場會議。他從位子上站起身，建議他們其他人可以繼續討論，並請他們在下班之前把他們的決定告訴他。

討論

- 你會想把職務交給誰？
- 在決定之前，你還想知道更多關於什麼的資訊？
- 對於兩個人選，你是否注意到任何「警訊」？

聘僱和篩選：第一道防線

這個部分，著重在公司如何避免僱用和晉升企業精神病態者。雖然沒有任何流程可以確保萬無一失，根據透過充分的認識來小心提防，將有助於防備。

首先，我們會簡單介紹公司僱用和晉升員工的基本人事流程。我們也請各位讀者一起來找尋這些流程有哪些缺點或漏洞，可能讓精神病態者趁虛而入、或為非作歹不被注意。此外，我們也會提出一些防堵漏洞的建議。

管理一個機構的人力資源，是高階主管最具挑戰性的任務之一，查找、並處理問題人物的能力事關重大。人資部門要負責找尋和僱用新員工；處理薪酬和獎勵計畫；處理與員工和工會（在適用情況下）的關係；發展、並提供員工就職與訓練計畫；還有，主管績效評量與職能發展流程。一些較大型的人力資源部門，也要提供高階主管對於管理變革、高階主管發展、繼任，或取代計畫的訓練和指引。

人資管理最具有附加價值的功能在於找尋、吸引，以及留任具有才能的員工。有職缺需要填補的聘僱經歷，或是必須加班填補臨時空缺的同事，可能會好奇，為什麼僱用一個人要花這麼多時間。答案在於，應徵人選在接受職務邀約之前，必須通過篩選的過程。

一般而言，聘僱經理首先會評估職務需求，對工作描述做一些修改。這也許是一個繁瑣的流程，但是它對招聘適當員工來說非常重要。下一步是把職缺廣告放在公司布告欄和網路上。如果這個職位的職級夠高、或是需要很特定的專業，公司可能也會透過專業的招聘公司來預先篩選人選。接下來，對於避免公司僱用到精神病態者，至為重要。

小心篩選履歷表

在網路興起之前，公司的一個職位招募可能收到十份履歷，之後要以人工方式進行檢視。如今，網路的徵才廣告可能吸引大量的應徵者，不過演算法會自動刪選，找尋符合職務標準的關鍵字。透過履歷表來篩選人才的主要缺點，無非就是應徵者可能會誇大或假造，而電腦的演算法不夠聰明，無法區分真實和謊言。當然，應徵者的履歷會針對特定公司而調整內容，反映他們本身的知識、技術和能力，與公司徵才廣告上的要求相符。這實際上是明智的做法，它凸顯了聘僱公司關注的重點，比較有機會成為演算法篩選的關鍵字。這可能幫助應徵者跨過應徵的第一關門檻。不過，不管履歷表如何精心設計，最要緊的是，這個人必須真正符合所需的資格和經驗。

精神病態者和惡名昭彰的騙子，他們往往會逾越了善於自我推銷和公然撒謊之間的界限。對精神病態者的研究中，我們見識過履歷表裡，列舉了：應徵者不曾擔任的職位、不曾存在的公司、不曾發生過的升職、實際上不存在的專業會員資格、不曾得到的獎勵和推薦、應徵者自己杜撰的推薦函，甚至是假學歷、文憑及專業執照等等。為了找出精神病態的欺瞞行為，在面試過程開始之前，查證每一個履歷表上的資訊是一件基本工作。這是一個耗費時間、但必要的工作。不過一般說來，履歷的查證工作往往是在面試之後才開始。這讓聘僱經理在面試時處於不利的狀況，因為他只能依賴履歷表上的資料來判讀，而精神病態者最擅長就是聲張自己說法的正當性。

以最低限度來說，在一開始面試前，應該先聯繫大學註冊組查驗履歷上學歷的真實性。有些時候，應徵者會更動一點文字，讓自己的學歷聽起來更響亮（舉例來說，工程學（engineering）聽起來要比工程技術（engineering technology）更困難、更高深）。同時由於較高等的文憑多半必須提交論文，而經驗豐富的技術專業人員，有時也會撰寫文章和科學論文，因此小心謹慎的公司不嫌麻煩，會把這類的論文找出來，由技術部門的人員來研讀和評估價值。Google學術搜尋（Google Scholar）是供這類用途很好的工具。專業的證照，特別是為保障民眾權利由政府授予的執照，像是：醫學、心理學、工程等領域，都可以透過相關單位來查證。線上的數據庫很容易搜尋。Google對於取得應徵者資訊也很有幫助，有些應徵者有自己的網頁。

遺憾的是，除了一些明顯的謊言之外，這種初步篩檢難以確保準確性。**一般而言，讓人眼睛一亮的履歷需要更深入的查證，才能確認你印象的準確度。**

電話篩選訪談

正式面試之前以電話（或是Skype、Zoom、FaceTime等通訊軟體）訪問篩選，可以節省很多時間和費用，還可以從較大的人才庫中考量人選。這是從較個人的層面認識應徵人選，收集更多他／她的工作經驗細節的理想方式。一般來說，我們有機會以開放式的提問，來探索應徵者的動機和個人對職務的興趣。比如：「多跟我說一些關於……」或是，「你為什麼想應徵這份工作？」信息充分的應徵者，大致猜得到面試者想知道的內容，並策略性地提供工作經驗的例子，以呼應他們沒有說出口的疑問，具有良好溝通能力的人，可藉此提升聘用的機會。當然精神病態者會敏銳察覺對方想聽到的話，在訪談過程中施展他們的言語操縱；不過，這個時候幾乎不可能區分他們與合格應徵者之間的差別。即使是透過視訊得到一些非言語的線索，還是無法保證面試者，可以準確察覺出謊言或扭曲事實的部分。

理想情況下，公司可能想要記錄下這些訪談（徵得應徵者的同意）、並允許其他員工進行評估。接下來，他們就可以整理隨後正式面談要提問的問題。精神病態者談話和操縱的技巧，有可能騙倒經驗豐富的精神病態研究員，他們稍後重新評估影音紀錄時會發現，應徵者的言談，充斥了花言巧語、前後不一致、謊言、扭曲、矛盾，以及不合邏輯。除此之外，研究人員還可以利用精神病態者的相關資訊（例如：犯罪紀錄和心理評估），這是公司可能缺乏的資料。不過另一方面，面試人員也要小心，不要過度在意對方在訪談時說法出入。雖然如今電話非常普遍，但有很多人並不擅長透過它來自我陳述，特別是在緊張的時候，壓力會影響他們的正常判斷和流暢表達，這在電話應徵職務時也是常見的情況。當然，較年輕的應徵者偏好使用簡訊勝過其他的溝通模式，這讓他們在電話訪談和面對面的會談時，處於較不利的地位。不過，面試者至少應該詳細記錄任何前後不一致的說法，並在後續的面試處理他們關切的問題。

面對面篩選訪談

通過最初電話篩選的應徵者，會受邀參加面對面的會談，與人資部人員、聘僱經理，多半還有職缺部門的一位技術人員進行面試。這些人觀點各自不同，不過他們的共同目標是在有限的時間裡，儘可能瞭解應徵者、並做出非正式的聘僱決定。

人資部門人員多半認為，這是判定應徵者「與人溝通能力」和「適不適合公司」的最好機會。有些聘僱經理也期待人資部門能判定應徵者的心理健康狀況（這是通稱的說法、但也時常被誤用）。這顯然是不合情理的期待，因為缺乏心理評量的情況下，未受過專業訓練的面試者，要對心理健康做出正式評估是不可能的事——恐怕也和個別職務不相關。**要記住，精神病態並「不是」一種精神疾病**（mental illness）。

令人意外的是，**許多經理人在聘僱面試中會犯兩個重大的錯誤，這兩點都正好被精神病態者拿來利用。有些人沒有準備適當的面試問題，有些人則是什麼都沒準備！**好的應徵者有清楚、且正當的主張：他們想要這份工作，他們希望職業生涯有所進展，他們也想為特定的公司工作。對應徵者來說，面試是讓公司理解他們能力和工作動機的機會。他們會預先演練自己的簡報和準備可能的提問，他們也會閱讀有關面試技巧的書籍，準備一些常見問題的答案，包括：一些有挑戰性的問題，像是：「跟我們說說你最大的缺點」、「要是……你會如何處理」，或是「如果你工作生涯可以做一些不一樣的事，會是些什麼？」

精神病態的應徵者也有一套「隱藏的主張」：他們想跟面試者玩「腦力遊戲」，他們的目標是取得金錢和權力，因為他們自認理所應得——不需要付出真正努力。面試的機會正好是精神病態應徵者大顯身手的最理想場景。因此，聘僱經理應該花一點時間和精力，準備一些仔細設計的問題，以取得做出正確決定所必須的特定資訊，並讓應徵者被迫做出超出事先演練的應答。

一些經理人會犯的第二個錯誤是，沒有參加面試技巧訓練課程，且相信自己沒有需要，因為他們的社交技巧和經驗就已足夠。有些面試者在面試時採用自由發揮、漫無結構的方式，並依賴「直覺」或跟對人的印象，這種風格與我們所理解的理想面試技巧，正好背道而馳，而且遺憾的是，這會讓普通的面試者，容易受到精神病態應徵者的操縱和巧妙的印象管理所左右。

許多面試技巧的訓練課都不難取得，最佳做法多半按照如下的形式：

開場。握手，提供飲料，詢問到面試地點的交通方式，討論天氣和一般的開場寒暄話題，以化解面對面會談的緊張，也為真正的訪談鋪路。

初步探索。關於應徵者背景、經驗、專業、教育，對職務的興趣的一般性問題，通常是遵循履歷表的格式。

詳細提問。探問應徵者的背景與應徵職務相關的問題。

訓練有素的面試者會注意聆聽三個層面的回應：對問題的「檯面上的回答」（overt answers）、應徵者給面試者的「印象」（impression），以及「回答背後（underlying）所反映的能力、動機和價值觀」。

首先，說明檯面上要回答的問題或應徵者關注的話題，諸如：

- 應徵者在這個職務真正要做的是什麼？
- 他／她在公司的角色是什麼——是輔助性質，還是領導性質？

- 應徵者對計畫案的成果能發揮多少影響？
- 出現問題時，應徵者會如何處理？
- 應徵者在他／她的工作生涯是否有成長，隨著時間承擔更多的責任？

其次，在應徵者開口說話後，面試者可發展的印象，包括：

- 應徵者表現如何？第一印象是否隨著訪談而有變化？
- 他／她的肢體語言透露了什麼？
- 應徵者對自己的職涯和這份工作有多認真（和務實）？
- 他／她是否令人喜愛、聰明、認真投入？
- 應徵者為了這場面試，是否對這份工作和這家公司預作瞭解？
- 應徵者是否直率提供資訊；他／她的表現是否誠實？

第三，探索背後的能力、動機和價值觀。

- 這個人在面對面壓力的情況下，是否能溝通良好？
- 應徵者是否對詢問的問題感興趣並維持專注，還是自顧自的漫談？

• 應徵者對於職涯的異動是否展現良好的判斷力？
• 應徵者是否表現出領導能力、誠信、有效溝通、團隊精神，以及說服的技能？

面試者常犯的一個錯誤是，偏重檯面上的回答和個人的印象，而沒有考慮到背後、可以移轉的能力、動機和工作價值觀。要建構一套問題來挖掘這類訊息，需要下不少工夫，要正確詮釋他們的回應，也需要豐富的面試經驗。注意聆聽和勤做筆記的技能非常重要，正如我們也需要敏銳的耳朵，來分辨精神病態應徵者前後不一致、過度誇大的回應。

提供職務和公司的資訊

應徵者對職務的日常運作瞭解得越多，他們就越知道這個職務是否與他們的期待和能力相符，以及這個職務能提供他們什麼。應徵者若能從面試中得知資訊而決定是否接受職務，可以節省雙方的時間和精神。不過，**面試者常犯的錯誤是花太多時間描述公司的職務和部門，以至於沒時間探問一些重要的問題。應徵者自然多半不會打斷談話，而精神病態的應徵者則會利用這個機會，讓面試者自我滿足。**

對疑慮問題的追加提問

如果應徵者透露的資訊太少、未討論太多細節，或是回應沒有切中面試者的提問，那麼就該重新做更深入的探問。舉例來說，當應徵者說，「我團隊的計畫案，因為低於預算、且超前進度，而得到公司獎勵。」面試者應該會好奇：

- 應徵者是這個團隊的領導者嗎？或者非領導者，但扮演活躍的角色？
- 應徵者是否借助團隊的經驗展現領導力，即使不具實際的職稱頭銜？
- 公司是否認可應徵者的表現，在之後的計畫案賦予更多的責任？

對疑慮問題的追加提問，可以挖掘一些原本說不通或相衝突的細節。前後不一致或是不合情理的說法，有可能是匆促回答導致，但可能出自刻意扭曲、誇大，或憑空捏造。面試者深入探問以理解實際的技能和真實動機。這個階段面試者典型會詢問的問題可能是：「我想回到前面你談到你參與的企劃案團隊。你被指派的『確切角色』是什麼？」（應徵者回答。）「你跟……的關係大概是什麼樣子？」諸如此類。比較缺乏經驗的面試者，有時可能較不容易進行這類的詢問，不過，較尖銳的問題可能是解除疑慮的唯一方法，而清楚明白的回答，則是應徵者保住聘僱機會的唯一方法。在這裡同樣要從多個不同的層次去分析對方的回答，以找出更多關於能力、動機和價值觀的資訊。

收場

應徵者會想要知道應徵過程的下一步是什麼，而面試者應該提出符合情境的回答。公司也應該重視面試後續的承諾。

接下來，基於我們研究企業精神病態者（以及不留意而僱用了他們的公司）的經驗，對聘僱經理改善面試流程，提供一些建議。

掌握面試的控制權！

精神病態者在面試中有極佳的表現，主要靠的是「避開單刀直入的提問」，而「把話題帶到他們認定面試者會感興趣的內容」，以期待「建立融洽的關係」。這是容易讓人掉入的陷阱；在你搞清楚之前，應徵者已經反過來成了訪談你的人，打亂了你本來的計畫。回想一下，前面提到企業精神病態者的第一步，是說服聘僱經理／團隊提供這份職位給他，即便應徵者缺少必須的知識、技能和經驗。精神病態者仍會很快研判出，面試者到底喜歡強勢出擊還是溫情攻勢，他們在大多數人會覺得為難的場合，照樣可以侃侃而談、而不會出現社交焦慮或不自在。這讓他們得以針對自己的專業經驗、誠信和能力，編造出讓人信服的故事，並以自信的態度使用一堆專用術語和行話，連專家都可能被愚弄。當然，觀察敏銳的面試者，或許可以看出這些說法只是膚淺的皮毛之見。但不論如何，這都不會是一個容易的任務。

如果精神病態者在面試過程中有任何細節受到挑戰，他會很快轉換話題，巧妙地閃躲，通常還會重新修改一個可信的故事，讓面試者明知對方在說謊，也會自我懷疑起來。精神病態者的目標，是讓聘僱人員相信，他有絕佳的工作背景、經驗、擔任職務的動機，以及第一天就上手的個人特質。「我是理想員工」，這個精神病態虛構可能極具誘惑。

請舉例說明

在藝術和娛樂圈，應徵者出席時通常會帶自己過去的作品當佐證資料，模特兒會帶許多照片，視覺媒體專業人員帶著影片，記者則帶著他們的文章。這讓聘僱經理得以判斷應徵者的品質、風格，以及對職務的適合程度。對企業應徵者而言，聘僱經理應該要求他們提供過去實際撰寫的報告、製作的簡報，以及完成的計畫案。這些資料當然有些部分基於保密原則，會抹去一些可供辨識的內容，但是聘僱經理應當可以解讀和判斷大部分的內容，指引公司瞭解每個應徵者過去的成績和未來工作表現上的期待。

積極表現的精神病態者假造報告或是從網路找資料，以滿足聘僱公司的需求，應該不致於讓人感到意外，多數的精神病態者甚至無意費這麼大的工夫。如果你懷疑應徵者假造或剽竊作品，深入調查作品的實際內容，或許是唯一的選擇。不過，這個做法預設了聘僱經理具備技術性的專業，或是不具專業時能尋求專業技術的面試者協助。

把重點放在行動和行為

有些應徵者對過去的說法模糊，沒有提供充分的細節說明自己「真正做了什麼」。也有一些人吹噓自己的貢獻，過度誇大自己在工作上的重要性。完整的回答，應該包括應徵者對完成某個目標或解決某個問題的陳述，之後對他們的實際工作進行直接的或是側面的評估，最後是評估他們的成果。包括，對整個工作任務帶來的影響。

釐清細節

如前文所述，當應試者的回答無法提供充分的細節，面試者的後續追問應設法釐清完整的全貌。面試中應該盡可能導引應徵者回到相關的議題。「是誰、什麼事、什麼時候、在哪裡、為什麼」這類的後續問題，有助於掌握應徵者所述工作經驗的背後真相。

支援的角色很重要，要補的職缺可能也需要這類的背景和經驗，不過支援的角色和督導與管理的角色大不相同。面試者進一步追問細節，應該不難釐清應徵者所宣稱被授權的程度。精神病態者很少會注意細節，由於他們容易感覺無聊，因此不會仔細回應與細節相關的問題。有許多原因可能讓應徵者提供一些模糊而天馬行空的答案，可能是他們過於緊張或是一時忘記，面試者追問細節找尋真相時，也要牢記這一點。

察覺情感表達是否適當

精神病態者的一個明顯標誌，是他們無法表達正常人的完整情感。舉例來說，述說一個對大多數人會引發明顯情緒反應的故事時，精神病態者可能表現冷淡而表面，或是像二流演員一般做作。精神病態者不明白他人所謂的「感覺」（feelings）究竟為何意，但在需要時會做出模仿動作。這往往導致膚淺的表現或誇大的情緒，不符合他們所描述事件的情境。

布克和同事們[1]發現，透過對他人的仔細觀察和練習，有精神病態「人際的」和「情感的」特徵的人（參見《精神病態人格檢核表（修訂版）》因素一，表2.1），可能具備「準確模仿情緒表達（恐懼和懊悔）的能力，致使他人感受其情緒為真。」布克在別處也提到，「精神病態者並不容易被發現；事實上，他們實際上可能看起來比其他人還要真誠。部分原因在於，大多數人不需要無時無刻偽裝情緒，因此也不會練習裝出來的情緒，因此精神病態者顯得較為擅長。」[2]參見〈補11.1：熟能生巧？〉。

對於精神病態者語言和非語言行為運用的近期研究，有助於我們理解，他們如何對個人和自身的成就，提供具有說服力的說明，並成功地操縱他人。舉例來說，他們可能是生動的演說者，運用很多手勢動作（或許也是分散人們注意他們說了什麼），做出看似真誠的笑容，並使用強勢的語言來掌握主控，壓倒他人。關於這個研究的評論，參見〈補11.2：政治和撲克牌：說謊執照〉。

在面試中，精神病態者常見的情緒表現，可能包括：不以為然（提到自己的晉升機會被跳過）、憤怒（某個關係密切的同事被解僱），或是興奮激動（對某件工作的熱情）。在這類陳述時，這類的情緒表現不難預期。不過，太過頭的情緒反應，不管是否是精神病態，都會讓人質疑應徵者的情緒控管和判斷力。有些情況下，回答某些問題時毫無情緒反應也值得推敲。重點是要觀察情緒表現是否符合談話的內容，並注意這些情緒表達到底多真切（而不是表面、膚淺的表現）。這是所謂的「直覺」和面試者的「情緒觸角」，在面試中可以真正發揮的時候。

做筆記

回想應徵者給人的印象和感受，要比回想資料容易，因此最好的做法是，在面試時把詳細的筆記記錄在履歷表上，或是人資部門提供的問題清單上。筆記必須清楚，讓其他閱讀文件的人足以解讀。對於關切問題追加提問時，回顧這些筆記也很有幫助。直接告訴應徵者，你需要一點時間來評估你的筆記是很合理的要求，應徵者多半會欣然同意，因為他們可能也想稍作喘息。

不要獨自做決定

一個健全的聘僱流程會，包括一次的選拔委員會，針對所有面試者的會議，來討論應徵者的資格和相關優點。這是最好的做法，因為不同的面試者會看出每個應徵者不同的優缺點，據以相互比較和討論。在篩除潛在的企業精神病態者時，這個做法尤其有價值。前面提到，精神病態者會對可以利用的人，建立一對一的私人密切關係。這也包括了所有的面試者，和參與聘僱流程的所有決策人士。身為敏銳的心理觀察者，精神病態者可以輕易研判出每個面試者特定的心理需求和期望，量身打造對策來取得最佳優勢。光看表面，每個面試者都會留下正面印象，以至於他們決定時會依賴這種好感，而一致同意精神病態者是最理想的人選，幾乎「好到不像是真的」。

如果能增加人數，讓更多不同類型的面試者參與（不只是人資部門和聘僱經理），發現這個「理想員工」假象的背後，矛盾差異的機會就增加了。因此，增加面談的程序，加入技術性的專家、未來的同事或部屬、空缺職位的現任者（如果還未離職）、較高層的管理人員，甚至是部門的職員助理，應該可以提供不同的觀點來揭露重要的資訊：我們知道，精神病態者對不同的人，會根據他們被認定的「可利用程度」和「地位」，而有不同的對待方式。對於「低階職位」面試者，精神病態者可能出現自命不凡、輕佻的言行、詆毀他人的評論，以及自我感覺良好等等反應。「高階職位」的面試者，可能激起對方野心勃勃的職涯抱負和期待，不實的夸夸而談，甚至批評「低階職位」面試者。讓所有的面試者共聚一室討論應徵者，選拔委員會得以釐清不一致的說詞和關鍵的矛盾，還可能因此發現不實的說法。好的會議主持人會讓每個人分享對每個應徵者的印象、感受和事實。接著他們可以列舉候選名單裡每個人的優缺點，做出最後的選擇。

當然，程序上增加更多面試者，會增加時間、費用和後勤的成本，在徵聘低階職缺時未必適用。舉例來說，如果應徵者大學剛畢業，除了學業表現、課堂報告，以及課外社團經驗之外，面試者可能沒有太多東西可問。不過，假如這些人真的是（或有可能是）精神病態者，如果因為未經過充分評估而順利逃過公司的把關，未來可能造成更多的問題。

認識你自己

精神病態者的目標是討好他們鎖定的對象、建立信任、憑嘴上功夫化解自相矛盾的說詞，與掌權者建立強大的關係，最後用寄生的方式占盡所有人的便宜。在面試職務時，精神病態者會快速評估出面試者的價值體系、個人需求以及心理構成，之後用一套配合好的言行來建立好印象。比較糟的情況是，面試者太容易上當，未能質疑應徵者履歷上的資料，或是強力質問關於工作績效含糊不清的說法。敏銳的面試者，會忽略這些巧妙的影響手法，堅持面試的議程，並避免單獨一人做決定。面試團隊彼此分享資訊，是最好的防禦。

不過，唯有面試者清楚理解自己的優缺點、偏見、個人好惡，才不致在面試過程出現偏差，讓自己成為吹捧討好的目標。這不是容易的事，因為它需要的是個人的洞察力，我們在下一章會再做討論。

高層主管的聘僱和晉升

在填補技術性的職缺時，像是化學家、工程師、程式設計師或金融分析師，它們有清楚的知識要求和職涯各個時間點的特定經驗。至於篩選資深經理，則明顯比較困難，因為高級主管的職務本質上就沒有固定型態，或者說往往因人而異，因此我們很難明確說明它的要求。讀者們現在應該很清楚，一個好的職務描述，對理解新的聘僱和晉升人選的資格非常重要。遺憾的是，許多高層主管，並沒有明確的職務描述可以依循。

除此之外，如我們前面所提到，精神病態者和好的高級主管做的事情有一些重疊之處，至少表面上是如此。對於兩者差異之處的完整理解非常重要，因為我們很容易把兩者搞混，而且對聘僱高層職務的錯誤決定，對整個公司所造成的傷害可能相當嚴重。

接班計畫

接班計畫（succession plan）提供領導團隊有秩序的延續，它也是找尋和培養領導人才最有效的手段。正式的接班計畫可能很繁瑣，但是如果設計良好，可以把企業精神病態者潛入的可能性降到最低。和聘僱流程一樣，接班計畫有一些篩選過程和門檻，未來可能的領導者必須逐一通過這些挑戰。在許多公司裡，主持接班計畫的人，會請求重要經理人推薦具潛力、可以擔負更高層責任的部屬。他們的初步評估根據的是績效評量的資料、工作成就，以及與推薦的經理之間的個人互動。

負責接班計畫的人必須取得候選人的正式評估，通常它包括：一份「360度」的評等、評鑑中心法（assessment center）的績效報告，以及心理評估。「360度評等」包括：對候選人績效、態度、能力的保密調查，由他的同儕、前任和現任的長官以及部屬，共同完成。評鑑中心是正式的訓練活動，在一個模擬的工作場景，同時對多位候選人進行評估。公司的人事和業務專家要求參與者「經營一家公司」，和解決幾個經營的問題。在活動的最後，他們會對參與者的表現做出回饋，並提出改善的建議。公司也會收到候選者表現的總體報告。之後，負責進行接班計畫的管理委員會會評估這些資訊，來判定每一個候選者擔任經理工作的潛力，和是否將他們調升為經理階層。這個委員會也會評估候選者的完備程度（readiness level）——評估他們需要多長的時間，才能承擔更大的責任和更大的權力。

有充分潛力和完備程度的人，公司會指派「個人導師」（mentor）或「庇護人」（patron），負責督導公司對他的培養。他們會一起為候選者建立一套「個人發展計畫」（individual development plan），根據他的評等以及個人的資訊——像是對未來的期待和工作上的限制。例如：工作地點的偏好和對家人的承諾等——勾勒出他未來成長和改進的需求。改進的建議，多半包括：訓練計畫、職務的輪調安排、特殊的計畫案，以及與專業指導員的定期會議。有晉升高層主管潛力的候選人會接受職務的輪調，在各種不同部門，如：財務、銷售、行銷、研究、人資及生產等單位，藉以對公司業務有更廣泛的認識。許多公司還會求他們完成國外的輪調職務，讓候選者有機會接觸不同的文化、語言，以及不同的商業問題。

讀者可以理解，正式的接班計畫在相當長的時間、從多方的來源、不同的職務功能，提供多重的評估，以確保未來領導者在各個面向的行為，都經過評估和相互核實。如果讀者覺得這個程序相當官僚化，它確實是如此。接班計畫這套體制的誕生，正好是官僚制成為企業主流模式的時代。接班計畫是為了提高做出正確選擇的機率，設法排除任人唯親、裙帶關係，或「故舊網絡」（old boy network）在接班過程的影響。正式的接班計畫，是轉型中的公司少數可受益、且應該保留的官僚制。

不過，我們要特別強調，它還是有些風險，因為這個流程在本質上有可能被善於操縱的員工所利用。一個問題在於，已進入公司裡的企業精神病態者，可能已花了很長的時間建立支持他的大軍——所謂的「影響力網絡」（influence network），其中有些是捍衛他候選資格的「靠山」，有的是甘心為其效力的「棋子」。第二的問題是，精神病態者會散布假資訊，意圖就是要詆毀對手，和提升自己在管理階層眼中的地位。

公司可以用幾個辦法來對付這些問題。

首先，**管理委員會應該把握每個機會，與管理發展與接班計畫的候選者做個人的互動，同時（這點很重要）從他上司、同儕和部屬等，最有利位置的人身上，取得「保密的匿名資訊」**。即使是設計最完備的計畫，也可能存在虛假資訊，但是隨著消息來源的增加，平衡各方的觀點，一旦發現有矛盾不一致的看法都將引發警訊，並促成重新評估和檢驗。

第二，公司不應該每一個職位只認定一位培養人選。這種被專家稱之為「立儲君」的做法，幾乎保證了一旦這個人選被確認，不管他是不是精神病態者，都會在沒有額外加強安全查核或內部評比的情況下，得到這個較高層的職位。要避免這種情況發生，**管理階層對「每**

個重要職位」都應該安排「多位候選者」，建立一個「人才庫」，當中不保證任何一人可以得到晉升。

第三，**納入更多的心理評估**，像是訪談和衡量人格特徵的書面測驗。不過別忘了，心理評估只是決定晉升的參考資料之一。說到底，候選者的工作績效和觀察所得的行為，仍是最後真正決定性的因素。

最後很重要的一點，要**仔細檢討和反覆質疑所有資料，以確認它們的真實性**：目標是否真的達成？計畫是否在規定的預算和期限內完成？銷售和營收增加的報告是正確的嗎？按照這個做法，評估人力成本也很重要。候選者完成任務的同時，是否造成人力嚴重折損？或是激勵了其他人接受挑戰並獲得成功？在考慮管理和行政主管候選人的時候，要確認重要能力領域過去的表現紀錄。

處理公司責任和效能的挑戰

應付挑戰，是高層主管每天的例行公事。他們迎接這些挑戰的能力，重要性更甚於專業技術能力是否優秀。總體而言，高層主管必須為公司做出負責任的選擇，並判斷這些選擇對提升公司目標是否有效。隨著時間的進展，主管的反應模式會界定他「真實的」人。個人在判斷上的缺失，在許多情況下都可能引起注意，但是精神病態者掩蓋或辯解他們做的決定，會讓我們難以找出他們缺失的證明。相對的，他們在應付各種情況和面對各種人的方式，所帶來的長期影響，比較可能讓我們看出他們的真面目。「回應公司挑戰時所做的選擇」，提供了我們對未來高層主管的清楚圖像。

該注意的「危險信號」

底下列舉的項目，讓讀者們可以認識精神病態的特徵，在企業環境裡可能帶來的長期後果。雖然任何一項後果都不必然說明精神病態的存在，但如果它們不在訓練指導階段予以處理，都可能衍生問題。至少，這些情況都代表著「危險信號」，值得進一步調查和評估。

無法組織團隊

即使是行為表現最好的精神病態者，他們都有最脆弱的特徵，那就是他們無法組成可運作的團隊。這種情況，除了精神病態者之外，也會出現在有自戀人格和馬基維利主義的商業人士身上。無法組成團隊，是事業失敗的關鍵因素，它反映出沒有意願和能力與他人共事，特別是無法與他們眼中的對手合作。這類的人爭強好勝，並且會以「善戰」之名，隱瞞或扭曲資訊，而對團隊乃至最後對公司造成損害。他們經常會展現破壞性的策略和行為，意圖要自己接管團隊，或是干擾他人的工作。

由於精神病態者喜歡在私下一對一的會面裡操縱別人，因此他們會質疑團隊的必要性，而在第一次會議進行之前就摧毀團隊。他們用公司裡慣用的說法來強化他們的破壞性（例如，「開會只是浪費時間」）——彷彿自己是為了公司的最佳利益。或者，他們會故作無所謂的態度，在開會時故意遲到，或以誇張的姿態出現，甚至在會議中離席去做其他「更重要的」任務。他們爭強好勝，不願意聆聽他們眼中非重要人士（也就是對他們來說，沒有高利用價值的人）的指示。他們會責怪團隊成員，故意偏離目標來破壞團隊的進展，並公開批評團隊、它的目標，以及個別的成員。別忘了，精神病態者相信自己的地位比他人高，而且常把同事當成手中的棋子。關於這些破壞行為最好的訊息來源，是來自團隊裡的其他成員。

當然啦，當團隊合作符合他們自身的利益時（例如，做為他們自我吹噓和炫耀的平台），他們會嘗試支配他人。不難想見，他們會攻擊團隊的其他成員，破壞領導者的威信，抱怨是領導不力，才迫使他們不得不出面挽救計畫案。同時，他們往往恃強凌弱。精神病態者會告訴你，他才是真正的「團隊工作者」——不過，實際上他的團隊就他一個人！

當領導者是失能的主管或是精神病態者，其他人的士氣、生產力和凝聚力，自然會降低。團隊裡的一些成員會尋求調職另謀出路，少數人甚至因此辭職。如果高層主管能夠跟這個有問題的團隊成員，進行個別的保密談話，多半可以找出問題所在。

無法分享

想要在文明的社會裡和平地生活，需要公民一起分享各種維持生活的資源。同樣的，企業裡的每一分子分享資源以取得最大的利益，反映出來的結果是，更高的獲利、工作的安定感，或無壓力的工作環境。由於精神病態者自視高人一等，不認為其他人對擁有資源具有正當性，因此他們（以及一些自戀和馬基維利主義人格的人）不認為有分享的必要，他們把分享任何東西都當成是放棄太多的權力。事實上，他們寄生性的、好競爭的本性，會讓他們嘗試阻斷他人的資源，多半是為了供自己所用。

特別常見的是「不分享資訊」，通常我們可以用「知的需要」來予以反駁。雖然某些負責國家安全的政府機構必須以這種方式運作，但是在多數公司裡，不把資訊告知上司或部屬並無正當道理可言。「右手不知道左手在做些什麼」，是公司常見的尷尬場面，這還是在最好的情況下。刻意製造這樣的矛盾，不只妨礙公司的成功，而且導致運作的失能。

把其他人「隔離在圈子外」的精神病態者，會利用這種權力來取得個人的好處。被蒙在鼓裡的人會顯得愚蠢，同時這也是一種形式的排除異己。舉例來說，「他們就是不會懂。」是我們遇到的一個精神病態者自以為是的說詞；另一個精神病態者宣稱，自己是保護部門不受一名同事的破壞，「她只會亂發脾氣，結果問題變得更麻煩。」這種說詞，除了提升精神病態者的自我優越感，並趁機在內部散播這個「情緒化的」同事不可靠的風向。很顯然，否定他人的價值，特別是否定他們的思考和理解能力，符合精神病態者自視甚高的認知（自大浮誇）。他們過於自我中心，不能理解這種做法的危險，更不用說理解它本質上的不公平和不道德。

無法分享資訊的一個延伸，是無法與他人分享功勞（除非這對精神病態者有些好處）。分享功勞可能不容易評量，因為管理高層並不容易掌握員工相對貢獻的實際情況。同事們抱怨自己對做出的貢獻沒有得到適當的認可，或許是情況不大對勁時，唯一的暗示。主管與人資部門應該注意這類的抱怨，或許有些抱怨並無真憑實據。但有一些則可能揭示嚴重的管理和士氣問題。

對員工的差別待遇

由於精神病態者把人們當成了他們精神病態劇場裡不同的角色（也就是棋子、靠山、冤大頭和警察），因此他們會對一些人特別善加對待。這當中只有某些人能看出這種巧妙的、有差別的對待。除此之外，基於我們在下一章會討論的一些原因，受害者可能永遠也不會出面透露他們的感受。因此，即使同事和主管們發現，可能要花很長的時間才能掌握真正的情況。

遺憾的是，即使是最惡劣的對待方式，企業精神病態者也能馬上找到理由自圓其說。舉個例子來說，有一位精神病態的經理擢升了一名新進員工，以獎勵她的良好表現，但是部門裡明明有一位更有經驗、更值得擢升的人選。這個精神病態者故意跳過她，是因為她在公司裡受到其他人的好評，而被他視為是競爭對手。晉升比較沒有經驗的員工，目的是為了阻礙潛在對手的晉升之路，並確保順從而感恩的資淺員工對他的支持。

在另一個類似案例裡，一個在主管職位僅待了三年的人，被提名為高層職位的潛力人選，有機會在兩年內晉升為副總裁。雖然公司裡有比他更具資格的人選，但精神病態的提名負責人，卻有辦法說服接班委員會選擇了他。同時他還在委員會其他成員的反對下，從公司有限的資金裡撥用大筆錢，進行發展培育活動。兩年後，這位「高潛力」的人選比起兩年前毫無進展，仍不適合接任副總裁的職務。精神病態的上司所承諾的美好前途成空，這個人選未獲得晉升，滿心怨懟離開了公司。

在第三個案例中，一個真正具有高潛力的祕書為一個關係良好、但徹底缺乏能力的上司做事。上司瞭解祕書的才能，將她拔擢到特助職務，並開始交付更重要的計畫案。表面上，這似乎是良好的管理作法，這名員工也受到鼓舞，晚上在一所聲譽良好的學校攻讀MBA，也順利達成所有交付的任務。經過一段時間，這位助理開始明白她的上司完全在狀況外，把自己該做的工作都交給她處理。不過她還是堅持努力下去，認定管理階層最終應該會認清她的貢獻。然而，隨著責任越多，各種責難、剝削，乃至於霸凌行為開始出現，這名助理忍受這些不當對待，說服自己做好該做的事，而她精神病態的上司則是把所有功勞歸為己有。最後她終於體會到，她的上司如此頻繁、嚴厲地責怪他——把不屬於她負責的計畫案也歸罪於她——讓她絕無機會列入晉升的候選名單。事實上，她有好幾次都瀕臨被免職的邊緣。她向人資部門的人員抱怨，對方驚訝地發現，她對自己「工作績效不佳」的紀錄竟然一無所知。過去她只聽說過，自己還有很多地方要學習；而人資部門聽到的說法則是，她是個能力不足的祕書，被放在超乎她能力的職位上。

無法說真話

誠如讀者們所知的，精神病態謊言是精神病態者的正字標記。他們談話時自由穿梭於真實和謊言之間，因為他們說謊時並不會產生歉疚的罪惡感。他們在謊言之中夾雜一些事實，一旦被質疑，會厚顏無恥地捍衛自己的說法。誠實，是經理人最重要的特質之一。然而，從高層主管的檔案裡可以看到，他們關於誠實和合乎倫理行為的評分，並不完美。

這問題可以從兩方面來說。首先，指控某人不誠實或是不道德會令人不悅，而且在社交上難以接受的。第二，你要如何衡量誠實的標準？精神病態者可以用表面上的誠實和道德輕易蒙混過關，但是知情人士很容易就知道，他們的所作所為並不誠實、也不道德。另一方面，一些錯誤的行為，如果被認定意圖是誠實的，而且動機是出於為公司的利益，往往會得到公司的諒解。然而，精神病態者會經常用這個藉口來逃避說謊的指控，也讓員工是否誠實變得難以區分。

無法表現謙遜

謙遜是令人敬佩的特質，但並非人人具備。謙遜的人不會吹噓自己的成就，但通常會因為做好一件事而感到高興，因為偶爾得到人們的稱許而心滿意足。許多謙遜的人會避免成為聚光燈的焦點，而較樂於讓成績自己說話。自戀人格和馬基維利主義人格的人多半不謙遜，不過精神病態者的不知謙遜，再加上傲慢性格，在同儕之間更顯得突出。遺憾的是，當精神病態者面對公司高層時，他們有辦法把傲慢的自我認知，重新包裝成自信和強勢領導的特性，有效隱藏他們真正的本性。在精神病態者身上，真正的謙遜幾乎不存在。缺乏謙遜的高層主管，雖不必然代表他是精神病態者，但有助於印證我們對他在其他方面的懷疑。

無法接受指責

接受自己犯錯、不推諉罪責給他人，不管在企業或社會都是受稱許的行為。精神病態者幾乎很少會為自己的行為負責，即便他們明顯犯了錯，或是他們的行動和決定導致失敗。他們甚至會做得更超過；他們的一貫做法是「怪罪他人」，並製造他人應當受責的「證據」。很顯然這是一種說謊形式，與有時我們為自己脫罪，或把矛頭指向他人的行為，大不相同。這是一種主動的、具目的性的攻擊策略。由於拐彎抹角責怪他人很難被揭發，往往要等到精神病態者主導的計畫出現一連串的失敗之後，我們才能得到他無能，或是犯錯的明顯證據。

無法做到前後一致、可預測的行動

與具可預測性的人相處，我們感覺會比較自在。公司行號必須知道員工什麼時候會出現；會按照可接受的安全和品質標準做事；與他人和睦相處；同時不會妨礙他人的工作。即使是創意型的人才，也許他們天馬行空的行事風格出乎意表，只要我們瞭解他們日常的工作習慣，也能掌握一些可預測性。公司所不能忍受的是所謂的「自走炮」，他們在公司的正常流程，以及其他員工在人際交流裡製造混亂。他們會打亂會議；令他人和公司難堪；下達古怪的決定；毫無理由地更動進度；連最經驗老道的人都猝不及防。幾乎沒有高層主管喜歡意外，他們往往對業務進度瞭若指掌而感到自豪。「自走炮」有可能是高層主管最大的噩夢。

除非有人真正理解企業精神病態者的運作機制，不然要預測他們會做出什麼事，幾乎是不可能。很少人能瞭解他們內心如何運作，這讓他們成了部門裡潛在的危險。

無法做出冷靜反應

為危急時刻保持冷靜，是良好領導力的正字標記，而精神病態者相當擅長在掌權者關注的情況下表現冷靜。但是一旦脫離他們的視線，他們可能做出不符合社會規範的過度反應，許多觀察到這種現象的人，會形容他們太過戲劇化。主管偶爾的衝動暴怒，像是嚴重違反安全規定時的激動反應，雖然是可接受、甚至是可預期的，不過精神病態者在個人受到攻擊、或是他人對其表現不夠尊重時，往往過度反應。這對工作團隊所造成的傷害，最終會損害到公司，因為這提醒了每個人對待精神病態者時，必須特別謹慎小心。太戲劇化的主管，往往會讓團隊失去凝聚力和向心力，而落入各自為政、明哲保身的心態。

由於精神病態者在他們所尊重的高層在場時，會節制自己的行為，他們可能在相當長的一段時間都不會引起注意——直到他們離開之後，各種故事才陸續傳出。可惜的是，在精神病態者離職之前，唯一的證據就只有傳言，以及部門內的緊張氣氛。具有洞察力的人力資源部門，如果能持續追蹤這類資訊，可更加明瞭實際的情況。

無法做出不具攻擊性的行為

霸凌、脅迫、威嚇，無法存在於企業界；它們破壞工作、傷害人，對無力自我防衛的人造成不公。不過，除非受害的對象自己出面，不然要察覺這類型的行為往往不容易。由於法律對這類行為的加強規範，許多公司擬定了反霸凌政策，以及受害員工檢舉申報的保密機制。正式成文的「公司規範」多半有關於霸凌和恐嚇的相關條款。在一些歐洲國家也屬於違法行為。不過，這些規定要真正貫徹，重點是把政策和舉報的程序傳達給員工。特別是高層主管和經理人，必須學會辨認霸凌、脅迫、威嚇的行為，並知道如何有效採取對應行動。

討論

- 你是否擔任過面試，面試過職務應徵者？
- 你是否遵循它的最佳做法（或想像自己這麼做過）？
- 你是否曾在某個職缺僱用了不當的人？你漏看了什麼？
- 你是否見識過上述的「危險信號」？

補11.1 熟能生巧？

在電影《體熱邊緣》（Malice）拍攝過程中，海爾提供了妮可・基嫚（Nicole Kidman）一些諮詢。她想讓觀眾知道，電影剛開始時，她並不是外表上看起來甜蜜、溫柔的人。海爾提供了她底下的情景：「你在路上走著，遇到了街角的一場車禍。一個被汽車撞到的小孩躺在血泊中。你走近了車禍現場，匆匆看了小孩子一眼，接著把眼光放在悲傷的母親身上。在幾分鐘小心觀察之後，你走回了你的公寓，走進浴室站在鏡子前，並練習、模仿那位母親的表情和肢體動作。」

當然，精神病態者學習他們無法完整體驗的情緒，這樣的場景並非特例。如克萊克里[3]說的，精神病態者「可以學習使用平常的語言……同時也會學習適當地重製各種情感的表情動作，但是卻缺乏情感本身。」

在比爾・華特森（Bill Watterson）的漫畫《凱文的幻虎世界》（*Calvin and Hobbes*）裡，蘇西告訴凱文他在說謊，而且全寫在臉上，凱文馬上衝回家，在鏡子前練習臉部表情。

在一九五六年《壞種》（The Bad Seed）電影裡的一個場景，八歲的羅妲・彭馬克站在鏡子面前，刻意模仿盯著她看的人的表情。同樣的，在二〇一八年重拍的《壞種》新片中，羅妲（如今重新改名為艾瑪·格羅斯蔓）被她的父親問到，「你要用什麼來回報我一整籃子的擁抱？」她回答：「一整籃子的吻。」她在鏡子前反覆練習說：「一整籃子的吻！一整籃子的吻！一整籃子的吻！」同時嘗試不同的笑容。結果是真誠笑容（杜鄉的微笑）的拙劣嘗試（參見〈補12.1：訪問精神病態者〉）。對精神病態者而言，練習可能有幫助，不過一些觀察者，還是會看穿這種情緒的模仿。

補11.2 政治與撲克牌：說謊執照

玩撲克牌時，「表情變化」（tell）指的是，拿牌的人從口頭或肢體語言傳遞的資訊。好的撲克牌玩家會花很多時間研究，如何偵測他們對手的表情變化。

精神病態者是否會傳遞表情變化，從而洩漏了關於他們的有用資訊？顯然有的人會。在《沒有良知的人》一書中，海爾舉的眾多例子裡，有些人在精神病態者——被他形容為社會掠奪者——的面前，會覺得不自在。雖然他們無法明確指出讓他們感到不安的地方在哪裡，許多人會形容他們有掠奪者的眼神，或是眼神空洞，讓他們感覺自己彷彿是對方的餐點。在真實刑事犯罪的書籍裡，這是與精神病態者互動常見的描述。

其他非語言行為，包括了：精神病態者會試圖介入並主宰我們的個人空間、模仿情緒、在煽動情緒的演說裡過度使用手部動作，以及喜歡表現。[4]這些行為是否算是一種「表情變化」？

蓮恩・藤布林克（Leanne ten Brinke）和同事們[5]檢視了犯罪者的臉部情緒表情、肢體語言，以及說話內容的影片，和他們的《精神病態人格檢核表（修訂版）》分數。他們的主要重點是，「杜鄉的微笑」（嘴角上揚帶動臉頰上揚的動作，帶動眼圈周圍的魚尾紋）的運用。大部分人把「杜鄉的微笑」視為真誠、真心，可信的幸福或愉快表情。[6]然而，和其他犯罪者比較起來，精神病態評鑑分數較高的罪犯，展現更多「杜鄉的微笑」、更多手部動作，以及更多憤怒的情緒語言。

精神病態的罪犯比其他罪犯更開心嗎？顯然不是。透過練習，「杜鄉的微笑」就較容易假冒（參見〈補11.1：熟能生巧？〉）。除此之外，精神病態的罪犯在「使用憤怒情緒語言時」，也會運用「杜鄉的微笑」。天真的觀察者（naive observer）會注意到這種「行為的不協調」（behavioral incongruence），可成功辨識出精神病態罪犯。藤布林克和同事們[7]評論說，「有趣的是，這種表情管理策略可能出現明顯不一致性的行為側寫——精神病態者的行為，一方面透露他們的真實本性（也就是使用負面的、或憤怒的言詞），它與他們嘗試的行為控制（也就是迷人的快樂表情，展現友善和無敵意）相互衝突。」藤布林克和同事們給它的定義是：「因素一：精神病態因素一高分的人，往往自大有自我膨脹、『能說善道』、欺騙和操縱他人不帶任何歉疚感。他們對他人缺乏同理心，也很少對自己的錯誤行為承擔負責任。」

戴夫的案例

第五幕，第一景

嚴陣以待

「現在有空嗎？」法蘭克探頭到約翰的辦公室問。

「當然有，怎麼了？」身為副總裁的約翰放下了筆。

「我必須跟你談談戴夫的事，」法蘭克開了頭，走進辦公室，關上門，坐了下來。「過去幾個月，我聽到許多關於他不好的報告，我最好的一位分析師，剛剛要求要調離開戴夫的計畫團隊。」

「要調職？這不妙。你認為問題在戴夫？」

「呃，我知道問題是他，」法蘭克氣呼呼地說。「我的一個手下，前兩天下班後，過來跟我談了他的近況。」約翰身體往前靠，對法蘭克要說的話感興趣。「他說，自從六個月前計畫案開始以來，情況變得越來越糟糕。戴夫一再擾亂和支配團隊，已經到了大家不想跟他共事的地步。他顯然沒有預作準備，開會常常遲到，讓整會議室的人枯等，也會大呼小叫、打斷其他人進行進度報告，在旁人提議時會做出讓人尷尬的回應。大家不敢對外說出已經對這個計畫案失去興趣，他們認為在戴夫眼中，他們做什麼都不對。」

「這真的很奇怪，法蘭克。戴夫在我看來一直是個好領導，我還以為他廣受眾人喜愛。你跟他談過這件事嗎？」

「是的，第一次談大約是三個月前，當時我看了他的中期報告，內容一團糟：似乎是我要求他做，他才拼湊出來的大雜燴。裡頭毫無組織、沒有統合資料，也沒有確切的時間表。他無法——或者說不願——回答一些關於細節和數字的基本問題。我告訴他，我期待的是一個進度報告，裡面要包括完整的個人分析和建議，還有關於時程、成本等等的細節。」

「他怎麼回答？」約翰問。

「呃，他先是給我連珠炮的抱怨，咒罵我們公司的會議太多，我應該要信任他，諸如此類。我不得不把門給關上，因為他驚動了整層樓。在他冷靜下來後，我們交談，我告訴他大致上期待的要求。他似乎理解了，說他會改進。」

「結果有改善嗎？」約翰問。

「有，他確實做到了——我得說是戲劇性的進步。接下來他的兩份報告很優秀。對於時程表我不是完全同意，有一些資料有點過度自圓其說，不過絕大部分內容都是你期待的。因此，當我聽到人事方面的情況變得越來越糟時，我感到很驚訝；我還以為整個團隊的合作非常融洽。另外，還發生了其他一些事。」

「會不會是戴夫和你團隊裡的部屬個性不合的問題？」約翰打斷他。「或許是戴夫行事風格的問題？」

「不，我並不這麼認為。這個星期已經有兩個人申請調職，我的祕書也聽過部門的其他傳言。上個星期他想要拿東西交給工讀生打字，工讀生回說他必須先取得許可。結果戴夫大發雷霆把她弄哭了，最後她照做了。還有——」

「法蘭克，」約翰慢慢地開口。「我必須告訴你，大概兩三個月前戴夫跑來找我。他跟我抱怨你在干涉他的計畫案。」

「他跑來說我？」法蘭克問，一開始很吃驚，接著變得十分不悅。

「是的，我跟他一起打壘球，你也知道，一杯啤酒下肚後我問他工作情況如何，就是一般的閒聊，他開始說起你來。他似乎一提到你就生氣。」

「他說了什麼？」法蘭克問。

「基本上，他抱怨的是你要求太多、太計較一些細節，這類的東西。我告訴他，你就是靠這本事，才幫我們公司賺大錢。」兩人同時開心大笑。「我也告訴他，在限期內以限定的成本完成任務，是公司成功的關鍵，也告訴他應該努力讓你開心滿意。」

「所以或許是你的精神談話鼓勵了他，而不是我。」法蘭克說。

「這不重要，法蘭克。如果他傷害團隊、擾亂其他人，那就是個問題了。你應該再跟他會談一次，」約翰說。「你剛才說，你昨天見到他？」

「沒有，」法蘭克說。「我想先跟你有共識，一起擬定策略。」

「我想你可以跟他會面，告訴他你聽說了一些事情，然後再隨機應變，」約翰提議。

「還有別的事，約翰，」法蘭克表情嚴肅地說。

「哦，」約翰停下來。「什麼事？」

法蘭克繼續說，「我聽說戴夫的報告不是自己寫的，而且也不跟其他部門開會協調進度的差異。甚至其他部門主管也好奇為什麼戴夫本人不跟他們開會。有些人說，他該做的事都沒有做。顯然是桃樂蒂幫她做了大部分的苦工。」

「對部屬充分授權並沒有什麼問題，法蘭克。或許戴夫是在培養她，或者她希望有所貢獻。」約翰頓了一下若有所思。「桃樂蒂？她不是你部門的人，是吧？」他問。

「不，她是傑瑞那邊的人。戴夫堅持把她放進團隊裡，因為她態度很積極，而且在美工方面很有幫助。這一點我完全沒有意見，傑瑞也一樣，」法蘭克說。

「嗯，這有點怪。戴夫跟我抱怨團隊某個女性——我想他應該沒給我名字——說她沒有做好本分工作。戴夫把一些進度延誤怪罪在她身上；他得一天到晚指導、修正她的錯誤。我建議戴夫把她移出團隊，但是他說你不會答應；你和傑瑞達成了協議，要給他得力部屬經手產品開發的機會，所以不能撤銷。」

「嗯，不是這樣。讓桃樂蒂加入團隊是戴夫的意見，而且，很有趣的一件事是，戴夫從沒對我抱怨過她的事。的確，傑瑞對她也有很好的評價，但是她還需要多一些經驗。我從沒有聽說過她做得不好；事實上，戴夫一天到晚讚賞她。他認為傑瑞阻礙了她。」法蘭克和約翰彼此對看了一眼。

停頓片刻之後，法蘭克接著說。「我們有──我有一個問題，約翰。這裡有太多前後矛盾的地方。我需要處理一下。」

「你說得對，我們必須找出到底發生什麼事。聽著，我待會就要去開會。你要不要下午晚點再過來？把戴夫的檔案，還有其他可以挖掘的資料都拿過來。我們先重新評估過，再決定要怎麼做。」

「沒問題，」法蘭克說，起身朝門口走去。「我希望這只是一場大誤會，」他嘆了一口氣。

「我對此抱持懷疑，法蘭克，」約翰說。

討論

- 對於處理戴夫和計畫案團隊，你會給法蘭克什麼建議？
- 你是否遇過類似的情況，遭遇這類的經理或是團隊成員？
- 你認為戴夫的影響力網絡實際上有多廣大？

第十二章 個人自我防衛

南西喜歡做流動護士（traveling nurse）。和多數的流動護士一樣，南西在城市的大醫院待了好一段時間，吸取她需要的經驗，然後，在她三十二歲那年，決定換工作。她發現流動護士比一般的護士賺更多錢，在醫療同業中也比較受到尊重。

南西剛進醫院時，外科醫師們的自大傲慢讓她驚愕不已；事實上，她很意外，這些醫師跟她在學生時代的美好想像完全不同。她常常會想，當中有些醫師為什麼不用去接受心理治療，或至少去上憤怒管理課程。在被一名醫師公開斥責之後，一個老練的資深護理長跟她解釋說，他們會有這類的行為——無禮、粗魯、低俗——是因為他們成天動刀、幫人們動手術，承受著巨大的壓力。

「他們真的很關心病患，」護理長跟她保證，「但是多年來在生死線上搏鬥，讓他們變成了鐵石心腸，在手術房發脾氣是他們唯一的抒發方式。」南西暫時接受了這個解釋，這幫助了她面對自己的挫折感。不過，稍後她得知流動護士的工作機會，可以繼續她的專業，而且每隔幾個月就可以重新上路。既然沒辦法改變醫師，至少她可以改變她和醫師的工作關係，於是她決定轉換跑道。

然後，她遇上了馬歇爾。他們正巧搭同一班飛機相鄰而坐。當時南西正要換到中西部的新工作，兩人聊了起來。就和我們坐在陌生人旁邊幾個小時會出現的情況一樣，南西開始跟馬歇爾談起了自己。平常並不多話的她，發現自己被這個身穿深灰色西裝的英俊男性所吸引，他似乎也對她有興趣。當她發現他是個醫生，她開始緊張起來。噢，天啊，拜託不要是醫生，她心想著，但是他冷靜的舉止和友善笑容，化解了她的擔憂。

「我很晚才決定了我要做的職業，」他承認。「同時要修好幾門課，時間很難安排，特別是實驗室，不過我當時的老闆也理解，或許是因為他也是退役軍人的緣故。」

「你參加過戰爭？」南西問，她開始好奇馬歇爾會不會比她猜想的年紀還要更大。

「嗯，只是很短暫的時間，之後我的飛機被打了下來。」

「噢，我的天！」她大吃一驚。

「是啊，戰爭就是這麼回事——簡直就是地獄。我不能放下我的弟兄們不管，我得去救他們，」他補上一句，口氣稀鬆平常。

「我爸爸在越戰拿到紫心勳章；你有拿到嗎？」南西興奮地插上一句。

馬歇爾轉身看她，笑了笑，接著平靜地說，「我拿到榮譽勳章，」他語氣如此嚴肅，南西擔心是否冒犯了他。

「噢，真了不起，」她怯怯地說，擔心搞砸了自己好不容易遇到好男人的機會。「告訴我發生了什麼事，」她趕緊補上一句，希望挽回這場對話；接著她馬上又想到，她的父親從不談論戰場上的經歷。那對他而言太痛苦了。南西覺得他們的對話走進了死胡同，她不知道如何挽救。

馬歇爾把身體往後靠，暫時閉起眼睛，接著開始說起他的戰爭經驗。南西專心地聽。馬歇爾展現的英勇深深打動了她，她為他感到驕傲，在片刻的狂想中也想起了已故的父親。

「我離開軍中之後，找到了私人飛機駕駛的工作，收入很不錯，但是後來我決定了，比起載有錢人來回國外旅遊景點，我更想做的是幫助生病的人，」他說，轉轉眼珠，「醫護人員縫好了我的傷口，」馬歇爾停下來，看了看四周再回過頭說，「讓我心懷感恩，我猜大概就是那時候，讓我決定我應該去幫助別人。」

南西深受感動，在飛行旅程近尾聲的時候，馬歇爾跟她要了電話，她熱切地答應了。

馬歇爾和南西約會持續了四個月。瘋狂的行程安排讓她可以離家很近，至於馬歇爾居住和工作的地點，則在八十英里外，但他一找到空檔就會長途跋涉和她相聚。他到來時總會帶著鮮花、糖果、小件的珠寶飾品、昂貴的香檳，有時還有不太正經的睡衣。南西喜歡這種熱切的激情。他們在高級餐廳用餐，而南西自豪身為流動護士能賺錢養活自己，往往主動說要請客。

他們之間的話題跟她過去和其他男人的談話都不一樣——嚴肅、幽默、輕鬆、有深度。馬歇爾對世界、對人，還有對醫學的認識，讓她感到驚訝。

有些時候，她會幻想與他共度一生，不過她也會馬上提醒自己不要想太多。她的女性朋友——大部分也是護士——一再警告她要特別提防「醫生」，不過她知道她們只是嫉妒她的好運，她們要是遇上了馬歇爾一樣也會愛上他。她從未跟他說過她的夢想，擔心會把他嚇跑。不過隨著時間過去，她發覺自己對他越來越投入，而從他的言談中判斷，她覺得他對她的依戀也逐漸加深。

當馬歇爾告訴她，他準備借一點錢來開辦自己的私人診所——他已經厭倦了醫院漫長工時的要求——南西滿懷興奮，同時也變得很緊張。雖然他目前的工作很忙碌，但至少可以偶爾抽空休假。她知道一旦馬歇爾開始自己的事業，將占據他全部的心力。創業的人為了打造自己的新事業，往往整天不停地工作，她很擔心他們碰面的時間會變少。

或許我可以在他的診所裡當護士，她如此幻想著。或許我可以當他的合夥人！她曾經借過他一次錢，讓他支付醫學院的學費，但是要協助他的新事業她可負擔不起。不行，我只能當他診所的護士，她沉浸在幻想中，最後搖了搖頭。

南西四個月的委任期即將結束，她想到了好主意。她決定在馬歇爾的醫院申請手術房的職務。反正他即將離職，不會有利益衝突或是尷尬的可能，但至少他們可以住在同一個城市。除此之外，或許幾個月之後，他們還可以一起住。她決定先不要提，擔心被他誤會。當男人認為你想要求他們做出承諾時，會變得不可理喻，她如此提醒自己。她想先把工作和自己住所搞定，再找一天的晚上告訴他這個好消息，給他一份驚喜。

南西端著裝有沙拉、湯和茶的自助餐廳端盤，走向一群護士們坐著的餐桌。馬歇爾的醫院裡，早上她和醫護人員進行的面試很順利，現在她打算跟未來的同事們見個面。身為流動護士，南西很樂於認識新的人、在新的環境工作，直到這份工作讓她受不了為止。

「嗨，」她朝這群人走去。「這位子有人坐了嗎？」

「你可以坐，」朗妲回答她，這一桌她是最資深的，個性也是最活潑主動。

「謝謝，」南西說著坐了下來。「我是南西。我之後會在——」

「我們知道了，」莎莉打斷她。「人資部的密探會告訴我們所有新來的流動護士的情報。」她說，手指著餐桌最後面的一位女子，她點頭說，「歡迎。」

莎莉幫忙介紹了餐桌上的人，南西仔細記下每個人的名字，她很早就學到，不管在任何地方，牢記同事的名字是成功的重要第一步。有些編制內的護士不喜歡流動護士，南西不確定原因何在。不過，她的一貫做法是，在新職務剛開始時，一定要跟每個人好好相處。

「你遇到那些瘋子沒？」蘇西問。

「呃，跟我面試的是S醫師，他看起來修養很好，再來是H醫師。」

「哦，他們算是『正常人』，」蘇西插嘴說。「等你見識到其他人就知道了！」餐桌上的每個人都大翻白眼。

「M醫師也是輪第二班嗎？」南西對馬歇爾的好奇心讓她忍不住發問。

「沒聽過這個人，」朗妲一臉狐疑回答。「你確定他在這工作？」

「哦，我聽到有人提起他的名字，我只是好奇，」南西回答，希望自己沒洩露口風。

「我們這裡的確曾經有個M員工，馬歇爾．M，他是負責第三班的傷病搬運員，不過他已經不在這兒了，」工會裡的護理師代表珊德拉說。餐桌上的幾位女性聽到馬歇爾的名字時，她們的臉上露出不悅的表情。不過，珊德拉繼續說，「他跟其中一個住院醫師有點小麻煩。不過，我沒聽過有這個姓氏的醫生。你聽過嗎，莎莉？」

「沒聽過，打從我來這裡之後就沒聽過，我都已經待十二年了，」坐在桌子尾端一位安靜、年紀較長的護士說。

「嗯，馬歇爾長得還不賴，工作還可以。不過，他老是幻想將來有一天當上醫師。我猜，他換到郡立綜合醫院去了？我不確定。」朗妲補充說。

「噢，那一定是我弄錯了，」南西回答，她開始有點緊張。她匆匆吃完午餐起身要離開。「我得去看看我的新公寓套房。抱歉，先閃人了。」

「好，那我們下週見？」朗妲問。

「好的，到時候見！」南西用笑臉回應。

她一上了自己的車，就拿起手機。她決定打電話給馬歇爾弄清楚這是怎麼一回事。打給他的手機響了又響，始終沒接。她沒有他的住家地址。她的內心越來越不安，決定乾脆開車到郡立綜合醫院一趟。

南西在郡立綜合醫院的訪客停車場把車停好，走到了醫院入口。輪到她的時候，她告訴櫃台的警衛，「嗨，我要找馬歇爾·M醫師。他是外科醫生。」

警衛翻找醫院的員工電話聯絡簿。「確定他是這裡的醫生？」他問，一臉困惑看著桌上的名單。

「是的，我聽說他剛來不久。」

「噢，」警衛頭也不抬，看著電腦螢幕輸入。「嗯，小姐，你確定是這個名字嗎？」

「是的。或許他——」

「你看，我們是有這個名字的人；看來他剛到這裡做夜班，不過他在維修部。」警衛抬頭看著她說，「抱歉，也許你可以打電話給醫師辦公室看看。我們醫院分成好幾棟樓。」

「謝謝，」南西說，她臉上擠出笑容。「我會試試。」她朝停車場走去，接著停下腳步，一陣恐慌占據她全身上下。搞什麼……她一邊想，一邊發動車子，往她的新公寓駛去。

討論

- 這裡是否有些誤會，或者南西受騙了？
- 馬歇爾跟南西說了什麼謊？
- 馬歇爾利用南西哪部分的人格？
- 你是否曾有過長期的感情關係，你以為瞭解這個人，之後你發現你根本不瞭解？

個人生活中的精神病態者

有個精神病態者在你的個人生活中，這是折磨情緒、令人身心俱疲的經驗。我們收到許多自認是精神病態受害者的來信：他們之中許多人認定他們的配偶或親密夥伴是精神病態者；也有人相信他的某個親戚是精神病態者，有人則是覺得共事的長官或同事是精神病態者。他們多半會寫一封鉅細靡遺、懇切尋求協助的信，讓我們見識到精神病態的操作和剝削，對受害者的生活所造成的影響。在一些案例裡，受害者擔心肢體或是財務上的傷害，我們給予的建議是，打電話通知當地警局或相關政府單位。有些例子，我們會推薦他們尋求合格的心理醫師、精神科醫師、諮詢專家、神職人員，或是其他具備專業知識，最適合提供心理和情緒協助的人。

這些年來我們注意到，就如同精神病態者透過「評估—操控—拋棄」的寄生與掠奪模型，受害者自身似乎也不自覺地出現相對應的模式。在這一章，我們嘗試勾勒出「精神病態者與受害者關係」的發展，讓讀者理解這過程中的陷阱。我們相信，對抗精神病態操縱這個暗黑技藝的最佳防禦，是完整理解精神病態者如何運作，並把握每個機會來避開他們。

不過，先別急著貼標籤

不過，不管任何情況，我們都建議你，別急著把自己的死對頭，貼上精神病態者標籤，特別是如果你沒有受過正式訓練，和具備進行心理評估的資格。（唯一的例外，或許是你正跟你的律師進行討論，不過我們希望你不需要走到那一步。）古諺云：「無事逗弄蛇是自找麻煩！」精神病態者這個術語有很多負面的指涉意涵，一旦用了這個詞，往往就會拿不掉。不經意或是不適當的使用這個標籤並不公平，說不定還會引來法律訴訟或其他形式的報復（特別是你的「診斷」是正確的時候）。因此，基於最實際的目的，認識到某人似乎具備許多精神病態所定義的特徵和行為，並適當地應對，就已經足夠了。

盡你所能瞭解自己

「認識你自己」或許是自古以來最睿智的一句箴言。對自我的理解，可以強化我們不受精神病態者擺布；這對你的心理、情緒，甚至是生理的健全都很重要。在精神病態者眼中，你的天真和無辜，正好提供他們攝取養分。

我們或多或少，都不樂於聽到別人說我們的過錯和弱點。有些人不去看醫生，是因為他們不想知道他們的疼痛是否反映了某個嚴重的病症。有些人不想找心理醫生，是因為他們擔心會聽到關於自己一些令人不自在的事情。精神病態者很清楚這類的顧慮，並且會拿來善加利用。實際上，善於體察人心的精神病態者，可能比你還瞭解你自己。你越是瞭解自己，你就越有能力防範精神病態的影響。

瞭解自己對精神病態者的利用價值

要理解自己對精神病態者有什麼價值也許不容易，部分的原因在於，社會往往要求我們不過度張揚自己的價值。不過，一個務實的評估，並透過朋友、家人和同事們諮詢和反饋的協助，可以幫助你釐清你對他人的長處和價值。最常見能吸引精神病態者的利用價值，不外乎金錢、權力、名聲以及性。不過，在企業裡頭，這個清單可能還要加上訊息的獲取管道、溝通、影響力、權威等等。精神病態者鎖定的目標不只是有錢和有名的人，他們也會鎖定其他一些比較不顯眼的價值。

精神病態者利用各種策略，利用你慷慨、信賴他人的本性或是慈善心，設法讓你跟他們分享資源。他們也會利用你的憐憫，你可能心頭一軟，透過自己的影響力，讓其他人來幫助、滿足他們的需求。有時候，你可能不容易分辨哪些需求你應當伸出援手；又有哪些需求是為了達成目的，而對你進行精神病態的操縱。一個好的防禦方式，是在社交互動中要記得運用常識，特別是跟非熟識的人互動的時候。我們都喜歡受人恭維，但是社交禮貌上的恭維，和為了達到操縱目的的諂媚吹捧，兩者之間有所差別。問題是我們未必每次都能看出其中的差別，特別是如果我們對自己沒有務實的理解，面對的精神病態者又最擅長把我們形容成自己心目中的理想樣貌。過度誇大、與事實不符的恭維和吹捧，應當是一個警訊，提醒你要特別注意後續的狀況。一個謹慎的做法是，**列出你身上有哪些可利用之處，並注意精神病態者可能使用什麼操縱技巧。問問你自己：「這個人真正想要從我身上得到什麼？」**

理解你的觸發點

我們都有一些「觸發點」（triggers），可被他人利用來占我們的便宜。**所謂的觸發點，是我們人格和個性中會刺激情緒和心理反應的部分，它往往超出我們控制或管理的能力。**底下幾個最常見的觸發點，會被精神病態者用來施展心理戰術。

熱按鈕

「熱按鈕」（hot bottons）是指會挑動你自動的情緒反應的事物，讓你大發雷霆（負面熱按鈕）或是雀躍三尺（正面熱按鈕）。舉例來說，當公司晉升你的同事，你可能有嫉妒和沮喪的反應；或者開車時，有人超車切入車道前方、搶占你工作上的功勞、或是批評你的穿著打扮，讓你突然感到挫折和憤怒。當有人讚美你的外貌、你支持的候選人在民調領先，或是你支持球隊的選手得分時，可能讓你感到開心、甚至得意。嗜好通常是熱按鈕的話題，對大多數人來說多半會引發正面的反應。同樣地，對工作的熱情可能激發強烈的能量和興奮情緒，特別是當有人對你的謀生之道感興趣時。

當某人觸動你的熱按鈕，會發生兩件事：我們的注意力就從其他可能更重要的事物轉移開來，而被觸動的感受則影響了我們對即刻社交環境的感受。這種近乎反射性的反應，精神病態者自然不會錯過，他們會啟動你的按鈕，來刺激你對他／她的正面感受，以及對他人的負面感受。操弄你的熱按鈕另一種更狡猾的方式是，誘使你在眾人面前「表現出情緒」（特別是負面情緒）。

除非是太過明顯的情況，一般而言很難判斷究竟人們是刻意啟動你的熱按鈕，還是在沒有操縱或利用你的特別意圖下，不經意這麼做。事實上，許多良好友誼的開始，是某人在真心想和你結交的情況下，啟動熱按鈕（比如，詢問你高爾夫球賽的結果，成績是一團糟）。如果你質疑某個精神病態者試圖利用你的熱按鈕——比如，讓你在某重要人物面前失控——他會很快宣稱這是誤會一場，甚至還會跟你道歉。不過，如果精神病態者的目的，是讓你在他人面前尷尬或受到羞辱，以破壞你的名聲，在旁觀者眼中，這個目的已經達到了。

很多時候，精神病態者會在私底下啟動你的按鈕，讓你相信她理解、並分享著與你類似的感受——這是建立友善關係的計謀。舉例來說，你可能會抱怨另一個員工帶來麻煩、輕視或羞辱，讓你感到不快。這時精神病態者只需要說一句：「噢，我的天。她怎麼這樣！」你就會開始認定，這個精神病態者對你的不愉快不僅能理解，甚至感同身受。機伶的精神病態者會傾聽你對於人事物種種不滿的發洩，接著開始向你示好，並趁機提供一些日後在朋友關係中，可以用來操縱你的資訊。

盡可能瞭解你自己的熱按鈕，是防止它們被肆意觸動的第一道防禦。可惜的是，瞭解自己的熱按鈕遠比學會控制它們要簡單多了。從家人、好友、同事等人，得到的回饋非常寶貴，在可靠的朋友或是專業輔導員的協助下，你可以學會如何掌控你的反應、或至少有所節制。如此一來，當熱按鈕反應出現時，你快速辨識的能力將有所提升，讓你有時間踩下煞車，並重新控制你的反應。

弱點

精神病態者就和所有的掠奪者一樣，會察覺潛在受害者的弱點（weak spots）。人性的弱點有許多類型，而敏銳的精神病態者對它們瞭若指掌。為求簡明，我們把重點放在三個常見的類型。

• **瑕疵（Flaws）**。你有什麼不對勁嗎——太胖、太瘦、太害羞？我們常會看到自己身上別人看不到的瑕疵。有些是真實存在的，但很多只存在我們想像。**精神病態者最善於找出你對自己最不滿意的地方，利用它們做為槓桿來操控你**。如前一章討論過的，精神病態者會設法讓你相信，他接受你的樣子，不管你認為自己有哪些不完美。對某些人而言，這是令人安心的強大訊息，也是精神病態者建立連結的基礎。接下來，精神病態者會「揭露」他跟你有同樣的不完美，進一步深化與你相連結的感受，並期待彼此建立強而有力的個人關係。

對自己的瑕疵有務實的理解，是防禦精神病態操縱的重要一步。通常的做法是，先把你所認定的個人瑕疵項目縮小到「真正緊要的範圍」，然後逐一提出檢討。你可能要決定哪些項目必須改進、哪些必須接受。一旦你對自己的不完美做出評估和決定，他人想要透過這些瑕疵來操縱你，就會變得比較困難。

- **缺乏（Lacks）**。你的人生缺少什麼嗎——自尊、愛、理解、刺激，或是目的性？認定自己缺乏了某個應該有的東西，會影響到我們的想法、感受，以及行為；我們常常對那些比我們擁有更多的人感到不滿。我們會開始懷疑自己提供貢獻和達成目標的能力，最後推論自己是失敗者，為了填補空缺，往往不惜一切代價。

渴望得到自己缺乏的東西，會導致我們的心理、情緒、甚至身體，陷入脆弱的狀態。在這種狀態下，有些人的心思會完全被滿足這些渴望的想法所盤據，讓他們成了精神病態者容易下手的對象，因為精神病態者隨時準備出手「協助」。舉例來說，承諾讓你發大財——但是毫無意圖要履行——是老鼠會「龐氏騙局」和街頭紙牌「三公遊戲」常用的伎倆。大部分的經濟詐騙會讓你相信你將會賺大錢，不過通常你在失去一切之前，都無法認清自己是多麼容易上當。在另一個例子裡，一個精神病態的操偶師可能慫恿你參與犯罪行為，協助她償付欠債或是找某人報復。犯罪行為可能涉及竊取你公司的財物、用品，或是商業機密；損害他人的財產；甚至傷害你的家人。如果精神病態者讓你相信絕不會被逮到，或受害者是罪有應得，他的說詞就更加有引誘力。如果你落入這個圈套，你將永遠受到精神病態者的擺布，被罪惡感所折磨，甚至鋃鐺入獄！

一般而言，對自我的需求和願望有完整的理解，並且知道務實步驟是達成它們的一件好事。有時，好的諮商師或是生活輔導員可以提供協助。不過，**最好的建議，還是一句老話：「假如它好得不像是真的，大概就不是真的。」**

- **恐懼（Fears）**。你害怕什麼——親密關係、孤單，或是在團體面前說話？我們都有感到害怕的時刻，有被難題和疑問所苦惱的時刻。如果這些念頭不至於讓你精神衰弱，或是影響到你的日常生活，那麼它們還算在正常的範圍內。不過，一旦我們的恐懼被精神病態者看穿，我們在特定情況和事件中如何回應提供線索，就成了操縱的有力工具。要防範恐懼被人利用並不容易，因為它同時是先天本性和後天養成的產物，因此不容易改正。諮商師或是心理健康專家也許可以幫助你理解你的恐懼，並協助你採取保護的策略。

精神病態之舞

對精神病態者的運作方式越瞭解，你就越能做好防備避免受到操縱。我們在前一章提過，精神病態者寄生的生活方式，包括幾個階段：

- 對個人的可利用之處、弱點和防禦，進行「評估」。
- 利用印象管理和「操縱」來討好對方，之後再榨取對方的資源。
- 「拋棄」，也就是個人對精神病態者不再具有利用價值的階段。

從電子郵件和書信的報告，以及受害者的訪問案例裡，我們一再發現，很多人一開始都不知道自己面對的是精神病態者，直到為時已晚。每個案例的細節雖然不同，受害者所描述的感受、態度、行為和結果，似乎構成某種形式或程序。在這一章我們將重新檢視最終成為受害者的對象，在操縱過程中所經歷的一些階段。參見〈補11.2：政治與撲克牌：說謊執照〉。

階段一：精神病態虛構的誘惑

第一印象常會騙人。可惜的是，你對精神病態者的第一印象卻是正面的。他們外顯的魅力、迷人的外表、能說善道的口才、巧妙運用的恭維讚賞，充滿著引誘力。不過，這些第一印象就像是包裝一本壞書的精美書皮。可惜的是，我們買書很少不翻看內容，至少也會看過書評。同樣，我們買一部車或一台電視，一定會先仔細研究。然而，我們往往會憑其表象而接受精神病態的假象。對於精神病態者，你的所見並不為真，但你可能要經歷一番痛苦才會瞭解這一點。因為並不是每個精神病態者都以同樣的方式出現，你一輩子可能受害不止一次。每一次新的社交接觸，特別是那些對你生活有長期影響的接觸，你都應該保持警戒、甚至要抱持懷疑進行評估。在最低程度上，你應該在獲得更多資訊後，重新評估你的第一印象，並準備好在說法兜不攏或感覺不對勁時，盡快退場。

階段二：被納入精神病態的連結

巧妙的魅力和操縱技巧可能讓你相信，精神病態者喜歡的是你真實的樣子。在一番長談或連續的會面期間，他會試著讓你相信，他和你有許多共同的好惡、特點和態度。這通常不是透過直接說明而是隱約的方式；事實上，精神病態的操縱可能巧妙到，你光是聽到精神病態者的人生故事就驟下結論。當然，精神病態者會精心設計他們的故事，來利用你的熱按鈕和弱點。在我們研究的所有案例中，共通的一個主題是，受害者渴望找到某種人生伴侶，能分享彼此的價值、信仰和人生經驗。在這個時候，你會感到興奮，相信精神病態者是真心喜歡和敬重你。你也因此「知道」你們的關係，不管是個人或事業上的，將會持續發展。

精神病態者也會讓你相信，他的正直無庸置疑、且誠實和信賴是彼此關係的基礎。在這個階段，多數人在報告中會提到，他們與精神病態者分享了許多個人的資訊，並相信他們所知的精神病態者的人生故事，是真實、且深度關乎個人的。他們沒有懷疑其中明顯的欺騙，或懷疑絕大部分消息都是編造出來的。最後精神病態者會導引你相信，你們兩人是獨一無二、與眾不同，注定要在一起。他們把自己描繪成完美的朋友、同事或事業夥伴，這種培養的過程花費他們很大的時間和精力，但是他們手法巧妙、且持之以恆。在這個時刻，你並不知道你和精神病態者的連結，是只存在於你想像中的一個騙局。

理解並敏銳察覺精神病態者建立連結的過程，是最好的預防。不要太快落入別人的故事裡，因為堅定的關係更需要時間發展和培養：整個過程都需要運用批判思考和謹慎評估。如果你覺得這個人好到不像是真的，那就去設法驗證你的想法。

階段三：精神病態者賽局（精神病態虛構）裡的同謀

當精神病態連結被穩固建立之後，你會發現你的熱按鈕和弱點，變成了取得你的配合和重新確認關係的簡單手段（雖然此時你還不會察覺）。你會發現，在這個關係中，自己必須按照精神病態者的要求去做（儘管這件事並不符合你的最佳利益）才能維持這種密切聯繫。健康的關係通常是平衡的，雙方互相付出和接受。精神病態關係則是一頭熱；你付出，而精神病態者接受（金錢、住所、性、權力以及控制）。

雖然在很多案例中，朋友、家人和同事都看出了實際情況，並試圖對你提出警告，但你並不會聽從。一些出自善意的評論，像是「他對你沒有好處」、「擺脫這個關係」、「你不該信任她」，往往被你當耳邊風，甚至導致你跟家人和朋友的疏離。精神病態者會強化這個孤立的狀態，有些案例中，像是精神病態的邪教領袖，甚至會命令你與其他人脫離關係。一旦被孤立之後，你對操縱式的精神病態者，將毫無招架之力。

如果你的長官或同事在支配你，或者你受到伴侶喜怒無常的情緒操弄，要向外尋求確認。如果你發現彼此的互動帶來傷害，就該當機立斷結束關係。通常家人、朋友和同事，在這個轉換階段可以協助你，或提供你情感上的支持。如果出現施虐的情況，你可能需要政府相關單位或其他專家的建議和協助。

階段四：被自我懷疑、歉疚感、自我否定所操縱

精神病態者投機、偽詐、操縱的行為，可能讓受害者既痛苦又困惑。許多受害者把一切都怪在自己身上，有些則完全否認有任何問題。在這些案例裡，對於你生命中精神病態者的懷疑和擔憂，轉化成了「你對自己的懷疑」。

很遺憾的是，陷入精神病態聯繫的人，要說服他們相信自己被誤導，或是他們沒有掌握全部的真相，並不是容易的事。即使證據就擺在受害者面前（比如：可疑的汽車旅館收據、或是個人信用卡的神祕帳單），他們仍舊抱持否定。你就和精神病態者一樣，可能會怪罪其他人捏造資訊，或是辯稱這是誤會一場，甚至你會下結論說，其他人不該來質問你對你的「靈魂伴侶」的信賴程度。當你被自我懷疑、罪惡、否定所淹沒，其他人就很難幫助你。家人、朋友和同事能做到的，就是幫助你接受專業協助，像是轉介你參加員工輔導課程，或是其他專業心理健康的諮詢。

當精神病態者收編並說服了其他人，包括：你的家人和親密朋友，讓他們相信你才是問題所在，問題會變得特別困難。這可能折磨心神，導致最後你相信，事實上你才是真正發瘋的人。如果你幸運的話，或許其他人仍可看出真正的情況，而你應該向外尋求他們的協助。在公司裡，對精神病態者沒有利用價值的同事、過去的受害者，或是公司裡的保安單位，都可能提供協助，他們多數會密切關注操縱和欺詐發生的可能性。

階段五：虐待的升級

如果受害者對精神病態者的行為提出疑問，或者決定質疑他們所見到的精神病態者前後矛盾的言行，他們可能面臨報復的風險。首先，精神病態者可能強烈否認自己有任何不當，並轉向對提出抱怨的人做出攻擊。在這個時候，大部分的受害者會因為懷疑精神病態者而感到羞愧，甚至因而更加深對自我的懷疑。不過，如果他們仍堅持表達疑問和擔憂，被激怒的精神病態者必然對他們採取升級的虐待。這種虐待有許多形式，但通常會造成我們三方面的影響：心理上的、情緒上的，以及肢體上的。

肢體的虐待，最明顯的可能出現：烏黑的眼圈、瘀青、割裂傷等等。就和受虐配偶的情況一樣，肢體攻擊的案例經常隱匿未報。家人、朋友和敏銳的同事，應該設法介入。不過，通常他們只能無助地旁觀，因為你拒絕了他們的協助。任何類型的肢體虐待都是危險的，因為精神病態者——以及其他施虐者——往往隨著時間而升高他們的攻擊行為：尋求協助是有強制必要的。

局外人要評估情緒和心理的虐待要困難得多，這些虐待經常會導致焦慮、不安、沮喪、無法入眠、一般性的恐懼，以及創傷後壓力症候群（PTSD）。被精神病態者施虐的個人，會感覺自己不再像是自己，或者自己出了問題；他們的自尊感降低，感受到自己沒有價值、自我懷疑，還有心理上的痛苦。他們常會想，「我做錯了什麼？」由於你的想法和感受影響到你的行為，你可能開始在工作上表現不佳、容易分心、煩躁不安、沉默寡言，或變得過度情緒化。批評（「你太胖了，沒有其他人會愛你！」）、威脅（「我再也受不了你了，我要離開你！」）、或是恫嚇（「你還想要討打是不是！」是一些常見的操縱和強制技巧，令人意外的是，這種反覆的互動結果，可能反而強化、而非減弱彼此的關係。

如果你成了受虐者，你應當從你身邊的人——朋友、家人或可靠的同事——尋求建議和諮詢，或者按照虐待類型的不同，尋求相關單位或處理這類問題的專業人士協助。

階段六：瞭解與洞見

最後，無法解釋的謊言、矛盾不一致的言行、朋友和家人的負面的感受和回饋不斷累積，終於讓你開始瞭解你是精神病態賽局中的棋子。這需要很多的證據和花很多時間讓你真正相信，不過一旦這個情況出現，你已經踏入發現真相的門檻。

一旦你瞭解這是怎麼一回事，可能會讓你更加難過，因為你會覺得自己像個冤大頭或是大傻瓜。許多過去的受害者會跟自己說，「我怎麼會相信這種謊話？」或是，「我真是個傻子。」這是正常會有的感受，但是它也有額外的代價。覺得自己像個傻瓜的人，會想要隱藏自己的愚昧。與其要你去確認自己對精神病態者的重新評價，你反倒有可能想避開他人。有時你可能會認定，其他人並不知道發生什麼事，雖然這是可能的情況，不過比較好的做法，還是告訴可靠的朋友和親人，而不是讓深陷在為何自己如此糊塗的自責中。談論你的經驗，把它記錄在日誌上，是消解羞辱感的好方法。你也可以記錄自己在遇到精神病態者之後出現的變化。當然，你也應該檢查你的銀行戶頭、信用卡、個人資料、電腦、手機，以及其他有價值的東西。重要的是注意保持距離，採取保護行動，避免後續的接觸或遭受報復，甚至可以把你的故事（用匿名方式）張貼在受害者的支援網站。例如《「精神病態倖存者基金會」網站（www.Aftermath-Surviving-Psychopathy.org）。〔免責聲明：巴比亞克和海爾都是這個提供精神病態受害者教育和支持非營利機構的董事。〕

階段七：克服你的羞恥感

恥辱是受虐的自然反應。也因此，許多虐待的事件未被舉報。任何恥辱的感覺，都應該與你的家人、朋友或受訓練的專業人士，一起討論。第一個理由是，你沒有必要覺得羞辱，就和你沒必要受到虐待一樣。這不是你的錯；精神病態者是一個掠奪者，而你是他的對象和受害者。尋求幫助的第二個理由是，羞恥感會讓你容易持續受到精神病態的操縱。想想看一些家暴受虐的配偶，儘管他們受到肢體和言語的攻擊，依舊乞求虐待他們的伴侶接納他們。你應該要小心，精神病態者會利用你的恥辱感，就跟一開始利用你的瑕疵、缺乏、弱點一樣。不要因為被欺騙的恥辱，而不願意尋求幫助和指導，只會讓精神病態者拿它當武器來利用你。

階段八：憤怒和平反

受害者與我們聯絡時，他們通常是處在這個階段，對於操縱和虐待他們的人感到強大的憤怒，他們想要討回公道。憤怒和尋求平反的需求，是正常的情緒和心理反應。憤怒往往來自受害者長久以來的感受，過去卻因為恐懼和服從而無法表達。你應該尋求受過訓練的心理健康專業人士協助處理憤怒的感受，因為不斷反芻、對過去的事念念不忘，同樣會造成問題，有時還會讓情緒上的苦痛更加惡化。

事實上，有不少的人想要「揭穿」精神病態者的假面具。在這個階段，把你的想法和感受公告周知，或是在社群媒體、電子郵件、簡訊或網站上，對精神病態者提出指控並不明智。請考慮一下，當下你的情緒和心理狀態。執著的情緒和強烈的念頭，可能讓你無法做出理性的行動。你也可能處於心力交瘁的狀態，無法應付精神病態者對你展開的報復。

不過，如果犯罪事件發生了，當然要通報相關單位。

對大多數人來說，能證實施虐者確實是個精神病態者，似乎就滿足了平反的需求；對精神病態者的理解和認識更多，心情上就可能更加地寬慰。此外，順帶教導朋友們應當注意哪些行為，不只實用，同時還可能避免其他人落入精神病態者的騙人陷阱。有些受害者甚至把他們與精神病態者的經驗寫下來，並且出版成書。

討論

- 你身上有哪些精神病態者可能覬覦的東西？
- 你有什麼觸動點（熱按鈕或弱點）？
- 是否有人試圖透過這些觸動點來操縱你？
- 他們是否成功了？

你能做什麼？復原後的下一步

許多讀者會問我們，「我能做什麼？」底下是簡要、且通則性的一份清單，為受害者處理情況的最佳做法提供一些建議。

搜集資料

- 收集所有和你情況相關的文件資料。包括：任何你的日誌或日記本、筆記、電子郵件、簡訊，與精神病態者往返的書信，銀行和信用卡紀錄、電話通訊內容，以及醫療和法院的文件。
- 如果你有使用社群網站，立刻停止貼文！從你的社群網址下載或列印相關的資料。

損害評估

- 檢查你的財務狀況。包括：所有信用卡帳單、銀行帳戶餘額，以及契約。變更你所有的密碼和登入代碼，必要時變更電話號碼。變更精神病態者名列其中的受益人，或共同帳戶持有人名單。有必要的話，關閉你的帳號。如果你發現詐欺的證據，為相關單位預留一份清單。

• 掃描你的個人電腦和手機是否有惡意的軟體。（不少受害者告訴我們，他們在手機發現了追蹤軟體，或在他們電腦裡發現鍵盤記錄的軟體！）

• 接受健康專業人士評估你的心理和情緒狀態。

評估你的朋友和社交聯絡人

• 列出你的朋友清單並對他們進行分類，哪些人曾警告你注意精神病態者，哪些人似乎支持他／她，還有哪些是對情況一無所知（並評估他們是否會支持你）。把你的家中成員也列入清單裡。

寫下你的故事

• 按時間順序收集你所有的文件資料，並按類別整理（例如：財務、社交）。

• 參考你的筆記，記下你與精神病態者之間的完整故事。第一次的草稿必然是「意識流」的報告，散漫，有時模稜兩可、且充滿各種情緒。

• 編輯、修改你的故事，或許可以尋求朋友協助，甚至找專業的編輯更好。目標是要讓「局外人讀者」也能理解你的故事，他們可能包括相關單位和你的法律顧問。故事的長度應該在兩三頁左右。它的目的是對你的經歷做一份完整而準確的紀錄。

評估精神病態者在或不在的未來

• 精神病態者是否還存在你的生活中？在不久的未來，她是否仍在你的生活裡？有些重要的事實會構成影響：你們結婚了嗎？牽涉到子女的問題嗎？你和精神病態者是否有法律上的牽連，例如：擁有房屋？精神病態者和你有親戚關係嗎？

• 如果精神病態者把你拋棄了，你應該覺得幸運，請把焦點放在重建你的人生。

• 如果你和精神病態者有法律的關係，例如：婚姻、子女或財產擁有權，準備好要做一場漫長、辛苦的戰鬥。你會需要專業人士的協助。

擬定策略並採取後續的步驟

• 拜訪精神病態受害者的支援團體（例如：www.Aftermath-Surviving-Psychopathy.org），並閱讀其他人的故事，以及做良好研究的支援材料。如果你要在網站貼文提問，請注意使用匿名，不要涉及讓精神病態者可以辨識出你的細節。

- 如果你陷入危險，打電話給受虐配偶庇護之家或當地的警察局。
- 找律師諮詢。

防範精神病態者的報復

- **挾持人質**。精神病態者可能利用你的子女或房子當做對付你的武器，通常會迫使你付出昂貴的法律諮詢費用，進行漫長的爭鬥。他可能承諾共同撫養子女，但不按排定時間現身（藉以打亂你的行程），或承諾帶孩子度假（卻從沒現身）。
- **圍城攻勢**。如：中世紀的戰爭。精神病態者會「包圍」受害者，讓他孤立無援而屈服。一般而言，它包括：實體手段（深夜把車停在大門口，在實際生活中或網路上跟蹤）、財務手段（藉故興訟或拖延法律程序，以消耗受害者的資源），或是社會手段（設法讓你的朋友們反對你或是孤立你）。我們也曾聽說精神病態者說服受害者的法律顧問，反過頭來對付受害者！
- **陰謀破壞**。精神病態者可能會打電話給你的僱主，試圖讓你被開除。他／她可能故意讓你的信用卡和支票透支，也可能在社群媒體上詆毀你。不要上鉤，你要做的是把他的所言所行記錄下來，暫時保持沉默。

你最終的目標是，擺脫跟精神病態者有後續的接觸（肢體的、情感的或是心理的），為了修復已造成的損害，和重啟沒有他／她的人生，這是必要的一步。

補12.1 訪問精神病態者：精神病態語言的電腦分析

「如果他們有時候說話古怪，為什麼精神病態者這麼容易讓人信以為真，這麼有辦法欺騙和操縱我們？為什麼我們無法找出他們說的話語之間的不一致？……他們說話的怪異之處往往太過微妙，不經意的觀察者難以察覺，讓他們有機會大顯身手。」（p.142）[1]引用這段海爾的引言時，勒和同事（Le and colleagues）提到，電腦分析可以提供一些解答。[2]

大約二十年前，勞斯等人（Louth et al.）[3]使用電腦程式來衡量精神病態者話語中的聽覺變項（acoustic variables）。我們發現，《精神病態人格檢核表（修訂版）》的精神病態者，對情感詞和中性詞會使用相同的重音（聲音振幅），至於其他犯罪者，情感詞會比中性詞更加強調。大約在同一個時期，海爾的一名學生發現，精神病態者的敘述有些奇特[4]（參見海爾《沒有良知的人》對它和其他語言學研究的概述）。她對犯罪者的中性敘述與情感敘述進行了內容分析，結果發現，相較於其他的犯罪者，精神病態者做了許多相互矛盾和邏輯不一致的陳述。它們經常會「脫軌」（derailed），在不同主題間跳躍，對簡單問題，特別是關於情感事件的問題，會提供相互矛盾而不連貫的答案。

近來，多位研究者發表了一系列精密的精神病態語言電腦分析。由於版面的限制，我們只介紹其中一些研究。海爾的同事們，心理學家漢考克、伍德華斯和波特（Hancock, Woodworth, and Porter）[5]，使用兩個文本分析工具來檢視已定罪殺人犯的犯罪相關敘述。一個工具分析了詞類和語意內容，另一個工具檢視情感特徵。「我們預測他們在描述重大的自傳式事件（他們涉及的殺人案）時，會顯示獨特的語言模式，這個語言模式和他們工具性的世界觀、原始的生理需求（相較於較高層次的需求）、深度的感情缺陷相關。我們的發現大致與我們的預測一致；相較於非精神病態的犯罪者，精神病態者的敘事，包含了較高度的工具性和較多解釋的主題，著重在自我保存和身體的需求，敘述也較不流暢、偏向以過去為導向，也比較缺少感情的強度。重要的是，這類風格上的差異，在他說話時顯然超出有意識的控制，也比較難以刻意改變」（p.110）。《精神病態人格檢核表（修訂版）》因素一的分數落後於敘事的情感面向。

勒和同事們使用文本分析軟體，來檢視精神病態談話的語言特徵。研究的材料是海爾提供的一組《精神病態人格檢核表（修訂版）》的訪問。其結果與其他類似研究的結果一致。相較於其他的犯罪者，精神病態者用了較多的頓詞（例如：嗯、呃）、虛詞（你懂的、我是說），以及人稱代名詞，比較少提到他人（例如：人名、家人），也比較少表達情緒的用詞

（與憤怒和焦慮相關的字詞）。預測《精神病態人格檢核表（修訂版）》分數最好的指標是低度使用焦慮相關用詞，以及較頻繁使用人稱代名詞。

作者注：大部分研究者使用犯罪者進行精神病態者的語意和情緒的研究。我們無從知道這些發現對較高教育水準的成功企業人士的適用程度，不過這類研究的議題值得玩味，而且對理解企業精神病態有著潛在的巨大用處。

補12.2 職場中的黑暗人格[6]

黑暗三角與職業選擇

研究發現，創業意願（開展個人事業的意圖）與自戀[7]和精神病態[8]的連結。不令人意外，黑暗三角人格分數高的個人，開創新事業的動機可能具有破壞性的本質（利用他人以謀取本身利益和取得關注和讚美）。[9]希爾和尤塞（Hill and Yousey）所進行的一項研究[10]發現，樣本中的職業，政治人物在自戀人格的分數最高。在馬基維利主義分數高的人，多半選擇企業相關的職業，並儘量避免從事協助他人的職業。[11]黑暗三角個人重視權力、金錢和社會地位，這些價值也導引了他們的職業選擇。

黑暗三角與領導

黑暗三角人格取得權力、金錢和社會地位的一個方式，是尋求領導的職位。身為領導者，自戀的個人是自私的，也就是說，他們努力是為了自己，而不是為公司的利益[12]，同時他們似乎也缺乏道德感。[13]格利加瓦、哈姆斯、紐曼、格第斯和弗拉雷（Grijalva, Harms, Newman, Gaddis, and Fraley）[14]，進行自戀和領導的統合分析。他們的結論是：自戀與領導者的崛起有關，但是與領導者的有效性無關；自戀人格與領導者的崛起有關，或許反映了他們在外向性（extraversion）得高分的事實。雖然沒有從另外兩個黑暗三角人格與領導的研究得到證實，我們相信類似的結果，也適用於馬基維利主義和精神病態。黑暗人格使用剝削式領導（abusive leadership）行為[15、16]，並且對他們的員工造成負面影響。〔對於職場黑暗三角人格的深度評估，參見勒布瑞登等人（LeBreton et al.）[17]〕

黑暗三角與員工行為／態度

黑暗三角的三種人格在職場的行為，都是反效率而且有害的。[18]此外，具有黑暗三角人格的員工，似乎樂於見到同事們受苦。[19]

而且，還有第四個：黑暗四角

最後這個研究結果有趣之處在於，《黑暗三角》的作者最近又介紹了第四個黑暗人格，虐待狂（從製造他人情感或肢體的痛苦來獲得愉悅），構成他如今所稱的「黑暗四角」。[20]

似乎黑暗四角中的所有人格，都是缺少誠實／謙遜（善於欺騙、貪婪、狡猾），缺少可親和性（好競爭、對他人的同理心偏低）。目前還沒有對職場虐待狂的研究；不過我們相信這第四個黑暗人格在職場同樣有非常負面的影響，特別是對員工的福祉方面。

有些人把它們稱為「成功的黑暗人格」，也有人發現他們可能對職場帶來優勢。要牢記的是，這些個人可能展現吸引人的特徵，但是他們不可避免會造成同事和部屬的傷害，最終也會傷害到他們的公司。

還有更多？

雖然嚴格來說不算黑暗人格，但是自我主義（Egoism）、道德疏離（Moral Disengagement）、心理特權（Psychological Entitlement）、自我利益（Self-Interest）和惡意（Spitefulness），也被納入黑暗特質之列。心理學家莫沙根、希比格和澤特勒（Moshagen, Hilbig, and Zettler）[21]提出，所有的黑暗人格和特徵，核心都有一個「人格黑暗因素」（Dark Factor of Personality，或稱為「D」）：它是「對倫理的、道德的，或社會上有問題行為的總體傾向」。如果個體「具有高程度D，通常會以犧牲他人為代價，極大化他們的個人效用（individual utility）。這裡的效用，廣義上指的是『成就達成程度的衡量標準』……因此，

戴夫的案例

第五幕，第二景

謎底揭曉

下午剛過三點，法蘭克到約翰的辦公室，他的雙手抱著滿滿的檔案夾。

「要來點咖啡？」約翰問，他手上拿著咖啡壺站在桌櫃旁。

「好，再好不過了。我猜我們得花上一點時間，」法蘭克回答，他把手上的檔案放在咖啡桌上，走向了約翰。

「你有什麼發現？」約翰問。

「我的發現可不少，而且不大妙。顯然這個團隊的問題只是冰山的一角。我查了一下戴夫的人事資料，跟團隊裡幾個成員談了一下，也從其他部門的主管那邊聽到不少傳聞，包括採買部的提姆跟安全部的馬修。」

「安全部？噢，天呀，這奇了。請你一件一件來。」

「好的，」法蘭克開始說，「檢查戴夫的人事檔案時我注意到，他的原始信函、履歷和申請表之間有一些不一致。」

「是嗎，什麼樣的不一致？」約翰把身體往前靠近問。

「很顯然，他這些文件列的是三種看起來很像、但其實不一樣的大學文憑。我不確定他是故意的，還是文書上的誤植，於是我請梅蘭妮去查他的教育程度。結果發現他履歷表裡的大學學歷，實際上是專門在網路上賣文憑的學店。它是假的。」

「為什麼梅蘭妮之前沒跟我們提過這個？」約翰關切地問。

「嗯，她沒有查他的背景，是因為我們當場就決定錄用他了，記得嗎？她說正常情況下，她會接著做後續的程序只要——」

「是的，我記得，我們當下就決定錄用了，」約翰搖搖頭說。「她還發現了什麼？」

「他沒有犯罪紀錄。」

「這是好消息，」約翰插嘴。

「不過，他有不少的超速罰單。這不是什麼大問題，不過既然我們要查，我就請她盡可能把所有東西都查清楚。」法蘭克喝了一口咖啡然後繼續說。「我在他的檔案裡，發現提姆留給他的一張紙條，要戴夫——」法蘭克把紙條拿出來開始讀，「『不要再直接跟供應商訂購器材和設備。』」法蘭克抬起頭，發現約翰正盯著他看。「沒錯，顯然他利用自己的簽核權，沒有循正常管道買了一部新電腦放自己家裡，還有其他一些週邊設備跟一些小東西。後來，有個內部的稽核員去問了提姆，於是他留了這張字條給戴夫。」

「戴夫怎麼回應提姆？」約翰問。

「他說他很抱歉，他剛到公司還不懂，下次不會再犯，諸如此類。」

「結果，都沒人跟你說這件事？」

「沒有，提姆相信了戴夫的說法，決定把字條影本留在人事檔案裡，以防未來類似的情況發生，」法蘭克回答。「梅蘭妮也建議我跟安全部的馬修談一談，他跟我提到有一天戴夫曾經和警衛大吵大鬧，因為警衛不讓他把車停在門口。」

「呃，馬修的人有時候的確是小題大作，」約翰說。

「這還不是唯一的一次。戴夫還是新人的時候，有天晚到要進入大樓沒有門禁卡。他對櫃台的年輕女士大發雷霆，還揚言要把她開除之類的。於是，她就申訴了。最後他跟我要了進大樓的權限，現在根據馬修的說法，戴夫跟那個警衛變成了『好兄弟』。」

「拜託，別再搞這種傳言了。」

「我從梅蘭妮那邊還多知道了一些事。」

「好，」約翰一邊說，給自己倒了第二杯咖啡。

「她查戴夫的推薦人，發現他總共列了四個人，其中一個已經不在公司，有兩個只給了中性的評語，還有一個說他是『了不起的傢伙』。不過，梅蘭妮說，她打電話給最後這一位，那邊聽起來像是兄弟會社團而不像公司。」約翰皺起眉頭，法蘭克接著說。「於是她又進一步查訪，找到了戴夫待的最後兩家公司的聯絡人，他們都說他是個麻煩人物。」法蘭克拿起他的筆記開始唸，「上頭說，『他是個自走炮，老是對人大呼小叫，滿口謊話，會背後暗算人的混帳』。」

「和你的人說的差不多，」約翰說。

「是的，這樣就兜起來了。還有，那個新產品的計畫案——」

「怎麼樣？」約翰有些猶豫地問。

「整個構想，從概念到行動計畫，甚至給行政委員會的提案簡報，都是桃樂蒂做的。戴夫把工作全塞給她，然後把她的構想占為己有。」

「你是從傑瑞那邊聽來的？」約翰問。

「是的，他本來沒有懷疑，但是桃樂蒂從戴夫桌上找到了一份簡報，看到她自己的名字沒有放在上面，於是兩天後她在會議上質問戴夫。他支支吾吾，跟她說是我把她的名字從簡報上拿掉。她於是去找傑瑞，傑瑞早上也來找我，不過我已經從想離開團隊的成員那邊聽到這個消息。」

「還有什麼？」約翰問，他喝完了咖啡把杯子放下來。

「差不多就是這樣；還有其他大大小小的情況，不過總體來說，戴夫不是我們想得那個樣子。他無法被信任。我不信任他。」

「我也同意，他不該待這裡，」約翰說，瞄一眼他的手錶。「我猜，梅蘭妮應該已經下班了；我們到傑克的辦公室一趟，看能不能在今天晚上把這個任務結束。戴夫在公司大概只有十或十一個月，對吧？」法蘭克點點頭。「好，那應該不是大問題。明天梅蘭妮可以把信函準備好。」

法蘭克看到高層主管那一側的大樓燈還亮著，覺得鬆了一口氣。當他們走過大廳，他們遇到了傑克・加里德布的祕書維多利亞正準備下班。「嗨，」約翰說。「傑克還在辦公室嗎？」

「你們也知道的，他在，」維多利亞笑著回答。「加里德布先生在清潔人員來之前都不會走。」

「是啊，你說得一點也沒錯，」法蘭克露出微笑回答。「他忙不忙？」

「有人在他辦公室裡談話。我不知道是誰；應該是我在影印東西的時候進去的。不過，不介意的話，你們可以稍等一會兒。」

「我們可以等，」法蘭克說，微笑看著維多利亞離去。

約翰和法蘭克坐在維多利亞桌子旁邊，這個位子可以看到傑克什麼時候結束會談把門打開。他們利用這個時間重新查看戴夫的資料，設想要如何對傑克說明。就目前所有資料看來，他們處理戴夫沒有太多選擇。事實上，只有一個。他們討論彼此待會兒的說法，法蘭克一邊做筆記。

二十分鐘過去了。不時有些笑聲從傑克的辦公室傳出來。法蘭克和約翰相視一笑，回想起傑克第一次在辦公室大笑的情景。接著，他們又把注意力放在門口，以及等待的會談。

傑克的聲音變大，可以聽到他從位子起身走向門口送訪客離開。法蘭克和約翰整理了他們的筆記站了起來。「那麼，找一天我們來試一試那個酒，如何？」傑克說，在訪客的背上輕拍。

「一定的，」戴夫說，熱切地和傑克握手，轉身走出辦公室。

他們的眼神與戴夫的眼睛相對時，彷彿是慢動作的汽車對撞現場。法蘭克與約翰無言地站著，幾乎驚訝地合不攏嘴。戴夫停下腳步來，他露出燦爛笑容，眼睛閃過一絲光芒，他說：「嗨，兩位，真高興看到你們，」然後經過他們身邊往走廊走去。

討論

- 法蘭克和約翰應該跟傑克·加里德布說些什麼？
- 你會怎麼說？

第十三章

第五縱隊：在我們之中的精神病態者

幾年前的一天，巴比亞克結束了上午的工作坊和中午的主辦單位餐會之後，趁空在下午遊覽了他第一次造訪的大城市。街頭滿是遊客和本地居民，天氣宜人。他回想當時的情況：

有一刻，擠在前面的一群人讓人潮的流動慢了下來。待我走到前面，我目睹了我們在第三章所提到的「三公紙牌」遊戲正在進行。雖然我以前聽過，但從未親眼目睹實際上演的情況，我驚訝於它進行的手法如此專業。更讓我驚訝的是，遊客們如此輕易上當，特別是一個帶著孩子的可憐年輕女子，她把繳房租的錢都輸掉了。

我繼續走著，在精品店、藝廊、咖啡店、遊客紀念品店流連駐足，一邊欣賞城市鬧區獨特的建築。當時間接近傍晚，我準備回頭出席主辦單位為與會人員舉辦的晚宴。這次我走了不同的路線，欣賞這座城市不同的風光，後來人潮隨著外出吃飯的人增加，讓我的腳步緩了下來。穿過人潮之後，我看到了再熟悉不過的場面。三公紙牌遊戲的搭檔又回到街頭，引誘毫無疑心的遊客加入他們的遊戲。很快地，一個接一個的觀光客都把錢輸給了手腳俐落的莊家。我感覺興味十足，最後擠到了最前排，看到了一個手裡抱著嬰兒的年輕女子，上前押注一百美元——那是她的房租錢。

讀者應該猜到接下來的事：她輸了錢，這幾個老千消失在人群中，然後她哭了起來。穿著藍色外套的年長女士，跟我前不久看到的是同一個人，從人群裡走了出來，她拍拍嬰孩的頭，然後給了我們的「受害者」一張十美元的紙鈔。人群中也有人拿錢給哭泣的年輕女子；我估計她大概至少收到了一百美元。

這個發現讓我大為驚訝，我匆匆趕回飯店，在吧檯點了飲料坐下，並開始記下這個案件。兩位參加工作坊的學員坐到我旁邊，他們都是聯邦執法人員，我開始興奮地描述這個故事。他們互看了一眼，背對著我笑了起來。

我們收到許多民眾詢問，要如何應付職場裡的精神病態者——不管他們是主管、同事，還是部屬。在我們沒有其他太多資訊的情況下，很難判定到底他們描述的人，是否真的是精神病態，儘管許多時候我們相信可能性很高。

我們在第十一章，提到一家公司如何強化聘僱和晉升的流程，來預防聘僱或晉升企業精神病態者。在第十二章，我們描述了他們操縱受害者的許多可能的方式。我們相信，知道精神病態者如何運作，讓他們更加透明，或多或少可以幫助你避開他們，或至少能加以防禦。我們也介紹了，當精神病態者已經對你的個人生活帶來創傷時，你可以採取的大致步驟。

在這一章，我們先把重點放在如何儘量降低他們在工作上傷害你的能力，再提供你萬一受到傷害時，可以採取的一些步驟。

理解和管理你的名聲

你的名聲是你在工作上最寶貴的資產。因此，它也最容易受到精神病態的攻擊，因為在他人眼中，名聲是如此明顯、又如此脆弱。過去有些研究人員表示，人家說你十二次「好話」，大概才抵得上說你一次「壞話」。精神病態者對你的能力和忠誠度在背後刺刀，就可以毀掉你帶給他們的威脅，甚至影響你最後被降級或免職。「鞏固你的名聲」是你個人防禦的第一線。

能力

當你的工作能力符合他們的目的時，精神病態者會對你諂媚討好，讓你幫忙完成他們的工作。只要你的價值還在，你的工作能力就不構成直接的威脅。不過，假如精神病態者認定你太有能力，就會被設定是他們的對手，若你不配合幫助他們，那麼你就會受到攻擊，多半使用的方式是在背後詆毀你。如果他們是你的主管的話，會用比較正式的方式寫在績效考核上。

由於管理者相對於部屬的權力差異和角色期待不同，公司對你的工作表現有不同意見時，多半會站在你主管那邊。努力表現、做好指派的任務，都是最好的防禦，除非這些工作明顯違法、不道德或違反安全和保密程序。你本身不夠完美的工作績效，可能（將會）成為精神病態主管對付你的工具，如果得不到額外的協助（參見底下），你將毫無招架之力。

忠誠

公司打造、維持忠誠度的方式，包括：提升榮譽感（例如：慶祝市場上某個重大的成功）、個人歸屬感（透過頒發團隊成就獎和主辦公司餐會等）、個人和專業成長機會（透過公司贊助的訓練課程和具挑戰性的任務），或是對個人的認可（例如：加薪、晉升、業績紅利）。相對之下，精神病態者只會期待並要求你必須忠誠，卻不提供任何回報。一旦他們認定你不忠誠，他們會視你為威脅而忽視或攻擊你；他們會想辦法讓你「背黑鍋」。他們的做法是，跟其他管理階層的人說你的壞話，宣稱你對公司不夠效忠。

如果你想對你精神病態的主管提出申訴，你會發現他們已事先打理好一套對你不利的說詞。在其他人眼中，你試圖挽回局勢的所有作為，都更加強化了你「不忠誠」的名聲。因此你要做好「預防措施」，確保沒有人能質疑你的能力和忠誠度。底下是一些我們的建議。

建構和維持與上層管理者的關係

把握每個機會來營造自己是友善、有才華、有能力、又忠誠的名聲。要尋找機會與高層管理階級成員互動。或許他們不會固定造訪你的工作環境，但他們會不時出現跟員工們「打成一片」，這時候他們多半不斷在探尋有能力的人選。把握這類即興式的會談機會，準備好一些不致令人尷尬、不引發衝突對立，也不會過於自利的嚴肅提問；詢問有關公司事業、市場競爭、新產品線的問題。

透過你的問題展現成熟度和對公司實務的理解，高層主管越可能對你有正面印象。這將提高你的名聲，獲得正面關注。它有助於你的事業發展，向真正重要的人物傳達你的能力和忠誠。同時（這是最重要的），如果精神病態者對你進行負面宣傳，也會引發質疑。

與主管的關係

和你自己的主管建立強大的關係，是應付精神病態同事的必要工作。這個關係的基礎是建立在隨時分享部門和計畫案的進展情況。隨時要努力讓你的主管瞭解狀況：這是忠心的表現，同時也展現你的能力。

維持聯繫的暢通有許多種方法。有些主管喜歡每週與成員會面評估進展、計畫案的狀態，或是處理問題；有些主管則採取比較輕鬆的方式，偶爾共進午餐，或是到你的位子上閒聊最新的資訊。你要利用這些機會提供和接受資訊，特別是潛在問題的相關資訊。

與員工的關係

雖然操縱也是好的經理人的一部分，但處理精神病態操縱非常重要，值得特別提出來討論。精神病態者擅長讓人們相互對立，尤其在溝通管道不充足的情況下。你和你的員工之間溝通管道越是暢通，他們在觀察到本書所描述的類似行為出現時，越有機會向你報告。這是領先精神病態者一步的必要步驟。

不過，你也必須保持心態的開放。有時候部屬們誇大事實，因為那些對他們而言重要的事，未必對你也重要。不論如何，部屬的回報也可能很準確，因為他們比你有更多同儕之間的聯繫。重要的是，對所有報告都要嚴肅以對，盡你所能進行調查。至少你應該對所有你所關注的議題作詳細記錄，與你自己的主管在私下的會面時進行評估。

瞭解規則

如果你沒有讀過公司的政策手冊，那就快讀！很多公司會把手冊分發給員工，甚至提供新進員工入社課程來回答問題。要充分瞭解你對公司的責任，以及現有處理申訴的政策與流程。舉例來說，許多美國公司制定反性騷擾的政策，也有些公司有反霸凌條款，都是你應該注意的。不要害怕對你不瞭解的政策和程序提出詢問。你並不希望有人說你違反了公司政策，你也會想要知道，萬一你需要運用這些政策來對付施虐的、精神病態的主管或同事時，你有哪些選項。

所有東西都做紀錄

的確，這做起來很繁瑣！不過，經驗告訴我們，萬一你落入精神病態者的掌握，保有每個工作的互動即時筆記非常重要。可以確定你的律師（最後你可能會需要一個）也會同意。

會議與電話

這並不需要花費很大功夫，反倒可以當成你的例行工作。好的筆記應該包括：日期、參加者姓名、討論的議題、通過的決議，以及下一步行動。雖然你用手機或許就能辦到，但最好還是有完整的文字紀錄，或存在家裡的個人電腦，讓你可以添加精神病態者對你所言所行的特定細節。保留當時原本的說法很重要，特別是當你在眾人面前，或是其他情況下受到言詞虐待時，更要記錄下來。當企業精神病態者以你為攻擊對象，而你想重建「哪裡有問題」的時候，這些將是非常寶貴的資訊。

任務目標

許多公司以書面文字提出工作任務和目標。如果你的公司情況不是如此，那你也可以對每個口頭指示寫下一份「理解備忘錄」。這個備忘錄必須簡明、清楚、扼要。簡單陳述你對任務的理解、時程表、所需資源，以及你期待主管或其他同事的協助。有可能的話，請求你的主管一起評估備忘錄、紀錄筆記。同時，當然也要為自己保留所有的文件備份。

其他紀錄

你還需要紀錄其他東西。舉例而言，在你的行事曆上面紀錄，你從主管那邊得到的正面或負面回饋。簡單紀錄會議內容、人們說的話，以及你的回應，應該就已足夠。在你的行事曆或是存放在家裡的「備忘檔案」裡，記下你的主管或同事對你的威脅。

善用你的工作績效評量

大部分的主管不喜歡提供工作績效評量。有些人覺得它太花時間（特別是當這個主管有太多的員工要評量的時候），有些則覺得很難適當地描寫評量，還有一些人不喜歡對他們的部屬做出負面的反饋，即便實際上有些是成立的。由於工作績效評量是你書面紀錄的一部分，內容對你的事業來說非常重要。

無良的主管可能在考核中，以錯誤和扭曲的資訊來破壞你的職業生涯。對考核要認真對待，並盡可能參與過程。舉例來說，有些公司允許員工提供資訊（自我評量）給主管，做為主管考核評語的註記。雖然主管沒有必要接受你的自我表現報告，但是它的確有助於讓很多人回想起一些可能已忘記的細節，甚至提醒他們對於工作目標理解上的差異。在可能的情況下，要把握這樣的機會。不過，要記住，你的自我評估重點要清楚、不偏頗、準確、簡單明瞭。同時，它也是讓你思考發展需求的好機會，你在評估的同時要敞開心胸來檢討。

當你收到你的績效評估時（一般都是當面收到），如果你事先仔細評估自己的工作表現，就比較能充分參與討論。如果你對考核內容有不清楚的部分，可以詢問主管，請他說明其中提到的事件或行為的實際例子。如果你的考評正確反映你實際工作的表現，這個正式的紀錄，就更能支持你是有能力、忠誠員工的名聲。

有些績效考評制度允許員工做書面評註，或是提交附件納入個人檔案。就算你的考評很傑出，你也應該提交一份註記。如果你的考評有不正確的部分，特別是如果你的主管不希望你修改最後的定本，那麼註記就是你改正紀錄的唯一機會。下筆時，不要匆促急就章。相反地，你要仔細寫下你對問題癥結的看法。要確定你的註記合乎專業，沒有帶情緒或攻擊性的言詞；讓事實說話。在交給人資部門之前，你可能需要一個朋友幫你看過、並提供改善建議。如果有人對你的工作表現、名聲或可信度提出質疑，你的工作績效考核，將會是公司第一個會先查看的資料。

給主管的建議

在某些案例裡，績效評估可能是處理精神病態部屬的唯一方法。身為主管，要將一名員工懲處或免職，人資部門會要求你在績效考核裡，說明這名員工的不良表現。如果沒有完整考核或是忽略了對員工缺失進行紀錄，可能無法快速提交資料。在管理精神病態部屬、甚至在必要情況下將他們免職時，正式的考核紀錄（書面評估和面對面的討論）非常重要。

持續改進你的領導和管理技能

你越知道如何領導和管理，就能越順利地處理精神病態者。原因有兩個。第一，知情的管理風格，可以對你的部屬發揮良好效果。他們會有生產力、重視品質，達成你的要求，並支持你。第二點，你的長官也會注意到，有助於打造、並維護身為好領導或好經理人的名聲。不要忘了，精神病態員工會打擊你的名聲、散播關於你效率和行事風格的不實消息、並破壞你對營造和管理團隊所做的努力。如果你能藉由成就紀錄和良好管理做法，來防範這種負面宣傳，你就越能夠得到公司上層對你的支持。

避免對立衝突

在公開場合與主管激烈爭吵絕不是個好主意；槓上一個精神病態主管只會帶來大災難。為了達成目的，精神病態者會刻意設計引爆你的怒火——方法是啟動你的熱按鈕。千萬別上鉤。雖然這不是容易的事，但是你在受到攻擊時，應該保持冷靜，不管情況有多麼不公平。我們並不是建議大家順從聽命，相反地，在衝突時要依賴你的力量——態度堅定、但不具侵略性。

最安全、但不見得實際上能做到的方式，是盡可能減少或完全避免，與你所認定的精神病態主管有所接觸。如果必須互動時，要確認現場有其他人可以指認，你在精神病態者大肆咆哮時，保持冷靜、專業的態度。接著，在你的記事本裡用準確、不帶情緒的用詞，紀錄互動的過程。

有時精神病態者會在他們上司面前斥責部屬，以展現本身的「領導力」。由於他們並不瞭解真正的領導力，誤以為這有助於他的事業發展；但多數情況下並不會。經驗豐富的高層知道，公開斥責部屬並不是好的管理做法。它代表著主管無法控制局面，更高層的主管一定會看出這個弱點。不過，在這個情況下，絕對不要生氣或對你的主管進行回擊（也就是上了他的鉤）。相反地，你要透過事實說明來捍衛你的決定、判斷或結果。如果你有錯，就承認、道歉，並請求重新來過的機會。如果其他人明顯有錯（例如，其他部門的人沒有及時把材料送到），你要把問題指出來，但不要顯得自己在卸責諉過。記得要提到自己為了達成目標，已經在能力範圍內做了一切努力（包括跟你的主管求助）。即使是在公開斥責你的主管面前，你也要盡力展現你有能力和忠誠的一面。

你也應該好好記住你主管說了什麼。部分非精神病態主管和許多的精神病態主管，都會使用髒話。許多企業並不允許這種形式的語言暴力，它幾乎是絕對不適合出現，除非某人在職務上做了危險的事（比如：在核電廠按下錯誤的鈕）。不過在大部分情況下，說髒話都對說話者不利，而你也該逐字記在你的記事本裡，作為日後參考的依據。

成了受害者之後，你要怎麼做？

收集資料

收集所有與你情況相關的文件資料。其中可能包括：電子郵件、簡訊、發給精神病態者的備忘錄、電話對話紀錄、你正式和非正式的工作績效評量，其他的工作表現紀錄。例如：工作目標報告、人資部門手冊、公司行為規範、公司組織圖、你的工作進度表或行程表，以及這段期間你的個人筆記。

如果你的死對頭是公司合夥人（這種情況並非不常見），那麼除了收集你和精神病態者之間所有公司的紀錄和文件、電子郵件、簡訊和其他通訊，也要搜集與投資人／合夥人和其他員工的資料。

如果有任何資訊存在你的手機裡，把它下載到家裡的個人電腦。

損害評估

評估你的僱用狀況，回答這些問題：

你的工作考評是否不佳？

你的職涯發展被毀了嗎？

你是否在試用期內？

公司是否發給你離職通知？

還有的重要問題是：你是否能修復你在職務上的名聲，這麼做需要付出什麼代價？

如果其他人同樣受到這個精神病態者的虐待，他們是否會支持你？

管理階層會支持你嗎？你公司內部的死對頭會支持你？

你在現任公司的職涯還有什麼可能的選擇？

萬一需要的話，你是否需要更新履歷？

評估你的同儕

取得公司的組織圖，若拿不到就自己寫一份，從自己開始，再加上你的同事、主管（最多往上三個層級）以及部屬。接著根據你對他們的信任程度進行評估，他們是否是精神病態者的朋友或熟識？他們是否本身就是受害者？他們與精神病態者在工作之外，是否有往來？他們是否暗中有著親密關係？你需要特別注意的是，是否有同事不再和你說話，或與你保持距離？是否其他人開始花更多時間與精神病態者共處（在辦公室以及下班後）？

寫下你的故事

這個建議類似對付個人生活裡精神病態者的方法。按照時間順序收集所有文件資料、並按類別整理（例如：財務、社交）。參照你的筆記和文件，寫下你與精神病態者完整的共處經驗故事。第一份草稿必然是「意識流」報告，天馬行空、有時含糊不清，敘述也充滿情緒。接著修改你的故事，或許可以請你的朋友協助，由你的配偶或伴侶來協助可能更好。目標是讓局外人也看得懂你的故事。包括：公司高層主管、人資部門或是你的法律顧問。這階段的目標，是對你的經驗做一份完整和正確的紀錄，以可信服的方式讓讀者知情。

規劃策略和採取下一步行動

拜訪能提供企業精神病態者相關資訊的精神病態受害者支援團體（例如：www.

Aftermant-Surviving-Psychopathy.org），並閱讀其他受害者的故事以及經充分研究得知原材料。如果要貼文提問，記得使用匿名，不要提及任何會讓你的公司辨識出你身分的細節。請與具備勞動法專業的律師討論，並向瞭解精神病態的心理健康專業人士尋求協助，特別是當你與精神病態者的互動，已經影響到你的私人生活。同時，你也要告知你最親密的朋友、你的配偶或伴侶、你的生活輔導員，或是你宗教上／精神上的導師

考慮對你的主管提出申訴

在你做出正式的申訴之前，你應該非常仔細地評估你的情況。公司的高層對於精神病態主管的看法、名聲以及關係是如何？是否有人回報過類似的難題？

如果你預期或已知這個精神病態者已經在同一批人的面前詆毀你的名聲。現在，考量一下你的選擇。你可能得接受在這個情況下你無法取勝的事實。你的公司對於員工向人資部門或高層申訴，可能有一些相關的規定。要仔細閱讀和理解這些程序，並衡量這些規定是否適用於你所遭受到的剝削。有些公司有匿名通報熱線或申訴電話，並鼓勵員工回報自己所目睹的非法行為（例如：竊取公司基金、生產紀錄造假）或不當虐待（例如：性騷擾、霸凌）。對這些選項和適當做法做進一步的瞭解，好在必要的時候利用它們提出報告。

很重要的是，你必須瞭解，當你做出申訴，公司未必會有所行動，或者它的行動非你所預期。你要有心理準備，公司可能信任你的主管身為長官的判斷。你需要花很大的工夫才能扭轉這個看法。如果你應付的對象是一個精神病態者，他／她可能做了比你想像中還要更好的防禦（透過個人的影響力網絡）。你的申訴抱怨，透過你精神病態主管精心設計的一套說詞，有可能揭露的卻是你自己過去的拙劣表現或不忠誠的行為。到頭來，你可能反倒丟了自己的職務。

如果你曾受到虐待，要尋求家人、朋友或公司之外專業人士的建議（這也是另一種形式的紀錄資料），並把虐待行為報告人資部門或公司的其他管道。要確定自己完全理解申訴的正確程序和後果。謹慎採取步驟。

匿名的申訴

保密是企業生活中重要的一部分。不過有一點你必須瞭解，當你對你的主管或同事提出申訴，你的紀錄可能無法保密。如果你覺得受到威脅，或是擔心遭到報復，你應該做「匿名報告」，日後如果有需要，你還是可以選擇出面。不過，要記住，有些公司對匿名申訴採信的程度並不高，認為它們只是耳語風聲的傳聞；在這樣的情況下，你的申訴將不會被理會。

不過，有時對同一個主管的多次抱怨，也會受到公司關注。

如果你看到非法行為或對其他人離譜的虐待行為，要回報你的（非精神病態的）主管，不過條件是你與主管有強大、支援的關係。否則，你應該寫匿名信給主管。你可以選擇採用公司的申報程序，但可能的話，要用匿名的方式。多數公司認為舉報非法、不道德和剝削的行為，對於公司、對產業、在重大案件中乃至對於國家，都是忠誠的表現。不過，不要認定別人會把你當成英雄，因為精神病態者一天到晚對他們周遭的人進行印象管理。不要忘了，成功的企業精神病態者會先建立好強大的影響力網絡，並且預先播下懷疑你的種子。

考慮其他職涯選擇

在心理契約的時代，員工預期有終身的職務，或至少會工作到退休。時代已經改變，你對聘僱的態度也當如此。持續更新自己的履歷表是一個明智的做法，在上面要列舉你完成的計畫案、工作成就，以及目前的績效評量。它是你的安全毯。偶爾可以上網尋找職缺，也許會得到豐碩的收穫。這樣做並不是為了另覓工作，或是真的考慮要離職；這只不過是做好你的職涯管理。

如果你真的在精神病態的主管底下工作，你最好的選項或許是申請轉調遠離他。許多公司會發布職務公告，在上面公布其他部門的職缺。瞭解這些職缺公布的程序並儘早利用。如果你申請公司內部轉調，要記得聘僱經理會查看你過去的績效考核，並尋求你的主管引薦評語。因此，在任期之內你應該努力維持與主管的良好關係——不管對方是否是精神病態者。或許會讓你感到意外的是，你的精神病態主管可能會協助你得到新工作，因為等於幫他處理掉一個威脅或對手。如果你在跨部門的團隊裡工作，你應該請求其他部門的人擔任內部引薦。如果你曾得到工作表現良好的獎勵，例如：當月最佳員工或是分紅獎勵，要確認它們記載在你的人事資料裡。你在評估選項時——只有你自己知道自身的狀況——也許你可以選擇平調，而不是等待升職的機會。如果你在研習新領域的課程——比如，目前你在會計部門工作，但是正準備取得行銷碩士文憑——那麼行銷部門較資淺的職務，對你和對公司可能都是較好的選擇。重點是對自己的選項始終保持開放的態度，同時要注意主管的計謀，是否導致他人對你產生認知上的變化。

尋求人資部門的建議

許多參與我們座談和研討會的企業界人士，都是人力資源的專業人員。基本上，他們都可以從現在或過去任職公司的一、兩位員工身上，看出精神病態的特徵或性格。根據他們的說法，他們感覺工作上「綁手綁腳」，是因為主管們一開始有問題時沒有來找他們。也有人提到，有些考核績效寫得不好，因為裡頭缺少了必要的細節，讓他們很難處理（按照他們的用詞）：「有破壞性的」、「有礙生產力的」、「失能的」，或「有問題的」員工。

除了直屬長官，人資部的專業人員或許是討論有爭議、可疑行為的最好人選。你不一定要把某人貼上精神病態者標籤，但你可以記錄、並提報虐待或有礙生產力的行為，或是不符合績效標準、任務要求、工作規範的表現。不過要記住，人資部的員工是為公司做事，他們必須對僱主忠誠。在你提出報告前，應該事先詢問同事們對人資部的看法。

咬緊牙關迎難而上

如果你無法更換職務、部門或工作地點，或者精神病態者不大可能被調動，在這個情況下，離開你的僱主是最好的辦法。由於這個決定會影響到你的家人和配偶，你在行動之前要做周全的考慮。最理想的情況是在你宣布離開的意圖之前，已經有新的工作在等著你。

如果你「被離職」，最重要的是要知道你有哪些離職員工權益是應得的。像是：資遣費、健保給付、失業保險、累計年假以及病假計費。人資部的承辦人有義務告知。

你可以辦理辭職。或是有機會的話，主動向公司提辭職，因為被免職可能會影響你往後的職涯。在程序上，公司應該會要求你簽署解除職位的文件。在簽署任何文件之前，都要尋求法律的諮詢，好讓自己明白協議的內容。

公司在離職面談時，多半要求提供離職理由。這時，你必須運用良好的判斷力，尋求法律諮詢並非不可行。陳述自己因「個人因素」離職、不做其他贅述是個好辦法。不過，你可能也想讓公司知道你與主管、部屬或同事之間發生的困難。或許你會發現人資部已知道他們的行為；如果公司知道你有能力、忠誠，是公司的重要資產，或許會提供讓你留下的動機。（當然，不能全指望這些）**永遠記得好聚好散；不要自己斷了後路。**

繼續你的人生和職涯

一旦脫離了精神病態關係的掌控，你會覺得五味雜陳，有些感受我們前文已經提過。首先你會感覺到的是解脫，不再有沉重的負擔。把你先前的狀況跟精神病態者都拋在腦後。有需要的話可以尋求諮商，但人生一定要往前走。把這段經驗當成人生的慘痛教訓，以熱情和開放的態度迎接新的階段。

這世上的人形形色色。很遺憾，其中有些是精神病態者。在理想的世界裡，我們可以和他人和睦相處，彼此同等對待；我們的直覺告訴我們這是正確的做法。不過，現實往往不如理想，我們對企業和職場關係上的美好期待有時會落空。我們希望這本書可以幫助讀者們，在職場上和職場外避開精神病態操縱，並協助被捲入精神病態虛構的人們破除枷鎖，重新回到正常、快樂，有建設性的人生道路。

第五幕，第三景

興衰起落

戴夫坐在桌前欣賞後院的樹木。這天早上他請了病假，決定先低調幾天。樹枝該修剪了，他心想。他看到樹林外緣一棵橡樹上的枯枝。

大部分時間他都在檢查電子信箱，查看一些有意思的東西，想像公司裡發生的情況。最後，他發訊息給他的祕書，「丹妮絲，我還有點咳嗽，但感覺好點了，」他寫著，「這個週末之前，有哪些我需要知道的事情嗎？」

片刻之後，他收到了他想要的回應：「法蘭克被他們弄走了！瑪姬在他辦公室裡哭，我們其他人都很震驚，」她寫道。

戴夫露出笑容，拿起手機撥號。他練習了一下咳嗽的聲音。「噢，我的天啊。他們怎麼能這麼做！」他故作驚訝對丹妮絲說。

「是啊，戴夫，剛發生的事。我們都不知道為什麼，」她忍住眼淚說。

戴夫問她聽說了些什麼，她把所有知道的事都告訴了他。他有很多問題，對丹妮絲說的每個細節似乎都很感興趣。戴夫跟她保證一切會沒事，之後他們掛了電話。

戴夫做個深呼吸，享受清新的空氣，之後他打電話給傑克·加里德布。「嗨，傑克。情況如何？」

「跟我們預期得一樣，」傑克有氣無力地回答他。「我敢說，消息會傳得很快。」

「是啊，丹妮絲剛打來——顯然很多人都很震驚。有提到我嗎？」戴夫心懷期待地問。

「目前還沒有。我會叫人資部把你的晉升人事令寄給你修改。你可能想多寫一點你的背景介紹。星期一之前再寄回公關部。事情稍微平靜一些之後，我們會在星期二發布。」

「是的，當然。」戴夫同意。

戴夫掛了電話露出笑容。他的妻子再幫他倒了一杯酒，他們一起走到步道的最遠處。他從院子裡往外望去，默默對著橡樹的枯枝舉杯。

「有些時候，枯掉的枝幹就是要修剪掉，」他對他妻子說，再喝了一口。「人生真美好。」

後記

法蘭克接受了「優退」方案，和他的妻子搬到了森林的湖邊度假小屋。他可以盡情地釣魚，也很享受和孩子們共度的時光。

戴夫接任了新職位後步步高升，一年後升格成為副總裁。最後這家公司和一個競爭對手合併，戴夫本人被選為移交團隊的負責人，這意味著他可以決定誰該走，誰又該留下。他清理門戶把所有對手都弄走。他擢升了桃樂蒂，她繼續為他工作一年之後被另一家對手公司挖角。戴夫的妻子發現他與祕書的親密關係之後跟他離了婚。最後戴夫也離開了加里德布公司，創辦了一家諮詢公司，公司從各方面看來都非常成功。同時，他也在一家非常知名的大學擔任兼任教授。他最受歡迎的一門課是什麼？那還用問，當然是**商業倫理**。

致謝

從我二十五年前第一次接觸到企業精神病態者以來，大量的研究已經提供了許多迫切問題的答案。根據有趣的案例研究和精神病態者的探索式理論，如今我們的領域有著豐富的應用研究，持續增進我們對這些「看不見的」人間掠奪者運作方式的理解。過去抱持懷疑的公司，如今滿懷興趣研究這些罕見、但失能的個人，如何在日益混亂的時代裡對機構的發展造成危害。在這本修訂版《穿西裝的蛇》中，我們納入了一些有助於我們理解的重要研究和發現。

我和海爾有超過二十五年的合作與友誼，第二版的合作下，更加深了我對於他在科學的嚴謹、靈巧的機智、溫暖的幽默，以及真實人性善良的敬重。顯而易見地，沒有人比海爾更理解精神病態者的內心世界。

我們要感謝我們的代理商約翰·西波薩克（John Silbersack），不管是當初的第一版或如今的第二版，他幫助我們把一個主題有點爭議的粗糙手稿變成了完成品。哈潑柯林斯出版集團的編輯瑞貝卡・拉斯金（Rebecca Raskin），對於將新研究的發現納入修訂版中，提供了非常重要的協助；我們很感謝她的耐心和孜孜不倦。

我們也要感謝許多購買第一版的讀者，他們主動跟我們聯絡，並分享他們在工作上遇到精神病態者的故事。他們的洞見印證了我們對精神病態者如何在機構裡運作的想法，也加深了我們對於精神病態者巧妙策略的理解。能夠和這些讀者合作、解決他們個人遇到的狀況，帶給我們很大的收穫。我敢說，只要努力，我們還是可以克服精神病態帶來的人生困境。

我深深感激瓊安的支持，她是我的妻子、我的朋友、我人生的伴侶，在家中許多迫切的生活問題要處理的同時，她無私給予的愛、支持和鼓勵，讓我第二版的工作變得比預期容易許多。她對人生的熱愛，對各種各樣的人開放接受的態度，以及對人性的深刻理解，讓每一天都成了一場探險。我永遠感激她不止息的愛；我天天都想念著她。

——保羅・巴比亞克，紐約，二〇一九年

我研究精神病態這些年來，很榮幸與許多傑出的學生和同事合作。我要謝謝他們，對這本書提供大力的幫助，包括：辛西亞．馬修（Cynthia Mathieu）、克雷格．紐曼（Craig Neumann）、丹．瓊斯（Dan Jones），以及安德利亞斯．默克洛斯（Andreas Mokros）等幾位博士。自五十年前我開始這個領域的工作以來，狀況有了很大的變化。它不再是少數學術界和臨床工作者孤立的研究，如今全世界數以百計的研究員相互聯繫，共同致力於理解精神病態的本質，和對社會的影響。精神病態科學研究學會（Society for the Scientific Study of Psychopathy，SSSP）在二〇〇五年成立是一個重大的事件，這個組織大大強化了精神病態，以及其社會影響研究的跨國和跨領域合作。

科學的研究和討論，以及這些研究對心理健康和刑事犯罪的應用，當然重要。不過在此同時，大眾也需要盡可能對精神病態有所認識。基於這個理由，我寫下了《沒有良知的人》。在寫作的同時，我第一次和保羅．巴比亞克進行討論。他提供的一個案例被我收錄在〈白領精神病態者〉這一章。此後，我很高興能夠以同事和朋友的身分，和保羅合作進行一些計畫，其中之一就是這本書。他身為企業機構的心理學家，其豐富且具有洞察力的經驗，在本書各個章節中展露無遺。

我要感謝凱莉．紐費爾德（Kylie Neufeld），過去二十年來她對我的研究和寫作，組建和維護我的網站，以及在黑石研究團隊的工作，都提供莫大的貢獻。我們的代理商約翰．西波薩克在本書的第一版和再版，都提供了明智的建議。感謝他的導引和為我們所做的努力。特別感謝我們的編輯瑞貝卡．拉斯金，感謝她具洞察力的編輯和合理有據的評論與建議，以及對我們延緩交出最後定稿的耐心。

五十多年來，我的妻子兼摯友艾芙芮，始終給予我關愛、照顧，並且對人生的大事提供可靠建議、敏銳觀察，以及闡明事理的辯論。她的工作是社工人員、兒童虐待與兒童疏失的諮詢師，以及英屬哥倫比亞省家庭服務部的檢查標準主任，這讓她得以每天接觸到最好與最壞的人和情況。她的經驗以及我們之間的討論，對我的研究工作有很大的影響。

我已故的愛女雪柔，過去是英屬哥倫比亞大學醫學院的招生委員，她教導了我們許多關於面對逆境時的勇氣、尊嚴與優雅。她深深長存於我們心中。

——羅伯特．海爾，溫哥華，二〇一九年

附錄　所謂「精神病態的腦」存在嗎？

早期

海爾在《沒有良知的人》[1]提到一篇他和他的學生投交《科學》期刊（*Science*）的文章。編輯退回了文章，並有如下評語：「坦白說，我們覺得這份論文裡有些腦波型態非常奇怪，這類的腦電圖（electroencephalograms，簡稱EEGs）不可能是偵測真人得到的結果。」事實上，它們來自精神病態犯罪者的樣本，他們參與了實驗室的研究，觀察電腦螢幕短暫閃現字串時的行為與腦部反應。這些字串包括：中性的（neutral）、正面的（positive）、負面的（negative），還有非文字（nonword）。參與實驗者看到的是一個字詞出現時，就必須儘快按鈕。大部分的實驗參與者回應情緒性的字詞的速度，會比對中性字詞的回應更快，並且顯示較大且較長的腦部反應（事件相關電位，event-related potentials；通稱ERPs）。相對而言，精神病態者對所有字詞的回應彷彿都是中性字。

幸運的是，另一個主要期刊發表了這份研究，[2]它成為了第一份支持克萊克里假說的研究。這個假說主張，精神病態語言的語義和情感缺乏統合。也就是說，他們的詞彙缺少情感色彩。許多人實際上或概念上重新複製了這項研究，包括使用：ERPs和神經成像（neuroimaging）。[3、4、5]

神經成像

在一九九〇年代初，海爾的團隊與甫接任布朗克斯退伍軍人事務醫學中心（Bronx Veterans Affairs Medical Center）腦成像部門的瓊安．因卓特（Joanne Intrator），針對被《精神病態人格檢核表（修訂版）》評定為精神病態者的藥物濫用病患，進行了有可能是第一次的精神病態成像研究。注射放射性的追蹤劑，讓研究者得以判定在進行任務時，腦的哪些部位變得最活躍（Williamson et al.）。[6]結果清楚地顯示，精神病態的病患使用相對較少的情感資源和腦的較少部位，來處理中性和情感的字詞。一個有趣的發現是，精神病態病患在處理情感的字詞時，和語義和決策處理相關的腦部區域，顯現異常的活躍。

在一九九〇年代中期，海爾的學生肯特．基爾（Kent Kiehl）——如今是精神病態神經生物學的重要研究者——主持了一場協同研究，參與者包括：海爾實驗室、精神病學的彼得．利多（Peter Liddle），以及放射學的布魯斯．佛斯特（Bruce Forster）。這是功能性磁振造影（fMRI）一系列研究的第一個，這個研究顯示，腦部與情緒處理相關的部分，對精神病態者的語言、認知和行為，幾乎不造成影響。[7]

總評目前的研究發現

自這些早期的研究之後，對精神病態的神經科學研究蓬勃發展，如今與神經生物學相關的，包括：語言、道德行為、決策、獎勵和懲罰、執行功能、反應抑制（response inhibition）、錯誤監看（error monitoring）、情緒處理、認知—情緒整合、同理心、社交認知以及觀點採用，都是其中的一部分。如要整理所有研究發現的主要內容，將超出本書的篇幅限制。對精神病態神經科學的詳細評估，可見於許多供一般讀者[8、9、10]和科學社團[11、12、13、14]的書籍和文章（參見艾史賓諾沙等人近期的研究）[15]。

我們注意到，大部分這類研究的主要工具是《精神病態人格檢核表（修訂版）》，和它衍生的《精神病態人格檢核表（篩檢版）》（參見第二章）和《精神病態人格檢核表（青少年版）》。[16、17]其重要性在於它們是評估精神病態的標準，同時也是因為它們同樣具有四因素的結構。這一點為何重要？因為精神病態—神經學的關聯性，往往取決於涉及的因素（參見皮珀等人的評論）[18]。我們根據它所得的精神病態圖像，比光從精神病態的總分得到的圖像更加精細。舉例來說，沃夫等人[19]提到，「除此之外，右側的鉤束（uncinate fasciculus）〔連結腹側前額葉皮質（ventral frontal cortex）和前顳葉皮質（anterior temporal cortex）的主要白質纖維束（white-matter tract）〕的研究發現，與精神病態的人際特徵（花言巧語的表面魅力、自大浮誇的言詞、病態的說謊、操縱性）特別相關，與情感的、反社會的，或生活方式的特徵較無關聯。這些研究結果指出了，精神病態症狀學（psychopathic symptomatology）在這重要面向的一個神經標記（neural marker）。」

重要的是，研究者以具有理論意義的方式，連結了許多精神病態特徵和行為，與腦部結構、功能和網絡之間的關係。舉例來說，基爾[20]描述了副邊緣系統（paralimbic system），這是與情緒處理、尋求目標、動機，和自我控制有關的一組相互連結的腦部結構。以廣泛文獻資料為基礎，他和他的同事們辨認出了一些與犯罪精神病態相關的腦部結構和處理流程特徵。證據顯示，在多數的案例中，精神病態者平均而言在情緒處理相關的腦部區域活動較少、容量也較小，但是在獎勵和預期獎勵的區域則有較多活動，容量也較大。

皮珀等人[21]進行了二十八個功能性磁振造影研究和一百五十五個實驗的統合分析。整體而言，他們的結果與上述一致。統合分析發現，與精神病態有關的「異常」腦部活動集中在前額葉、島葉和邊緣系統：這些對語義語言處理、行動執行、疼痛處理、社會認知和**情緒**獎勵處理（*emotional* reward processing），很重要的相關區域活動較低。在**認知**獎勵處理（*cognitive* reward processing）和另一個與語義語言處理和疼痛處理相關的區域，活動增加。有趣的是，與語義語言處理有關區域活動的增加，與上述的早期研究結果一致，說明了精神病態者傾向於運用語言資源，來處理情感的材料。

當然，腦的區域彼此相互依存並產生活動，有一個重要的研究方向是關注功能迴路、網絡和連結性。在這方面，研究者在休息狀態（沒有任務進行）測量功能連結性，這個程序揭露了，在解剖學上相分離的腦部區域的神經元啟動模式的關聯，並描述了功能上耦合的腦部區域的組織、交互關係以及綜合表現。[22]艾史賓諾沙與同事認為，「精神病態的情感與人際的症狀（因素一），與多個腦部網絡的異常連結有關，其中包括副邊緣系統區域。」[23、24、25]

注意力模型

漢米頓與紐曼[26]主張，上述的精神病態的認知／情感模型與注意力（認知）模型，相同一致，這個模型有可能用選擇性注意流程（selective attentional processes），來解釋精神病態的行為與腦成像研究的結果。他們提出了一個反應調節假說，其中，外側前額葉皮質的「瓶頸」（bottleneck），在注意力的焦點放在目標取向的資訊時，阻礙了情感和禁制資訊。

精神病態的腦？

說了這麼長的一番論述之後，到底是否有所謂精神病態的腦（psychopathic brain）？**數十個對罪犯的實證研究裡，其中許多有相同的結果，暗示精神病態者的腦的結構和功能，至少就這個群體而言，確實有些不同之處。**（不少精神病態者顯示與上述不同的異常現象，不過其他多數，並非如此。）**我們相信這個群體有先天上的不同，但原因仍不清楚。**大部分研究者使用：**受損的**（damaged）、**失能**（dysfunctional）、**缺乏**（deficit）這類的用詞，但是有可能這些差異並非缺乏，而是出自適應性的演化過程。的確，我們很難理解高功能的精神病態企業主管，為何有可能是先天錯誤、有缺陷的腦部結構的結果。此外，這也引發了一個我們此刻無法處理的重要議題。精神病態的企業人士和其他專業人士，他們的腦部結構和功能，是否與那些精神病態的罪犯相類似？

神經法（Neurolaw）

這些議題不只存在於學院裡。他們對判定法律的罪責和責任有重要的影響。至少已經出現在一個死刑的聽證上，試圖以腦部成像做為減刑的因素。[27、28]這次的嘗試失敗了，不過法律和科學的爭論，將會繼續持續很長一段時間。[29、30、31]

註釋

前言

1 Hare, R. D. (1999). *Without conscience: The disturbing world of the psychopaths among us*. New York, NY: Guilford Press.

2 For a detailed discussion of these issues, see Lilienfeld, S. O, Watts, A. L. Smith, S. F. (2015). Successful psychopathy: A scientific status report. *Current Directions in Psychological Science*, 24, 298–303. doi:10.1177/0963721415580297.

3 Babiak, P., & Hare, R. D. (2006). *Snakes in suits: When psychopaths go to work*. New York, NY: Harper Collins.

第一章　鬥牛犬的案例

1 The authors wish to thank Dr. Michael Walton, a UK-based chartered psychologist, for providing material for this case.

第二章　他們「到底」是什麼樣的人？

1 Hare, R. D. (1999). *Without conscience: The disturbing world of the psychopaths among us*. New York, NY: Guilford Press. See recent em-pirical accounts by Hare, R. D., Neumann, C. S., & Mokros, A. (2018). The PCL-R assessment of psychopathy: Development, properties,debates, and new directions. In C. Patrick (Ed.), *Handbook of psychopathy* (2nd ed., pp. 26–79). New York, NY: Guilford Press.

2 This book is about adult psychopaths. We discuss the origins of psychopathic traits in S 2.1: *Nature? Nurture? Both!* It is important to note that many studies in developmental psychopathology clearly indicate that heredity and environmental factors related to psychopathy find expression very early in life. In a recent large sample, longitudinal study, the authors reported that teacher ratings of the traits and behaviors that define adolescent and adult psychopathy are evident in middle childhood (ages 6–8). Their findings "confirm that interpersonal, affective, and lifestyle/ antisocial traits can be observed in youth as early as six years of age. These findings suggest a somewhat similar structure to psychopathic traits in middle childhood to the construct of psychopathic traits identified in adolescence and adulthood." The traits were based on the Psychopathy Checklist: Youth Version (see Table 2.1, Note 2 in Chapter 2, and Notes 13 and 14 in the Appendix). Gorin et al., (2019). Psychopathic traits in middle childhood. *Journal of psychopathology and Behavioral Assessment*. Advance online publication. https:// doi.org/10.1007/ s10862-019-09733-2. Also see Salekin, R. T. (2016). Psychopathy in childhood: Toward better informing the DSM-5 and ICD-11 conduct disorder specifiers. *Personality Disorders: Theory, Research, and Treatment*, 7, 180–191.

3 American Psychiatric Association. (1994). *Diagnostic and statistical manual of mental disorders* (4th ed., DSM-IV). Washington, DC: Author. DSM-5: American

Psychiatric Association. (2013). *Diagnostic and statistical manual of mental disorders* (5th ed., DSM-5). Arlington, VA: Author. See diagnostic overviews by Johnson, S. A. (2019. Understanding the violent personality. Antisocial personality disorder, psychopathy, & sociopathy explored. *Forensic Research & Criminology International Journal*, 7, 76–88.

4 "Since the publication of DSM-III, there has been a recurrent criticism of the APA diagnostic manual for failing to be fully commensurate with the conceptualization of psychopathy by Cleckley . . . and/or the PCL-R" (Crego, C., & Widiger, T. A., 2015, p. 52). Psychopathy and the DSM. *Journal of Personality, 83*, 665–677. "Cleckley and Hare are well-known authors who defined how psychopathy is currently conceptualized; neither was referenced in the DSM-5 rationale" (Blashfield, R. K., & Reynolds, S. M., 2012, p. 826). An invisible college view of the DSM-5 personality disorder classification. *Journal of Personality Disorders, 26*, 821–829. Similarly, "DSM-IV criteria for [ASPD] consist almost exclusively of behavioral indicators, neglecting the affective-interpersonal features that appear to reflect much of the notion of a distinct personality type as described by Cleckley [1941/1976]. To address these issues, Hare and colleagues revived the construct of psychopathy, operationally defined by the Psychopathy Checklist, presently available in a revised version" (Minzenberg, M. J., & Siever, L. J., 2006). Neurochemistry and pharmacology of psychopathy and related disorders. In C. J. Patrick (Ed.), *Handbook of psychopathy* (pp. 251–277). New York, NY: Guilford Press.

5 Lykken, D. T. (2018). Psychopathy, sociopathy, and antisocial personality disorder. In C. J. Patrick (Ed.), *Handbook of psychopathy* (2nd ed., pp. 22–32). New York, NY: Guilford Press. His first publication was Lykken, D. T. (1957). A study of anxiety in the sociopathic personality. *Journal of Abnormal and Social Psychology, 55*, 6–10.

6 Hare, R. D. (1999). *Without conscience: The disturbing world of the psychopaths among us*. New York, NY: Guilford Press. See recent empirical accounts by Hare, R. D., Neumann, C. S., & Mokros, A. (2018). The PCL-R assessment of psychopathy: Development, properties, debates, and new directions. In C. Patrick (Ed.), *Handbook of psychopathy* (2nd ed., pp. 26–79). New York, NY: Guilford Press.

7 Douglas, K. S., Vincent, G. M., & Edens, J. F. (2018). Risk for criminal recidivism: The role of psychopathy. In C. Patrick (Ed.), *Handbook of psychopathy* (2nd ed., pp. 682–709). New York, NY: Guilford Press. Verona, E., & Vitale, J. (2018). Psychopathy in woman: Assessment, manifestations, and etiology. In C. Patrick (Ed.), *Handbook of psychopathy* (2nd ed., pp. 509–528). New York, NY: Guilford Press.

8 Blais, J., Solodukhin, E., & Forth, A. E. (2014). A meta-analysis exploring the relationship between psychopathy and instrumental ver-sus reactive violence. *Criminal Justice and Behavior, 41*, 797–821. doi:10.1177/0093854813519629.

9 Sewall, L. A., & Olver, M. E. (2019). Psychopathy and treatment outcome:Results from a sexual Violence Reduction Program. *Personality Disorders: Theory, Research, and Treatment*, 10, 59–69. Hare, R. D., & Neumann, C. S. (2008). Psychopathy as a clinical and empirical construct. *Annual Review of Clinical Psychology, 4*, 217–246.

10 De Oliveira-Souza, R., Ignacio, F. A., Moll, J., & Hare, R. D. (2008). Psychopathy in a civil psychiatric outpatient sample. *Criminal Justice and Behavior*, 35, 427–437.

11 Hare, R. D. (1985). Comparison of the procedures for the assessment of psychopathy. *Journal of Consulting and Clinical Psychology,53,* 7–16.

12 Westen, D., & Weinberger, J. (2004). When clinical description becomes statistical prediction. *American Psychologist, 59*, 595–613.

13 Lilienfeld, S. O., Watts, A. L., Patrick, C. J., & Hare, R. D. (2018). Hervey Cleckley (1903–1984): Contributions to the study of psychopathy. *Personality Disorders: Theory, Research, and Treatment. 9*,520–520. doi:10.1037/per0000306.

14 Cleckley, H. (1976). *The mask of sanity* (5th ed.). St. Louis, MO: Mosby. This book is available as a free download from the Internet, courtesy of Cleckley's second wife, Emily Cleckley.

15 Lilienfeld, S. O., Watts, A. L., Patrick, C. J., & Hare, R. D. (2018). Hervey Cleckley (1903–1984): Contributions to the study of psychopathy. *Personality Disorders: Theory, Research, and Treatment. 9*,520–520. doi:10.1037/per0000306.

16 Initially, these ratings were rather crude (Low, Medium, and High psychopathy). Later, Hare and his students rated offenders on a 7-point scale, with 6–7 indicative of psychopathy. Although agreement among the raters was very good, other researchers and journal editors were never certain about what the ratings meant, with respect to the traditional concept of psychopathy. As a result, Hare commented in *Without Conscience* that he and his team "spent more than ten years improving and refining our procedures for ferreting the psychopaths out of the general prison population."

17 Hare, R. D. (1980). A research scale for the assessment of psychopathy in criminal populations. *Personality and Individual Differences*, *1*,111–119.

18 Hare, R. D. (1991). *The Hare Psychopathy Checklist–Revised*. Toronto, ON: Multi-Health Systems. Hare, R. D. (2003). *Manual for the Revised Psychopathy Checklist* (2nd ed.). Toronto, ON, Canada: Multi- Health Systems.

19 Gacono, C. B. (Ed.). (2016). *The clinical and forensic assessment of psychopathy:A practitioner's guide* (2nd ed.). New York, NY: Routledge.

20 Hare, R. D., Black, P., & Walsh, Z. (2013). The PCL-R: Forensic applications and limitations. In R. P. Archer & E. M. A. Wheeler (Eds.),*Forensic uses of clinical assessment instruments* (2nd ed., pp. 230–265).New York, NY: Routledge.

21 Hart, S. D., Cox, D. N., & Hare, R. D. (1995). *The Hare Psychopathy Checklist: Screening Version*. Toronto, ON: Multi-Health Systems. Hare and his team developed the PCL: SV for use in the MacArthur Violence Risk Assessment Study, which evaluated 133 potential predictors of inpatient violence. The PCL: SV was the strongest of these predictors (Steadman, H. J., Silver, E., Monahan, J., Appelbaum, P. S., Clark Robbins, P., Mulvey, E. P., Grisso, T., Roth, L. H., & Banks, S., 2000). A classification tree approach to the development of actuarial violence risk assessment tools. *Law and Human Behavior, 24,* 83–100.

22 Neumann, C. S., & Hare, R. D. (2008). Psychopathic traits in a large community sample: Links to violence, alcohol use, and intelligence. *Journal of Consulting and Clinical Psychology, 76*, 893–899.

23 Kelsey, K. R., Rogers, R., & Robinson, E. V. (2015). Self-report measures of psychopathy: What is their role in forensic assessments? *Journal of Psychopathology and Behavioral Assessment, 37*, 380–391. doi:10.1007/s10862-014-9475-5.

24 Hare, R. D. (2003). *Manual for the Revised Psychopathy Checklist* (2nd ed.). Toronto, ON, Canada: Multi-Health Systems.

25 Rosner, B. (1990). *Swindle.* Homewood, IL: Business One Irwin.

26 Civil Action No. 08-495-KSF.

27 Personal communication from B. Rosner to R. Hare, December 12,2018.

28 Waldman, I. D., Rhee, S. H., LoParo, D., & Park, Y. (2018). Genetic and environmental influences on psychopathy and antisocial behavior. In C. J. Patrick (Ed.), *Handbook of psychopathy,* (2nd ed.,pp. 335–353). New York, NY: Guilford Press.

29 Powledge, T. (2011). How nature shapes nurture. *Bioscience, 61*, 588–592. doi:10.1525/bio.2011.61.8.4.

30 Verona, E., Hicks, B. M., & Patrick, C. J. (2005). Psychopathy and suicidality in female offenders: Mediating influences of personality and abuse. *Journal of Consulting and Clinical Psychology, 73*, 1065–1073. doi:10.1037/0022-006X.73.6.1065

31 Blonigen, D. M., Sullivan, E. A., Hicks, B. M., & Patrick, C. J.(2012). Facets of psychopathy in relation to potentially traumatic events and post-traumatic stress disorder among female prisoners: The mediating role of borderline personality disorder traits. *Personality Disorders: Theory, Research, and Treatment, 3,* 406–414. doi:10.1037/a0026184.

32 Graham, N., Kimonis, E. R., Wasserman, A. L., & Kline, S. M.(2012). Associations among childhood abuse and psychopathy facets in male sexual offenders. *Personality Disorders: Theory, Research, and Treatment, 3*, 66–75. doi:10.1037/a0025605.

33 Dargis, M., Newman, J., & Koenigs, M. (2016). Clarifying the link between childhood abuse history and psychopathic traits in adult criminal offenders. *Personality Disorders: Theory,Research, and Treatment,7*, 221–228. doi:10.1037/per0000147.

34 A detailed review of the role of family and other early forces in the development of psychopathy is available in Farrington, D. P., & Bergstrom,H. (2018). Family

background and psychopathy. In C. Patrick(Ed.), *Handbook of psychopathy* (2nd ed., pp. 354–379). New York, NY: Guilford Press.
35 Glenn, A. L., Kurzban, R., & Raine, A. (2011). Evolutionary theory and psychopathy. *Aggression and Violent Behavior, 16,* 371–380.doi:10.1016/j.avb.2011.03.009.
36 Meloy, J. R., Book, A., Hosker-Field, A., Methot-Jones, T., & Roters, J. (2018). Social, sexual, and violent predation: Are psychopathic traits evolutionarily adaptive? *Violence and Gender*, *5*, 153–165. doi:10.1089/vio.2018.0012.
37 Mealey, L. (1995). The sociobiology of sociopathy: An integrated evolutionary model. *Behavioral and Brain Sciences, 18,* 523–540. doi:10.1017/S0140525X00039595. In *Without Conscience*, Hare described Diane Downs as a chilling example of maternal psychopathy. (For detailed accounts, see Ann Rule's 1987 book *Small Sacrifices*. New York: New American Library. Also revealing is the 1989 book by Diane Downs, *Best Kept Secrets*. Springfield, OR: Danmark Publishing.) Downs often would leave her young children alone when there was no babysitter available. Neighbors described the children, ranging in age from fifteen months to six years, as hungry, emotionally starved, and generally neglected. Downs professed to love her children, but her callous indifference to their physical and emotional welfare argues otherwise. She shot her children in 1983 (killing one) because the man with whom she was having an extramarital affair did not want children. Sentenced to life plus fifty years, she has a parole hearing in 2020.
38 Book, A. S., & Quinsey, V. L. (2004). Psychopaths: Cheaters or warrior hawks? *Personality and Individual Differences, 36*, 33–45. doi:10.1016/S0191-8869(03)00049-7.
39 PBS: https://ihavenotv.com/mischief-spy-in-the-wild.
40 Krupp, D. B., Sewall, L. A., Lalumiere, M. L., Sheriff, C., & Harris, G. T. (2013). Psychopathy, adaptation, and disorder. *Frontiers in Psychology,4*, article 139. doi:10.3389/fpsyg.2013.00139.
41 Hare, R. D. (2013). Foreword. In K. Kiehl & W. Sinnott-Armstrong (Eds.), *Handbook on Psychopathy and Law* (pp vii–ix). New York, NY: Oxford University Press. *Supplemental S 2.2: Psychopathy and Lethal Violence*
42 Neumann, C. S., Hare, R. D., & Pardini, D. A. (2015). Antisociality and the construct of psychopathy: Data from across the globe. *Journal of Personality*, *83*, 678–692.
43 DeLisi, M. (2009). Psychopathy is the unified theory of crime. *Youth Violence and Juvenile Justice, 7*, 256–273. doi:10.1177/1541204009333834.
44 Fox, B., & DeLisi, M. (2019). Psychopathic killers: A meta-analytic review of the psychopathy-homicide nexus. *Aggression and Violent Behavior, 44*, 67–79. doi:10.1016/j.avb.2018.11.005.
45 O'Connell, D., & Marcus, D. K. (2019). A meta-analysis of the association between psychopathy and sadism in forensic samples. *Aggression and Violent Behavior, 46*, 109–115. Also see Darjee, R. (2019). Sexual sadism and psychopathy in sexual homicide offenders: An exploration of their associates in a clinical sample. *International Journal of Offender Therapy and Comparative Criminology*. Advance online publication. doi: 10.1177/0306624X19836872.
46 Fox, B., & DeLisi, M. (2019). Psychopathic killers: A meta-analytic review of the psychopathy-homicide nexus. *Aggression and Violent Behavior, 44*, 67–79. doi:10.1016/j.avb.2018.11.005.
47 O'Connell, D., & Marcus, D. K. (2019). A meta-analysis of the association between psychopathy and sadism in forensic samples. *Aggression and Violent Behavior, 46*, 109–115. Also see Darjee, R. (2019). Sexual sadism and psychopathy in sexual homicide offenders: An exploration of their associates in a clinical sample. *International Journal of Offender Therapy and Comparative Criminology*. Advance online publication. doi: 10.1177/0306624X19836872.
48 Lalumiere, M. L., Mishra, S., & Harris, G. T. (2008). In cold blood:The evolution of psychopathy. In J. Duntley & T. K. Shackelford (Eds.), *Evolutionary forensic psychology* (pp. 176–197). Oxford: Oxford University Press.
49 Woodworth, M., & Porter, S. (2002). In cold blood: Characteristics of criminal homicides as a function of psychopathy. *Journal of Abnormal Psychology, 111*, 436–445. doi:10.1037/0021-843X.111.3.436. *Supplemental S 2.3: The Dark Triad*

50 Paulhus, D. L., & Williams, K. M. (2002). The dark triad of personality: Narcissism, Machiavellianism, and psychopathy. *Journal of Research in Personality, 36*, 556–563. doi:10.1016/S0092-6566(02)00505-6.

51 Jones, D. N., & Figueredo, A. J. (2013). The core of darkness:Uncovering the heart of the dark triad. *European Journal of Person-ality, 27*, 521–531. doi:10.1002/per.1893. Also, see Jones, D. N., & Hare, R. D. (2016). The mismeasure of psychopathy: A commentary on Boddy's PMMRV. *Journal of Business Ethics, 138*, 579–588. doi:10.1007/s10551-015-2584-6.

52 Moshagen, M., Hilbig, B. E., & Zettler, I. (2018) The dark core of personality. *Psychological Review, 125*, 656–688. doi.org/10.1037/rev0000111. Also see Jonason, P. K., Webster, G. D., Schmitt, D. P., Li, N. P., & Crysel, L. (2012). The antihero in popular culture: Life history theory and the dark triad personality traits. *Review of General Psychology, 16*, 192–199. http://dx.doi.org/10.1037/a0027914. *Supplemental S 2.4: Gender, Ethnicity, Culture*

53 Murphy, J. (1976). Psychiatric labeling in cross-cultural perspective. *Science, 191*, 1019–1028. She noted, "Similar kinds of disturbed behavior appear to be labeled abnormal in diverse cultures" (p. 1019). She described an Eskimo (now Inuit) term, "*kunlangeta*, which means 'his mind knows what to do but he does not do it.' This is an abstract term for the breaking of many rules when awareness of the rules is not in question. It might be applied to a man who, for example, repeatedly lies and cheats and steals things and does not go hunting and, when the other men are out of the village, takes sexual advantage of many women—someone who does not pay attention to reprimands and who is always being brought to the elders for punishment"(p. 1026).

54 Fanti, K. A., Lordos, A., Sullivan, E. A., & Kosson, D. S. Cultural and ethnic variations in psychopathy. In C. Patrick (Ed.), *Handbook of psychopathy* (2nd ed., pp. 529–569). New York, NY: Guilford Press. This is a very detailed and current review of the literature on racial, cultural, and ethnic differences in psychopathy and its measurement.

55 Verona, E., & Vitale, J. (2018). Psychopathy in women. In C. J. Patrick (Ed.), *Handbook of psychopathy* (2nd ed., pp. 509–528). New York, NY: Guilford Press.

56 Thomson, D., Bozgunov, K., Psederska, E., & Vassileva, J. (2019). Sex differences on the four-facet model of psychopathy predict physical, verbal, and indirect aggression. *Aggressive Behavior*. DOI: 10.1002/ab.21816.

57 Book, A. S., Forth, A. E., & Clark, H. J. (2013). The Hare Psychopathy Checklist–Youth Version. In R. P. Archer & E. M. A. Wheeler (Eds.), *Forensic uses of clinical assessment instruments* (2nd ed.,pp. 266–290). New York, NY: Routledge.

58 Verona, E., & Vitale, J. (2018). Psychopathy in women. In C. J. Patrick (Ed.), *Handbook of psychopathy* (2nd ed., pp. 509–528). New York, NY: Guilford Press.

59 Bolt, D. M., Hare, R. D., Vitale, J. E., & Newman, J. P. (2004). A multigroup item response theory analysis of the Psychopathy Checklist-Revised. *Psychological Assessment, 16*, 155–168.

60 Fanti, K. A., Lordos, A., Sullivan, E. A., & Kosson, D. S. Cultural and ethnic variations in psychopathy. In C. Patrick (Ed.), *Handbook of psychopathy* (2nd ed., pp. 529–569). New York, NY: Guilford Press. This is a very detailed and current review of the literature on racial, cultural, and ethnic differences in psychopathy and its measurement.

61 Olver, M. E., Neumann, C. S., Sewall, L. A., Lewis, K., Hare, R. D., & Wong, S. C. P., (2018). A Comprehensive Examination of the Psychometric Properties of the Hare Psychopathy Checklist-Revised in a Canadian Multisite Sample of Indigenous and Non-Indigenous Offenders. *Psychological Assessment, 30*, 779–792. doi: 10.1037/pas 0000533. Kosson, D., Neumann, C. S., Forth, A. E., Hare, R. D., Salekin, R. T., & Sevecke, K. (2013). Factor structure of the Hare Psychopathy Checklist: Youth Version (PCL: YV) in adolescent females. *Psychological Assessment, 25*, 71–83. Vachon, D. D., Lynam, D. R., Loeber, R., & Stouthamer-Loeber, M. (2012). Generalizing the nomological network of psychopathy across populations differing on race and conviction status. *Journal of Abnormal Psychology*, 121, 263–269.

62 Bolt, D. M., Hare, R. D., & Neumann, C. S. (2007). Score metric equivalence of the Psychopathy Checklist-Revised (PCL-R) across criminal offenders in North America and the United Kingdom: A critique of Cooke, Michie, Hart, and Clark (2005) and new analyses. *Assessment, 14*, 44–56.

63 Neumann, C. S., Schmitt, D. S., Carter, R., Embley, I., & Hare, R. D. (2012). Psychopathic traits in females and males across the globe. *Behavioral Sciences & the Law, 30*, 557–574. doi:10.1002/bsl.2038. Participants rated each item (e.g., *I like to con others*; *Rules are meant to be broken*) on a 5-point scale from 1 (disagree strongly) to 5 (agree strongly). A mean item score of 3.5 defined high psychopathy. The eleven regions are: North America, Central/South America, Northern Europe, Eastern Europe, Southern Europe, Middle East, Africa, Oceania, South/South East Asia, and East Asia. Thestudy was part of the *International Sexuality Description Project-2*, a collaborative research effort involving the administration of anonymous surveys to men and women throughout the world. For details, see Schmitt, D. P. (2010). Romantic attachment from Argentina to Zimbabwe: Patterns of adaptive variation across contexts, cultures, and local ecologies. In Ng, K. & P. Erdman (Eds.), *Cross-cultural attachment across the life-span* (pp. 211–226). New York: Routledge.

64 Paulhus, D. L., Neumann, C. S., & Hare, R. D. (2016). *Manual for the Self-Report Psychopathy Scale—Fourth Edition (SRP-4)*. Toronto, ON: Multi-Health Systems. The SRP-E was labeled the experimental version of the SRP, but is the same as the SRP-III.

第三章　所見未必為真

1 American Psychiatric Association. *Diagnostic and statistical manual of mental disorders,* 5th ed. Arlington, VA.

2 Babiak, P. (2008, February). "Psychopath" or "narcissist": The coach's dilemma. *Worldwide Association of Business Coaches eZine*. http://www.wabccoaches.com/blog/psychopath-or-narcissist-the-coaches-dilemma-by-paul-babiak-phd/. *Supplemental S 3.2: Red-Collar Criminals*

3 Perri, F. S. (2016). Red collar crime. *International Journal of Psychological Studies, 8,* 61–84. doi: 10.5539/ijps.v8n1p61.

4 Perri, F. S., & Lichtenwald, T. G. (2008). The arrogant chameleons:Exposing fraud detection homicide. *Forensic Examiner, 17*, 26–34. Also see the extensive and detailed account of white-collar crime by Perri. F. S. (2019). *White-collar crime, organizational misconduct, and fraud examination: An accounting, behavioral, and criminological approach.* Rockford, IL.

第五章　精神病態者進場，舞台左側

1 Psychopaths are skilled at faking mental illness when it is in their interests to do so. In many cases, it is difficult for clinicians to determine if such a patient is "mad" or "bad," often with dire consequences. Several decades ago, staff at a major American Forensic Psychiatric Hospital granted a patient special ward privileges, allowing him to move freely throughout the hospital. He killed a staff member, and the ensuing investigation determined that he had a very high score on the PCL-R. The hospital adopted a policy in which patients with a high PCL-R score and a history of violence required special permission from the director in order to receive ward privileges. *Supplemental S 5.2: The Dark Triad and Face-to-Face Negotiations*

2 Jonason, P. K., Slomski, S., & Partyka, J. (2012). The Dark Triad at work: How *toxic* employees get their way. *Personality and Individual Differences, 52,* 449–453. doi:10.1016/j.paid.2011.11.008.

3 Crossley, L., Woodworth, M., Black, P. J., & Hare, R. D. (2016). The dark side of negotiation: Examining the outcomes of face-to-face and computer-mediated negotiations among dark personalities. *Personality and Individual Differences, 91*, 47–51. doi:10.1016/j.paid.2015.11.052.

4 Jones, D. N., & Hare, R. D. (2016). The mismeasure of psychopathy: A commentary on Boddy's PMMRV. *Journal of Business Ethics, 138*,579–588. doi:10.1007/s1055. 5 Paulhus, D. L., Neumann, C. S., & Hare, R. D. (2016). *Manual for the Self-Report Psychopathy Scale—Fourth Edition (SRP-4)*. Toronto, ON: Multi-Health Systems.

第七章　黑暗與混亂：精神病態者的朋友

1 *Supplemental S 7.1: Opportunity Knocks* 1 https://www.quora.com/What-is-the-meaning-of-the-Chaos-is-a -ladder-quote-from-Game-of-Thrones.

2 Michael Deacon, April 7, 2019.

第八章　我不是精神病態者，我只是言行舉止像而已

1 Halpin, A. W., & Winer, B. J. (1957). A factorial study of the leader behavior descriptions. In R. M. Stogdill & A. E. Coons (Eds.), *Leader behavior: Its description and measurement*. Columbus, OH: Bureau of Business Research, Ohio State University.

2 Babiak, P., Neumann, C. S., & Hare, R. D. (2010). Corporate psychopathy: Talking the walk. *Behavioral Sciences and the Law, 28*, 174–193. doi:10.1002/bsl.925. Download the article from www.hare.org.

3 Mokros, A., Hare, R. D., Neumann, C. S., Santtila, P., Habermeyer, E., & Nitschke, J. (2015). Variants of psychopathy in adult male offenders: A latent profile analysis. *Journal of Abnormal Psychology, 124*, 372–386. doi:10.1037/abn0000042.

第九章　企業精神病態的獨特實證研究

1 Parts of this chapter are adapted from Babiak, Neumann, & Hare (2010), Mokros and colleagues (2015), and from recent analyses by Craig Neumann.

2 Lowman, R. L. (1989). *Pre-employment screening for psychopathology: A guide to professional practice*. Sarasota, FL: Professional Resource Series. Professional Resource Exchange, Inc.

3 Hare, R. D., & Neumann, C. S. (2008). Psychopathy as a clinical and empirical construct. *Annual Review of Clinical Psychology, 4*, 217–246. doi:10.1146/annurev.clinpsy.3.022806.091452.

4 Hare, R. D. (2003). *Manual for the Revised Psychopathy Checklist* (2nd ed.) Toronto, ON: Multi-Health Systems.

5 Babiak, P., Neumann, C. S., & Hare, R. D. (2010). Corporate psychopathy: Talking the walk. *Behavioral Sciences and the Law, 28*, 174–193. doi:10.1002/bsl.925. Download the article from *www.hare.org*.

6 Neumann, C. C., & Hare, R. D. (2008). Psychopathic traits in alarge community sample: Links to violence, alcohol use, and intelligence. *Journal of Consulting and Clinical Psychology, 76*, 893–899. doi:10.1037/0022-006X.76.5.893. The sample was part of the MacArthur Violence Risk Assessment Study to identify predictors of inpatient violence. See Chapter 2, Note 20.

7 Coid, J., Yang, M., Ullrich, S., Roberts, A., & Hare, R. D. (2009). Prevalence and correlates of psychopathic traits in the household population of Great Britain. *International Journal of Law and Psychiatry, 32*, 65–73. doi:10.1016/j.ijlp.2009.01.002.

8 Babiak, P., Neumann, C. S., & Hare, R. D. (2010). Corporate psychopathy: Talking the walk. *Behavioral Sciences and the Law, 28*, 174–193. doi:10.1002/bsl.925. Download the article from *www.hare.org*.

9 Babiak, P., Neumann, C. S., & Hare, R. D. (2010). Corporate psychopathy: Talking the walk. *Behavioral Sciences and the Law, 28*, 174–193. doi:10.1002/bsl.925. Download the article from *www.hare.org*. *Supplemental S 9.1: Economic and Corporate Fraud*

10 PriceWaterhouseCoopers. (2018). Pulling fraud out of the shadows: *Global Economic Crime and Fraud Survey, 2018*. www.pwc.com/fraudsurvey. *Supplemental S 9.2: The Mismeasure of Corporate Psychopathy*

11 Boddy, C. R. (2014). Corporate psychopaths, conflict, employee affective well-being and counterproductive work behaviour. *Journal of Business Ethics, 121*, 107–121. doi:10.1007/s10551-013-1688-0.

12 Boddy, C. R., Ladyshewsky, R. K., & Galvin, P. (2010). Leaders without ethics in global business: Corporate psychopaths. *Journal of Public Affairs, 10,* 121–138. doi:10.1002/pa.352.
13 Boddy, C. R., Ladyshewsky, R. K., & Galvin, P. (2010). Leaders without ethics in global business: Corporate psychopaths. *Journal of Public Affairs, 10,* 121–138. doi:10.1002/pa.352.
14 Deutschman, A. (2005). Is your boss a psychopath? *Fast Company Magazine*, July, 2005. Retrieved from http://www.fastcompany.com/magazine/96/openboss-quiz.html.
15 Jones, D. N., & Figueredo, A. J. (2013). The core of darkness: Uncovering the heart of the Dark Triad. *European Journal of Personality*, *27*,521–531. doi:10.1002/per.1893.
16 Jones, D. N., & Hare, R. D. (2016). The mismeasure of psychopathy: A commentary on Boddy's PMMRV. *Journal of Business Ethics, 138*,579–588. doi:10.1007/s10551-015-2584-6.
17 Jones, D. N., & Hare, R. D. (2016). The mismeasure of psychopathy: A commentary on Boddy's PMMRV. *Journal of Business Ethics, 138*, 579–588. doi:10.1007/s10551-015-2584-6. *Supplemental S. 9.3: The Wall Street "Ten Percenters"*
18 Babiak, P., Neumann, C. S., & Hare, R. D. (2010). Corporate psychopathy: Talking the walk. *Behavioral Sciences and the Law, 28*, 174–193. doi:10.1002/bsl.925. Download the article from www.hare.org.
19 Personal communication from J. Grohol to R. D. Hare, May 3, 2012.
20 http://psychcentral.com/blog/archives/2012/03/06/untrue-1-out-of-every-10-wall-street-employees-is-a-psychopath/.

第十章　「企業掃描」

1 https://www.nytimes.com/2004/12/12/magazine/psychopathic-ceos.html.
2 Kelsey, K. R., Rogers, R., & Robinson, E. V. (2015). Self-report measures of psychopathy: What is their role in forensic assessments? *Journal of Psychopathology and Behavioral Assessment, 37*, 380–391. doi:10.1007/s10862-014-9475-5.
3 Sellbom, M., Lilienfeld, S. O., Fowler, K. A., & McCrary, K. L. (2018). The self-report assessment of psychopathy: Challenges, pitfalls, and promises. In C. J. Patrick (Ed.), *Handbook of psychopathy*(2nd ed., pp. 211–258). New York, NY: Guilford Press.
4 Babiak, P. (1995). When psychopaths go to work: A case study of an industrial psychopath. *Applied Psychology: An International Review, 44*, 171–188. doi:10.1111/j.1464-0597.1995.tb01073.x.
5 Mathieu, C., Hare, R. D., Jones, D. N., Babiak, P., & Neumann, C. S. (2013). Factor structure of the B-Scan 360: A measure of corporate psychopathy. *Psychological Assessment, 25*, 288–293. doi:10.1037/a0029262.
6 Paulhus, D. L., Neumann, C. S., & Hare, R. D. (2016). *Self-Report Psychopathy Scale 4th Edition (SRP-4)*. Toronto, ON: Multi-Health Systems.
7 Mathieu, C., & Babiak, P. (2016b). Validating the B-Scan Self: A selfreport measure of psychopathy in the workplace. *International Journal of Selection and Assessment, 24*, 272–284. doi:10.1111/ijsa.12146.
8 LeBreton, J. M., Shiverdecker, L. K., & Grimaldi, E. M. (2018). The dark triad and workplace behavior. *Annual Review of Organizational Psychology and Organizational Behavior, 5,* 387–414. doi:10.1146/annurev-orgpsych-032117-104451.
9 Coid, J., Yang, M., Ullrich, S., Roberts, A., & Hare, R. D. (2009). Prevalence and correlates of psychopathic traits in the household population of Great Britain. *International Journal of Law and Psychiatry, 32*, 65–73. doi:10.1016/j.ijlp.2009.01.002.
10 Lynam, D. R., Gaughan, E. T., Miller, J. D., Mullins-Sweatt, S., & Widiger, T. A. (2010). Assessing basic traits associated with psychopathy: Development and

validation of the Elemental PsychopathyAssessment. *Psychological Assessment, 23,* 108–124. doi:10.1037/a0021146.

11 Neumann, C. C., & Hare, R. D. (2008). Psychopathic traits in a large community sample: Links to violence, alcohol use, and intelligence. *Journal of Consulting and Clinical Psychology, 76,* 893–899. doi:10.1037/0022-006X.76.5.893.

12 Verona, E., & Vitale, J. (2018). Psychopathy in women. In C. J. Patrick (Ed.), *Handbook of psychopathy* (2nd ed., pp. 509–528). New York, NY: Guilford Press.

13 Mathieu, C., & Babiak, P. (2016b). Validating the B-Scan Self: A selfreport measure of psychopathy in the workplace. *International Journal of Selection and Assessment, 24*, 272–284. doi:10.1111/ijsa.12146.

14 Mathieu, C., Babiak, P., & Hare, R. D. (2019). *Use of the B-Scan in a large sample of public employees.* Manuscript in preparation.

15 Raver, J. L., & Nishii, L. H. (2010). Once, twice, or three times as harmful? Ethnic harassment, gender harassment, and generalized workplace harassment. *Journal of Applied Psychology*, *95*, 236. doi:10.1037/a0018377.

16 Andersson, L. M., & Pearson, C. M. (1999). Tit for tat? The spiraling effect of incivility in the workplace. *Academy of Management Review*, *24*, 452–471. doi:10.5465/AMR.1999.2202131.

17 Skarlicki, D. P., Folger, R., & Tesluk, P. (1999). Personality as a moderator in the relationship between fairness and retaliation. *Academy of Management Journal*, *42*, 100–108. doi:10.2307/25687.

18 Douglas, S. C., & Martinko, M. J. (2001). Exploring the role of individual differences in the prediction of workplace aggression. *Journal of Applied Psychology*, *86*, 547–559. doi:10.1037//0021 -9010.86.4.547.

19 Lee, K., Ashton, M. C., & Shin, K. H. (2005). Personality correlates of workplace anti-social behavior. *Applied Psychology*, *54*, 81–98. doi:10.1111/j.1464-0597.2005.00197.x.

20 Hershcovis, M. S., Turner, N., Barling, J., Arnold, K. A., Dupre, K. E., Inness, M., Leblanc, M. M., & Sivanathan, N. (2007). Predicting workplace aggression: a meta-analysis. *Journal of Applied Psychology, 92*, 228–238. doi:10.1037/0021-9010.92.1.228.

21 Hoel, H., Cooper, C. L., & Faragher, B. (2001). The experience of bullying in Great Britain: The impact of organizational status. *European Journal of Work and Organizational Psychology*, *10*, 443–465. doi:10.1080/13594320143000780.

22 Mathieu, C., & Babiak, P. (2016c). Workplace harassment: The influence of corporate psychopathy and the HEXACO model of personality. *Personality and Individual Differences, 101*, 298. doi:10.1016/j.paid.2016.05.225.

23 Mathieu, C., Fabi, B., Lacoursiere, R., & Raymond, L. (2015). The role of supervisory behavior, job satisfaction and organizational commitment on employee turnover. *Journal of Management & Organization, 22*, 1–17. doi:10.1017/jmo.2015.25.

24 Mathieu, C., Neumann, C., Babiak, P., & Hare, R. D. (2015). Corporate psychopathy and the full-range leadership model. *Assessment*, *22*, 267–278. doi:10.1177/1073191114545490.

25 Avolio, B. J., & Bass, B. M. (2004). *Multifactor leadership questionnaire: Manual and sampler set*. Redwood City, CA: Mind Garden Incorporated.

26 Judge, T. A., Piccolo, R. F., & Ilies, R. (2004). The forgotten ones? The validity of consideration and initiating structure in leadership research. *Journal of Applied Psychology, 89*, 36–51. doi:10.1037/0021-9010.89.1.36.

27 Sosik, J. J., & Godshalk, V. M. (2000). Leadership styles, mentoring functions received, and job-related stress: A conceptual model and preliminary study. *Journal of Organizational Behavior, 21*, 365–390. doi:10.1002/(SICI)1099-1379(200006)21:4:AID-JOB14:3.0 .CO;2-H.

28 Barling, J., Weber, T., & Kelloway, E. K. (1996). Effects of transformational leadership training on attitudinal and financial outcomes: A field experiment. *Journal of Applied Psychology, 81*, 827–832.doi:10.1037/0021-9010.81.6.827.

29 Lim, B.-C., & Ploy hart, R. E. (2004). Transformational leadership: Relations to the five-factor model and team performance in typical and maximum contexts.

Journal of Applied Psychology, 89, 610–621. doi:10.1037/0021-9010.89.4.610.
30 Arnold, K. A., Turner, N., Barling, J., Kelloway, E. K., & McKee, M. C. (2007). Transformational leadership and psychological well-being: The mediating role of meaningful work. *Journal of Occupational Health Psychology, 12*, 193–203. doi:10.1037/1076-8998.12.3.193.
31 Mathieu, C., & Babiak, P. (2015). Tell me who you are, I'll tell you how you lead: Beyond the Full-Range Leadership Model, the role of corporate psychopathy on employee attitudes. *Personality and Individual Differences, 87*, 8–12. doi:10.1016/j.paid.2015.07.016.
32 Tepper, B. J. (2000). Consequences of abusive supervision. *Academy of Management Journal*, *43*, 178–190. doi:10.2307/1556375.
33 Tepper, B. J., Duffy, M. K., Henle, C. A., & Lambert, L. S. (2006). Procedural injustice, victim precipitation, and abusive supervision. *Personnel Psychology*, *59*, 101–123. doi:10.1111/j.1744-6570.2006.00725.x.
34 Mathieu, C., & Babiak, P. (2016a). Corporate psychopathy and abusive supervision: Their influence on employees' job satisfaction and turnover intentions. *Personality and Individual Differences*, *91*, 102–106. doi:10.1016/j.paid.2015.07.016.
35 The authors wish to thank Dr. Cynthia Mathieu, Universite du Quebec a Trois-Rivieres, for her collaboration, extensive contributions to this chapter, and her research, contained herein.

第十一章　大門外的敵人

1 Book, A., Methot, T., Gauthier, N., Hosker-Field, A., Forth, A., Quinsey, V., & Molnar, D. (2015). The Mask of Sanity revisited: Psychopathic traits and affective mimicry. *Evolutionary Psychological Science, 1*, 91–102. doi:10.1007/s40806-015-0012-x.
2 *The Brock News*, Thursday, December 2, 2018. *Supplemental S 11.1: Does Practice Make Perfect?*
3 Cleckley, H. (1976). *The Mask of Sanity* (5th ed.). St. Louis, MO. *Supplemental S 11.2: Politics and Poker: A License to Lie*
4 Gillstrom, B. J., & Hare, R. D. (1988). Language-related hand gestures in psychopaths. *Journal of Personality Disorders, 2*, 21–27. doi:10.1521/pedi.1988.2.1.21.
5 ten Brinke, L., Porter, S., Korva, N., Fowler, K., Lilienfeld, S. O., & Patrick, C. J. (2017). An examination of the communication styles associated with psychopathy and their influence on observer impressions. *Journal of Nonverbal Behavior, 41*, 269–287. doi:10.1007/s10919-017-0252-5.
6 Gunnery, S. D., & Ruben, M. A. (2016). Perceptions of Duchenne and non-Duchenne smiles: A meta-analysis. *Cognition and Emotion, 30*, 501–515. doi:10.1080/02699931.2015.1018817.
7 ten Brinke, L., Porter, S., Korva, N., Fowler, K., Lilienfeld, S. O., & Patrick, C. J. (2017). An examination of the communication styles associated with psychopathy and their influence on observer impressions. *Journal of Nonverbal Behavior, 41*, 269–287. doi:10.1007/s10919-017-0252-5.

第十二章　個人自我防衛

1 Hare, R. D. (1999). *Without conscience: The disturbing world of the psychopaths among us*. New York, NY: Guilford Press.
2 Le, M., Woodworth, M., Gillman, L., Hutton, E., & Hare, R. D. (2017). The linguistic output of psychopathic offenders during a PCL-R interview. *Criminal Justice and Behavior, 44*, 551–565. doi:10.1177/0093854816683423.
3 Louth, S. M., Williamson, S., Alpert, M., Pouget, E. R., & Hare, R. D. (1998). Acoustic distinctions in the speech of male psychopaths. *Journal of Psycholinguistic Research, 27*, 375–384. doi:10.1023/A:1023207821867.
4 Williamson, S. (1991). Cohesion and coherence in the speech of psychopaths. *Unpublished doctoral dissertation.* University of British Columbia, Vancouver, Canada.
5 Hancock, J., Woodworth, M., & Porter, S. (2011). Hungry like the wolf: An analysis of the language of human predators. *Legal and Criminological Psychology, 18*,

102–114. doi:10.1111/j.2044-8333.2011.02025.x. *Supplemental S 12.2: Dark Personalities in the Workplace*
6 We thank Dr. Cynthia Mathieu for her extensive contributions to this Supplemental.
7 Mathieu, C., & St-Jean, E. (2013). Entrepreneurial personality: The role of narcissism. *Personality and Individual Differences, 55*, 527–531. doi:10.1016/j.paid.2013.04.026.
8 Akhtar, R., Ahmetoglu, G., & Chamorro-Premuzic, T. (2013). Greed is good? Assessing the relationship between entrepreneurship and subclinical psychopathy. *Personality and Individual Differences*, *54*, 420–425. doi:10.1016/j.paid.2012.10.013.
9 Hmieleski, K. M., & Lerner, D. A. (2013). The Dark Triad: Narcissism, psychopathy, and Machiavellianism as predictors of entrepreneurial entry (summary). *Frontiers of Entrepreneurship Research, 33*, Article 6. Retrieved from https://digitalknowledge.babson.edu/fer/vol33/iss4/6.
10 Hill, R. W., & Yousey, G. P. (1998). Adaptive and maladaptive narcissism among university faculty, clergy, politicians, and librarians. *Current Psychology*, *17*, 163–169. doi:10.1007/s12144-998-1003-x.
11 Fehr, B., Samsom, D., & Paulhus, D. L. (1992). The construct of Machiavellianism: Twenty years later. In C. D. Spielberger & J. N. Butcher (Eds.), *Advances in personality assessment* (vol. 9, pp. 77–116). Hillsdale, NJ: Erlbaum.
12 Hornett, A., & Fredericks, S. (2005). An empirical and theoretical exploration of disconnections between leadership and ethics. *Journal of Business Ethics*, *59*, 233–246. Retrieved from http://www.jstor.org/stable/25123556.
13 Blair, C. A., Hoffman, B. J., & Helland, K. R. (2008). Narcissism in organizations: A multisource appraisal reflects different perspectives. *Human Performance*, *21*, 254–276. doi:10.1080/08959280802137705.
14 Grijalva, E., Harms, P. D., Newman, D. A., Gaddis, B. H., & Fraley, R. C. (2015). Narcissism and leadership: A meta-analytic review of linear and nonlinear relationships. *Personnel Psychology*, *68*, 1–47. doi:10.1111/peps.12072.
15 Mathieu, C., & Babiak, P. (2016a). Corporate psychopathy and abusive supervision: Their influence on employees' job satisfaction and turnover intentions. *Personality and Individual Differences*, *91*, 102–106. doi:10.1016/j.paid.2015.07.016.
16 Wisse, B., & Sleebos, E. (2016). When the dark ones gain power: Perceived position power strengthens the effect of supervisor Machiavellianism on abusive supervision in work teams. *Personality and Individual Differences*, *99*, 122–126. doi:10.1016/j.paid.2016.05.019.
17 LeBreton, J. M., Shiverdecker, L. K., & Grimaldi, E. M. (2018). The dark triad and workplace behavior. *Annual Review of Organizational Psychology and Organizational Behavior, 5*, 387–414. doi:10.1146 /annurev-orgpsych-032117-104451.
18 O'Boyle, E. H., Jr., Forsyth, D. R., Banks, G. C., & McDaniel, M. A. (2012). A meta-analysis of the Dark Triad and work behavior: A social exchange perspective. *Journal of Applied Psychology, 97*, 557–579.
19 James, S., Kavanagh, P. S., Jonason, P. K., Chonody, J. M., & Scrutton, H. E. (2014). The Dark Triad, schadenfreude, and sensational interests: Dark personalities, dark emotions, and dark behaviors. *Personality and Individual Differences*, *68*, 211–216. doi:10.1016/j.paid.2014.04.020.
20 Buckels, E. E., Jones, D. N., & Paulhus, D. L. (2013). Behavioral confirmation of everyday sadism. *Psychological Science*, *24*, 2201–2209. doi:10.1177/0956797613490749.
21 Moshagen, M., Hilbig, B. E., & Zettler, I. (2018) The dark core of personality. *Psychological Review, 125*, 656–688. doi.org/10.1037/rev0000111.

附錄　所謂「精神病態的腦」存在嗎？

1 Hare, R. D. (1993). *Without conscience: The disturbing world of the psychopaths among us*. New York, NY: Simon & Schuster (Pocket Books). Paperback published in 1993 and reissued in 1999 by Guilford Press.

2 Williamson, S. E., Harpur, T. J., & Hare, R. D. (1991). Abnormal processing of affective words by psychopaths. *Psychophysiology, 28*, 260–273. doi:10.1111/j.1469-8986.1991.tb02192.x.

3 Kiehl, K. A., Smith, A. M., Hare, R. D., Mendrek, A., Forster, B. B., Brink, J., & Liddle, P. F. (2001). Limbic abnormalities in affective processing by criminal psychopaths as revealed by functional magnetic resonance imaging. *Biological Psychiatry, 50*, 677–684. doi:10.1016/S0006-3223(01)01222-7.

4 Poeppl, T. B., Donges, M., Mokros, M., Rupprecht, Fox, P. T., Laird, A. R., Bzdok, D., Langguth, B., & Eickhoff, S. B. (2018). A view behind the mask of sanity: Meta-analysis of aberrant brain activity in psychopaths. *Molecular Psychiatry*. Advance online publication. doi:10.1038/s41380-018-0122-5.

5 Kiehl, K. A., Bates, A. T., Laurens, K. R., Hare, R. D., & Liddle, P. F. (2006). Brain potentials implicate temporal lobe abnormalities in criminal psychopaths. *Journal of Abnormal Psychology, 115*, 443–453. doi:10.1037/0021-843X.115.3.443.

6 Williamson, S. E., Harpur, T. J., & Hare, R. D. (1991). Abnormal processing of affective words by psychopaths. *Psychophysiology, 28*,260–273. doi:10.1111/j.1469-8986.1991.tb02192.x.

7 Kiehl, K. A., Smith, A. M., Hare, R. D., Mendrek, A., Forster, B. B., Brink, J., & Liddle, P. F. (2001). Limbic abnormalities in affective processing by criminal psychopaths as revealed by functional magnetic resonance imaging. *Biological Psychiatry, 50*, 677–684. doi:10.1016/S0006-3223(01)01222-7.

8 Haycock, D. A. (2015). *Murderous minds: Exploring the criminal psychopathic brain: Neurological imaging and the manifestation of evil*. New York, NY: Pegasus Books.

9 Kiehl, K. A. (2015). *The psychopath whisperer: The science of those without conscience*. New York, NY: Random House. This is a personal account of the experiences of one of Hare's students, who was instrumental in the initiation of MRI and fMRI research with psychopaths. http://kentkiehl.com/home/.

10 Raine, A., & Glenn, A. L. (2014). *Psychopathy: An introduction to biological findings and their implications*. New York, NY: NYU Press.

11 Kiehl, K. A., & Buckholtz, J. W. (2010). Inside the mind of a psychopath. *Scientific American Mind*, September. Retrieved from https://www.scientificamerican.com/article/inside-the-mind-of-a-psychopath/.

12 Kiehl, K. A., & Sinnott-Armstrong, W. P. (Eds.). (2013). *Handbook on psychopathy and law*. New York, NY: Oxford University Press.

13 Patrick, C. J. (Ed.). (2018). *Handbook of psychopathy* (2nd Ed.). New York, NY: Guilford Press.

14 Thijssen, S., & Kiehl, K. A. (2017). Functional connectivity in incarcerated male adolescents with psychopathic traits. *Psychiatry Research:Neuroimaging, 265*, 35–44. doi:10.1016/j.pscychresns.2017 .05.005.

15 Espinoza, F. A., Vergara, V. M., Reyes, D., Anderson, N. E., Harenski, C. L., Decety, J., Calhoun, V. D. (2018). Aberrant functional network connectivity in psychopathy from a large (N = 985) forensic sample. *Human Brain Mapping*, 39, 2634-2634. doi: 10.1002/hbm.24028.

16 Forth, A. E., Kosson, D., & Hare, R. D. (2003). *The Hare Psychopathy Checklist: Youth Version*. Toronto, ON: Multi-Health Systems.

17 Book, A. S., Forth, A. E., & Clark, H. J. (2013). The Hare Psychopathy Checklist: Youth Version. In R. P. Archer & E. M. Archer (Eds.). *Forensic uses of clinical assessment instruments* (2nd ed., pp. 266–290). New York, NY: Routledge.

18 Poeppl, T. B., Donges, M., Mokros, M., Rupprecht, Fox, P. T., Laird, A. R., Bzdok, D., Langguth, B., & Eickhoff, S. B. (2018). A view behind the mask of sanity: Meta-analysis of aberrant brain activity in psychopaths. *Molecular Psychiatry*. Advance online publication. doi:10.1038/s41380-018-0122-5.

19 Wolf, R. C., Pujara, M. S., Motzkin, J. C., Newman, J. P., Kiehl, K. A., Decety, J., Kosson, D. S., & Koenigs, M. (2015). Interpersonal traits of psychopathy linked to reduced integrity of the uncinated fasciculus. *Human Brain Mapping, 36*, 4202-9. doi:10.1002/hbm .22911.

20 Kiehl, K. A. (2006). A cognitive neuroscience perspective on psychopathy: Evidence for paralimbic system dysfunction. *Psychiatry Research, 142*, 107–128. doi:10.1016/j.psychres.2005.09.013.

21 Poeppl, T. B., Donges, M., Mokros, M., Rupprecht, Fox, P. T., Laird, A. R., Bzdok, D., Langguth, B., & Eickhoff, S. B. (2018). A view behind the mask of sanity:

Meta-analysis of aberrant brain activity in psychopaths. *Molecular Psychiatry*. Advance online publication. doi:10.1038/s41380-018-0122-5.
22 Thijssen, S., & Kiehl, K. A. (2017). Functional connectivity in incarcerated male adolescents with psychopathic traits. *Psychiatry Research: Neuroimaging, 265*, 35–44. doi:10.1016/j.pscychresns.2017.05.005.
23 Baskin-Sommers, A. R., Neumann, C. S., Cope, L. M., & Kiehl, K. A. (2016). Latent-variable modeling of brain gray-matter volume and psychopathy in incarcerated offenders. *Journal of Abnormal Psychology, 125*, 811–817. doi:10.1037/abn0000175.
24 Waller, R., Gard, A. M., Shaw, D. S., Forbes, E. E., Neumann, C. S., & Hyde, L. W. (2018). Weakened functional connectivity between the amygdala and the ventromedial prefrontal cortex is longitudinally related to psychopathic traits in low-income males during early adulthood. *Clinical Psychological Science*. Advance online publication. doi:10.1177/2167702618810231.
25 Espinoza, F. A., Vergara, V. M., Reyes, D., Anderson, N. E., Harenski, C. L., Decety, J., Calhoun, V. D. (2018). Aberrant functional network connectivity in psychopathy from a large (N = 985) forensic sample. *Human Brain Mapping*, 39, 2634-2634. doi: 10.1002/hbm.24028.
26 Hamilton, R. K. B. & Newman, J. P. (2018). The response modulation hypothesis. In C. Patrick (Ed.), *Handbook of psychopathy* (2nd ed., pp. 80–93). New York, NY: Guilford Press.
27 Haederle, M. (2010, Feb. 23). A mind of crime: How brain-scanning technology is redefining criminal culpability. *Pacific Standard.* Retrieved from https://psmag.com/social-justice/a-mind-of-crime-8440.
28 Saks, M. J., Schweitzer, N. J., Aharoni, E., & Kiehl, K. A. (2014). The impact of neuroimages in the sentencing phase of capital trials. *Journal of Empirical Legal Studies, 11*, 105–131. doi:10.111..1/jels.12036.
29 Hare, R. D. (2013). Forward. In K. Kiehl & W. Sinnott-Armstrong (Eds.), *Handbook on Psychopathy and Law* (pp vii–ix). New York, NY: Oxford University Press.
30 Harenski, C., Kiehl, K., & Hare, R. D. (2011). Neuroimaging, genetics, and psychopathy: Implications for the legal system. In L. Malatesti & J. McMillan (Eds.), *Interfacing law, psychiatry and philosophy* (pp.125–154). New York, NY: Oxford University Press.
31 Malatesti, L., & McMillan, J. (Eds.), *Responsibility and psychopathy: Interfacing law, psychiatry and philosophy*. New York, NY: Oxford University Press. http://ukcatalogue.oup.com/product/9780199551637.do.

延伸書單

參考資料和影片

A *Google* and *YouTube* search will reveal hundreds of movies, documentaries, and websites that feature, describe, or comment on what are, or purportedly are, psychopaths. Unfortunately, far too many of these presentations and commentaries are wildly inaccurate, misleading, or even bizzare. A distressing number of websites have used the PCL-R as a basis for constructing "tests" for determining if you or someone you know might be a psychopath. Others present psychopaths as heroes or as "movers and shakers." We ask the reader to evaluate these sites critically, and to focus on the legitimate science of psychopathy. Several websites and Internet sources provide up-todate information on developments in the study of psychopathy (e.g., see www.sssp.com; www.hare.org; aftermath-surviving-psychopathy.org; www.snakesinsuits.com). Many of the researchers to whom we refer in this text have their own websites. Below are several recommended

documentaries. *The Psychopath Next Door.* https://www.cbc.ca/doczone/episodes/ the-psychopath-next-door. A Canadian Broadcasting Corporation (CBC) documentary by Jeremy Torrie, November 27, 2014. The film received the *Aftermath Media Award* in 2015. This fascinating hourlong film documents the impact of people with psychopathic traits on those around them. https://aftermath-surviving-psychopathy.org/index.php/2015-aftermath-foundation-media-award-winner/. *Bad Bosses: The Psycho-path to Success?* https://edition.cnn.com/2012/01/19/business/psychopath-boss/index.html.

A CNNsegment and article on psychopathic bosses, January 20, 2012. It made the same mistake about the percentage of psychopathic senior managers as described in S 9.3: *The Wall Street "Ten Percenters." I, Psychopath.* https://www.youtube.com/watch?v=jKvhKI6Kxew.

An excellent documentary by Australian Ian Walker, following a self-proclaimed narcissist/suspected psychopath on a disturbing journey into diagnosis and a session in an imaging laboratory in Germany. Hare warned the producer that he was in for a rough time, and that he would not come away from the venture psychologically unscathed. Revealing "off camera" video clips validated this warning. *Psychopath.* https://www.youtube.com/watch?v=60vK6Uw9sSE.

A great UK Channel 4 Equinox documentary by Rosalind Arden, with over 5 million views on YouTube. For a transcript of the program, see http://www.hare.org/links/equinox.html.

The subject of the program later was released, found with a gun in his car on the way to kill his wife, and died in prison. *I am Fishead: Are Corporate Leaders Psychopaths?* https://topdocumentaryfilms.com/i-am-fishead-are-corporate-leaders-psycho paths/.

A compelling documentary by Misha Votruba and Vaclav Dejcmar, and narrated by Peter Coyote. The first half is about psychopathy, and the second half about Big Pharma. The producers stated, "We have coined the term Fishead as a metaphor for the fundamental devastating wrongs our society faces today. Fishead is synonymous with these words: problem, devastating, fundamental, selfish, disregard, irresponsible, uncaring, lack of empathy, psychopathic, wrong, mindless, and apathy."

The Criminal Mind. https://www.youtube.com/watch?v=NJ7 ck8Q_RII. A pilot documentary by Tony Wade for a potential series with the Canadian Broadcasting Corporation. Not picked up. *Psychopath MRI.* https://www.youtube.com/watch?v=oaTfdKY budk.

A detailed account by Hare of the first SPECT (single proton emission tomography) imaging study of psychopathy (Intrator, J., Hare, R.D., Stritzke, P., Brichtswein, K., Dorfman, D., Harpur, T., Bernstein, D., Handelsman, L., Schaefer, C., Keilp, Rosen, J., & Machac, J. (1997). A brain-imaging (single photon emission computerized tomography) study of semantic and affective processing in psychopaths. *Biological Psychiatry*, 42, 96-103).

國家圖書館出版品預行編目資料

穿西裝的蛇：寄生在辦公室裡的病態人格者/保羅．巴比亞克（Paul Babiak），羅伯特.海爾（Robert D. Hare）作；葉中仁 譯. -- 初版. -- 臺北市：遠流出版事業股份有限公司, 2022.10

448面；14.8 × 21公分

譯自：Snakes in suits : understanding and surviving the psychopaths in your office.

ISBN 978-957-32-9761-1（平裝）

1.CST: 反社會人格 2.CST: 精神分析 3.CST: 工作心理學 4.CST: 個案研究

175.7 111014118

穿西裝的蛇

寄生在辦公室裡的病態人格者

作者／保羅．巴比亞克（Paul Babiak）、羅伯特．海爾（Robert D. Hare）
譯者／葉中仁
總監暨總編輯／林馨琴
主編／陳秀娟
行銷企劃／陳盈潔
封面設計／張士勇
版型設計／邱方鈺
內頁排版／新鑫電腦排版工作室

發行人／王榮文
出版發行／遠流出版事業股份有限公司
地址：臺北市中山北路一段 11 號 13 樓
電話：（02）2571-0297
傳真：（02）2571-0197
郵撥：0189456-1

著作權顧問／蕭雄淋律師
2022 年 10 月 1 日 初版一刷
新台幣 定價 550 元（如有缺頁或破損，請寄回更換）

ISBN 978-957-32-9761-1

遠流博識網
http://www.ylib.com
E-mail: ylib@ylib.com

SNAKES IN SUITS
by PAUL BABIAK and ROBERT D. HARE